LA RAISON DU PLUS FORT
Philosophie du politique

PHILOSOPHIE ET LANGAGE

Guy Haarscher

la raison du plus fort
philosophie du politique

PIERRE MARDAGA, EDITEUR
LIEGE - BRUXELLES

Ce livre a été élaboré au travers de nombreuses discussions menées dans le cadre du projet « Droit et pouvoir » (Centre Interuniversitaire de philosophie du droit des Universités francophones), financé par le Fonds de la Recherche Fondamentale Collective. J'en remercie le F.R.F.C.

D'autre part, j'ai rédigé la plus grande partie de l'ouvrage lors de deux séjours que j'ai faits, à titre de Visiting Professor, à la Law School de la Duke University. Ma gratitude va au Doyen Paul Carrington et à mon ami le Professeur George Christie.

© Pierre Mardaga, éditeur
Rue Saint-Vincent 12 - 4020 Liège
D. 1988-0024-26

Pour Dora et Jacques

Introduction

> « *La raison du plus fort est toujours la meilleure,
> nous l'allons montrer tout à l'heure...* »

A la fin du XVIIIe siècle, les droits de l'homme semblent témoigner d'une réussite exemplaire; un corps d'idées passe du domaine académique et intellectuel au champ social, en particulier par le truchement des Révolutions américaine et française. Il s'incarne, au moins en partie, dans la réalité. Or au même moment, ou à peu près, Hume met en cause les fondements philosophiques du concept même de droits de l'homme, suivi en cela notamment par Burke; dans un contexte intellectuel différent, Herder, puis le romantisme politique allemand, feront de même. Hegel et Marx poursuivront *en un sens* le mouvement, mais dans une direction «progressiste» cette fois (dépasser les droits de l'homme au nom de la réalisation de la Raison dans l'Histoire). C'est de ce paradoxe que je voudrais partir: une philosophie se réalisant, «devenant monde» — selon l'expression du jeune Marx — et se trouvant d'emblée contestée dans ses fondements mêmes. C'est la *portée* de cette contestation que je tenterai d'apprécier, de façon à éviter que le discours des droits de l'homme, faute d'une base philosophique suffisamment étayée (faute d'une attention soutenue à la pertinence de certaines attaques), se réduise à une grandmesse laïque et humaniste.

Je rappellerai pour commencer, de façon cursive et schématique, les traits essentiels du modèle théorique à partir duquel furent pensés, à l'époque, les droits de l'homme. L'idée première est celle de l'« état de nature » : il s'agit d'une situation pré-sociale, considérée soit comme une origine réelle, soit comme une hypothèse de travail. Dans ce dernier cas — le plus intéressant, comme nous le verrons —, l'idée de base réside en ceci que, pour qu'une distance puisse être prise avec l'ordre social existant — « positif » —, il faut bien que les individus imaginent au moins à quelles conditions ils seraient « entrés » dans cette société *si on le leur avait « demandé »*. Ils doivent donc se placer *hypothétiquement* dans une situation à partir de laquelle ils puissent *juger* de la légitimité du pouvoir. Généralement parlant, les philosophes contractualistes partent d'individus doués de raison, estimant et défendant leurs intérêts propres, ne disposant d'aucune autorité « naturelle » les uns sur les autres. Les contractualistes — quelles que soient par ailleurs leurs divergences — considèrent ces individus rationnels comme devant nécessairement décider de l'institution d'une autorité politique pour *mieux* garantir leurs intérêts fondamentaux. D'où l'instauration d'un Etat, d'un « Prince », comme moyen, technique, artifice, destiné à garantir de façon plus efficace ces droits, prérogatives ou intérêts naturels. Une telle autorité politique peut être qualifiée d'« instrumentale », dans la mesure où l'Etat ne constitue jamais que le moyen — l'*instrument* — de la satisfaction d'intérêts subjectifs préalables et supérieurs. Les droits de l'homme constituent la fin dont le Prince n'incarne que le moyen de réalisation le plus adéquat. De là, bien entendu, toutes les précautions prises contre un éventuel abus de pouvoir, et l'idée du « contrat social », c'est-à-dire d'une obéissance conditionnelle, liée au respect, par le pouvoir, des clauses du pacte originaire. Le pouvoir n'est là que parce qu'on ne peut s'en passer pour garantir l'exercice des droits naturels, et pour rien d'autre. Du moins s'agit-il ici d'un modèle stylisé, qu'il faudra raffiner par la suite.

Le pacte social instaurant l'autorité politique est par nature *bilatéral*, au sens où il implique des obligations croisées : les gouvernés s'engagent à obéir *à condition que* le pouvoir respecte les clauses du contrat. Si le Prince vire à l'arbitraire ou au despotisme, un droit de résistance à l'oppression est reconnu (dans des conditions définies) au peuple.

Il faut donc nécessairement que les gouvernés soient en mesure, comme l'énonce le préambule de la Déclaration des droits de l'homme et du citoyen de 1789, de contrôler la compatibilité des actes du pouvoir avec les clauses du contrat. Le contractualisme moderne — la philosophie des grandes Déclarations de droits — relève du jusnaturalisme, lequel, à l'opposé du positivisme juridique, soumet les règles «positives» à des normes «naturelles». On verra qu'à première vue au moins, Machiavel est en ce sens «positiviste»: le pouvoir ne se réfère pour lui qu'à «soi» (aux intérêts du Prince ou des *gouvernants*), et à nulle autre chose; dans le contractualisme moderne au contraire, l'intérêt est celui des *gouvernés*: il constitue lui-même une transcendance par rapport au pouvoir «instrumentalisé».

On sait par ailleurs que le modèle contractualiste a été critiqué pour diverses raisons: du point de vue ethnologique, cette idée d'état de nature, quand elle est considérée comme une origine historique réelle, paraît fragile et controuvée (où a-t-on jamais «vu» ces individus atomisés, rationnels, calculateurs — sinon comme produits de l'histoire occidentale ? Même l'exemple considéré comme le plus approximatif — la création des Etats-Unis d'Amérique — suppose des Européens ayant «derrière» eux tout le poids d'une culture, notamment lockéenne). On a pu également voir dans l'état de nature une projection idéologique, nommément celle de l'idéologie libérale et de l'individualisme «possessif» (Macpherson) — par exemple en ce qui concerne le droit «naturel» de propriété chez Locke et dans les Déclarations de droits de la fin du XVIIIe siècle. C'est l'objection marxiste classique, qu'il faudra affronter plus tard.

Mais si l'état de nature — et le contrat qui est conclu «en» lui (pour en sortir) — est plutôt considéré comme une fiction régulatrice au sens de Kant (ou de Rawls), les objections «ethnologique» et «anti-capitaliste» s'évanouissent-elles *ipso facto* ? Ce n'est pas sûr. Nous verrons Leo Strauss argumenter en soutenant que, de la prémisse consistant en la défense du «bonheur» privé, on ne peut faire découler un ordre politique, collectif, «holiste» juste, voire même tout simplement stable: la référence aux droits individuels affaiblirait décisivement le sens des vertus publiques, tout autant nécessaires à la défense de l'Etat minimal (contractualiste) qu'à celle de l'Etat traditionnel.

Une autre façon de sauver le modèle contractualiste consisterait à ne plus l'envisager historiquement, ni même strictement parlant au sens de l'idée régulatrice kantienne, qui s'en trouverait décisivement modifiée. Le point de départ d'une telle approche serait constitué par ce que l'on pourrait appeler une phénoménologie de la conscience politique quotidienne et «immédiate». Tout se passe en effet de la façon suivante: nous nous pensons, dans les Etats de droit modernes, comme appartenant à une sorte de *cosmo-polis* transcendant l'ordre politique positif; en effet, le *maquis* apparaît comme une possibilité toujours imminente (et déjà réalisée dans le passé), c'est-à-dire l'éventualité d'un choix délibéré pour la «nature». Le despotisme nous délierait de nos obligations contractuelles, nous reprendrions notre souveraineté « naturelle » d'êtres rationnels. Mais ceci fait, il nous faudrait bien nous entendre pour réinstaurer un ordre politique, nécessaire à la protection des droits fondamentaux : le mécanisme du contrat se trouverait dès lors « réenclenché ». Cet état de nature comme incarnation temporaire de la résistance à l'oppression posséderait des traits hobbesiens, dans la mesure où nous saurions que l'autorité politique est inévitable. Il faut cependant insister sur le fait que les hommes « prenant le maquis », se déliant de leurs obligations politiques, sont tout sauf des êtres « naturels » au sens commun du terme : ce sont les produits les plus sophistiqués d'une culture christiano-démocratique, ils ont été « dressés » à l'universalisme (comme le fut Kant par le piétisme ambiant), et s'ils risquent tout dans le maquis, c'est certes en vue de leurs intérêts personnels (de leur sécurité, de leur liberté propres), mais aussi en fonction d'une certaine idée de l'Homme, du Mal, du « scandaleux ». Cette idée d'état *de nature* comme produit *culturel*, imminence de la révolte, peut être atteinte grâce à une sorte de *maïeutique*, c'est-à-dire une réflexion sur les conditions « transcendantales » de notre conscience politique quotidienne, bref une « phénoménologie » descriptive de ce que nous pensons *« zunächst und zumeist »*, comme le dit Heidegger : il s'agit de décrire ce qui se passe pour nous la plupart du temps, comment nous vivons notre rapport à l'autorité politique, les limites de notre obéissance. Certes, cela ne vaut pas pour *tous* (il suffit de penser à l'anarchisme, au fascisme, au communisme, au fondamentalisme), mais quand même pour une grande majorité des « modernes », eux-mêmes effets d'une « éducation », d'un devenir qui est celui de l'Occident même. Qu'il y ait *cercle*, c'est-à-dire explicitation de points de départ présupposés, transcendance produite par l'immanence, « nature » engendrée par la culture (ou une *certaine* culture), nul ne le niera dans cette perspective manifestement — en ce point du développement — *herméneutique*. C'est dans un tel cadre que pensera le « second » Rawls, et c'est à sa fondation transcendantale que s'attacheront, peut-être vainement, Apel et Habermas.

Tout se passe donc *comme si* (cette expression indique bien l'aspect kantien, « régulateur », de la problématique *en son état présent*) nous nous considérions comme libres (individualisme rationaliste) de critiquer le pouvoir au nom de critères supérieurs. Ces critères sont ceux de l'individualisme atomiste (droits, intérêts de l'individu) tel qu'il se trouve développé dans la philosophie contractualiste des droits de l'homme. La fiction de la *cosmopolis* des êtres de raison, le royaume kantien des fins — l'individu est but, non moyen —, semblent bien être présupposés par tout Etat de droit.

Il faudra donc tester le modèle, c'est-à-dire nous demander si, au-delà de la phénoménologie de la conscience quotidienne décrite brièvement ci-dessus, l'*engagement pour* les droits de l'homme repose sur des fondements métaphysiques solides; ou plutôt, nous devrons comprendre ce que veut dire, strictement parlant, le terme «métaphysique», quand on parle d'une justification philosophique des Etats de droit. S'il apparaissait que la métaphysique ne peut plus, aujourd'hui, fournir d'assise au discours éthique en général — et à la théorie du pouvoir limité en particulier —, serions-nous confrontés à l'inéluctabilité du relativisme? Et si cela était vrai, devrions-nous nécessairement admettre que la raison politique, loin d'être celle qu'utilisent les gouvernés pour constituer et contrôler (mettre à distance) l'autorité politique, sert des fins ultimement irrationalisables, bref des buts dont la présence ne s'atteste pas par une argumentation réglée? Et, du coup, la raison serait-elle devenue, par un mouvement quasi inéluctable de la modernité, celle «du plus fort», c'est-à-dire une raison servant des fins *données*, et non *justifiées*? Strauss nous fournira un premier fil conducteur pour approcher cette question d'une éventuelle *dialectique de la raison* (renversement de la raison — raison du plus «faible», du dominé — en son contraire — raison du plus «fort», du dominant).

Chapitre I
Les impasses du droit naturel moderne

I. LE POINT DE VUE DE LA PHILOSOPHIE CLASSIQUE

Strauss lit la philosophie politique moderne du point de vue de la philosophie politique classique (grecque), comme si seule celle-ci fournissait le point de vue à partir duquel apprécier les œuvres allant — pour faire vite — de Machiavel à Nietzsche et à Heidegger (période des dites «trois vagues de la modernité»[1]). Ainsi prétend-il, dans le livre célèbre qu'il a consacré à Machiavel, que nous sommes, en tant que modernes, les héritiers de ce dernier — de ce qu'il a inauguré —, mais justement dans cette mesure incapables de distance critique. La paternité «machiavélienne» nous aveuglerait de ses évidences, nous nous situerions à l'*intérieur* d'une problématique pour nous in-objectivable parce que, dans le moment même où, par exemple, nous critiquerions les thèses du *Prince* au nom des «droits de l'homme», nous évoluerions encore, sans le savoir, dans l'espace que Machiavel aurait ouvert. Ce point de départ se relie dès lors rigoureusement, pour Strauss, à une critique décisive du droit naturel moderne.

Strauss vise à faire comprendre en quoi les conceptions modernes du politique, de l'homme, de la morale, bref du monde en général, mènent inéluctablement, quelle que soit par ailleurs la bonne volonté en jeu, à la dégradation des valeurs mêmes au nom desquelles avaient lutté les «Pères fondateurs» des Etats-Unis, c'est-à-dire à la crise du libéralisme.

II. L'«ART OF WRITING»

Les tenants et aboutissants de cette critique doivent être compris à partir de ce que Strauss appelle l'«art d'écrire» (*«art of writing»*), pour lui constitutif de la tradition philosophique en tant que telle. La philosophie, écrit-il dans l'introduction de *Persecution and the art of writing*[2], se trouve intrinsèquement liée à la persécution. Une «sociologie de la philosophie»[3], que Strauss voudrait fonder à l'image de la sociologie de la connaissance, montrerait que ni en Grèce, ni bien entendu au Moyen Age chrétien, musulman ou juif, la philosophie n'a été «libre»: toujours, le philosophe a dû ruser avec l'opinion qu'il «dérangeait», divisant son discours en une part exotérique (acceptable) et une part ésotérique, agissant de façon partiellement masquée pour éviter que son discours soit rabattu sur celui de la *doxa* (opinion) et inévitablement dénoncé selon les critères propres à cette dernière: «L'ésotérisme est la conséquence nécessaire qui résulte de la signification première de la philosophie, si l'on admet que l'opinion est l'élément de la société»[4]. Pour parer par conséquent aux dangers de censure, le philosophe développe des procédés d'écriture ésotériques, ironiques et détournés, lesquels lui permettront de dire à demi-mot ce que ne comprendra que le lecteur «bon entendeur». Ce devrait également être le cas de l'écriture straussienne, dans la mesure où toute son œuvre va dans le sens d'une interprétation de la modernité, de l'«opinion» et de l'idéologie contemporaines, comme fondamentalement anti-philosophiques[5]. Or l'intéressant pour notre propos présent, c'est que Strauss développe de la façon la plus puissante ce type d'interprétation des textes *dans sa lecture de Machiavel*, pointant chez ce dernier un certain nombre de contradictions ou d'erreurs grossières, lesquelles ne peuvent, chez un penseur de cette rigueur, qu'être *délibérées*. Ces lacunes du texte, ces opacités, ces ruses (proprement stratégiques, ou «machiavéliennes» au sens ordinaire du terme) permettent à l'écrivain de ne se faire comprendre qu'entre les lignes, et par des lecteurs sélectionnés, peut-être inexistants à son époque (*Zarathoustra:* «Un livre pour tous et pour personne»). Or voici le paradoxe: si, jusqu'à Machiavel, la philosophie avait été persécutée parce qu'elle incarnait l'exigence du Bien, supérieure aux commandements strictement politiques, si c'était le choc avec l'opinion qui avait, par exemple, scellé le sort de Socrate, il en va tout autrement de l'auteur du *Prince*. En effet, tout le projet de Machiavel peut être compris comme une «déconstruction» de cette transcendance du Bien, laquelle fondait le statut *à la fois supérieur et précaire* du philosophe. En d'autres termes, quand Machiavel purifie la politique, justifie l'efficacité du Mal, glorifie la *necessità*, il dissout l'opposition opinion/philosophie, laquelle seule impliquait la persécution possible du penseur par le politique. Si la philosophie ne critique plus l'ordre politique positif (le règne de l'opinion) au nom d'une transcendance morale (le «droit naturel classique»), ce sont semble-t-il les conditions mêmes de la persécution qui s'évanouiront. Machiavel donne au Prince ou à celui qui désire le devenir les moyens techniques, indifférents à toute considération morale, de réussir. Il légitime l'«opinion», le règne de la violence et du Mal. *Et pourtant*, Strauss, on vient de l'indiquer, montre, à l'œuvre chez Machiavel, un *art of writing* très agissant. D'où la question que nous poserons tout à l'heure : de quoi l'auteur du *Prince* se protège-t-il ?

Notons que ce faisant, Strauss développe ce que Lefort désigne comme une conception de l'auteur tout-puissant[6], agençant soigneusement, délibérément et souverainement les pièges d'un texte parfaitement élaboré, de façon à conduire le lecteur initié à travers un labyrinthe de faux-semblants vers une vérité cachée à l'homme de l'opinion. En *ce* sens, Machiavel est lui aussi un philosophe, mais chez lui — comme nous allons le voir —, la philosophie s'épuise, se pervertit, se renverse en son contraire, se livre ultimement à l'opinion.

III. PHILOSOPHIE POLITIQUE, RAISON ET DROIT NATUREL CHEZ LES GRECS

La philosophie grecque, tout au contraire, ne vivait que de maintenir la distance constitutive et ineffaçable entre opinion et philosophie. Elle s'était créée à la fois contre l'ordre mythologique traditionnel et contre le conventionalisme, qu'il soit philosophique (pré-socratiques, Epicure) ou «vulgaire» (sophistique). A l'un elle avait opposé le *didonaï logon*, l'exigence de rendre compte de tout énoncé proféré, et elle avait par conséquent suscité un «désenchantement» du monde[7], une désanthropomorphisation, lesquels avaient ramené l'ancien *mythos* au rang de simple convention. Mais à la sophistique, la philosophie avait opposé l'intériorisation, dans le champ même de l'activité rationnelle, du couple *physis/nomos* : la philosophie, loin de *simplement* détruire la croyance mythique «dogmatique» en montrant la relativité des conventions, des *nomoï*, des *doxaï*, produisait une référence à la *physis*, la quête infinie d'une nature, objet même de son entreprise.

Comme par ailleurs l'homme était envisagé, par les classiques — Platon et Aristote —, en tant qu'*animal politique*, comme il ne trouvait son accomplissement, le lieu de la «bonne vie», que dans le dialogue et l'activité citoyenne, la philosophie était d'emblée politique, recherche du bon ordre social, du *«droit naturel»*. Cela n'empêche nullement Strauss de souligner, à juste titre, le primat de la vie contemplative sur la vie politique chez Platon et Aristote[8]. C'est précisément parce que la Cité juste n'était intelligible que par rapport à un ordre finalisé que la contemplation de ce dernier a pu apparaître comme l'activité suprême, même si elle ne pouvait se manifester qu'*à partir* de la vie en Cité, en quelque sorte comme son couronnement. La nature, chez les Grecs, était définie de façon téléologique, comme intrinsèquement porteuse d'une fin à réaliser, incarnant un *telos*, un idéal. Le droit naturel se situait pour ainsi dire au bout du chemin, dans l'accession (certes «questionnante» et comme telle relevant, pour utiliser la terminologie kantienne, d'une «tâche infinie») à l'essence de la «bonne vie». Il s'articulait avec un ordre «cosmique» et hiérarchique, incarnait, comme le dira Louis Dumont, le primat du *holisme*. Qui plus est, une telle prévalence d'un ordre objectif à atteindre définissait la philosophie comme une sorte de «conversion»: on n'entrait pas en philosophie sans se trouver, progressivement, par les vertus de la maïeutique et de la dialectique, transformé dans ses propres fins. La philosophie, le *logos*[9], faisait découvrir un ordre de préoccupations qualitativement différent de celui qui prévalait dans le monde de l'opinion, de la *doxa*, sans qu'au demeurant une coupure radicale fût instituée entre les deux domaines d'être, puisque la tâche philosophique, à jamais inachevée, se nourrissait en permanence d'une confrontation avec l'opinion. Cette dimension de conversion apparaissait comme tout à fait caractéristique du type de *rationalité* mis en œuvre par la philosophie: «raisonner», «entrer» en dialectique, cela revenait à découvrir des *fins* (le droit naturel, le *telos* de la «bonne vie»), à bouleverser de fond en comble l'existence elle-même, à prendre pied sur le sol natal de la vertu-génératrice-de-bonheur. Le sage (mais déjà le citoyen accompli) était supposé heureux, et, tel Socrate, pouvait passer devant les hommes de l'opinion, se déchirant sur l'agora pour des questions liées à l'intérêt privé, en se disant: «que de choses dont je n'ai pas besoin!».

Cette *rationalité substantielle* (découvrant la substance des bonnes fins) avait ceci de caractéristique qu'elle ne «posait» pas, ne «produisait» pas, n'engendrait pas elle-même les fins. Celles-ci appartenaient «toujours déjà» à un *cosmos* hiérarchisé, lequel s'était progressivement voilé aux yeux des hommes au fur et à mesure que la dégradation et la corruption éloignaient les cités de l'Age d'Or. En d'autres termes — et il est essentiel, pour l'intelligibilité de ce qui suivra, d'y insister —, le rapport aux fins de cette raison philosophique classique se définissait, strictement parlant, comme suit : le *logos* permettait au philosophe de dépasser l'opinion en *retrouvant* progressivement un ordre auparavant caché. Par ailleurs, ce présupposé « holiste » se reliait à un primat de la loi « objective » sur le droit « subjectif » (ce dernier, s'il apparaissait, était toujours défini comme secondaire, dérivé, en cohérence avec le statut général de la subjectivité dans la pensée grecque), de la vertu sur le bonheur (celui-ci dépendait intrinsèquement de celle-là, liée à la bonne vie philosophico-politique), des devoirs sur les droits, de la nature sur la convention, et de la morale sur la politique (le « cosmos » constituait le *telos* de l'action, la norme, le critère de l'action juste, le moyen de départager gouvernements légitimes et illégitimes).

Ce primat de la morale doit encore être précisé plus avant : il s'articule intrinsèquement avec le caractère problématique, toujours inachevé, de la tâche philosophique. En effet, Platon soulignait, dans la *Lettre VII*, l'exigence de coïncidence entre gouvernant et philosophe pour que le problème politique pût être résolu. Or une telle rencontre ne pouvait, à maints égards, pas être *provoquée* : elle dépendait de la chance, de la « fortune », et risquait bien de ne jamais se produire. Le philosophe ne se trouvait pas en position de maître (du moins de ce point de vue) : il ne *dominait* pas la sphère de l'activité mondaine de telle sorte qu'il pût forcer le destin, plier la fortune à sa volonté. Cette « impuissance » était en même temps garante de la pureté, de la radicalité philosophique elle-même : elle enchaînait le travail dialectique à une quête dialogique, une ascèse de la raison qui n'avait pas le droit de se pervertir en pénétrant de plain-pied — même si les ruses de l'*art of writing* étaient permises — dans le monde des hommes tels qu'ils sont *avant l'« entrée » en philosophie*. C'est de ce point de vue que le primat de la morale sur la politique se trouvait paradoxalement assuré : la philosophie ne risquait nullement de se transformer en politique, et cela dans l'exacte mesure où le philosophe ne se risquait pas à *vaincre la fortune*. Peut-être serait-il possible d'interpréter de ce point de vue — en faisant la part du mythe et de la légende — les échecs répétés de Platon en Sicile : il ne pouvait, tel Socrate, que tâcher de convaincre Denys de se convertir à la vie philosophique ou de laisser la place à Dion, ce qui entraînait rigoureusement qu'il visât à « moraliser », à critiquer la tyrannie, à invoquer l'exigence du « droit naturel classique» dont la promesse de bonheur (d'«ataraxie», dira-t-on plus tard) ne pouvait apparaître, aux yeux de celui qui poursuivait l'immédiateté de la satisfaction de ses pulsions, que comme illusoire[10]. D'où l'échec.

IV. LE RENVERSEMENT MODERNE: HOBBES

A. Hobbes machiavélien?

Machiavel et Hobbes marquent la naissance de la philosophie politique moderne, ou, plus précisément, la «première vague» de la modernité selon Strauss. Nous verrons plus loin, en analysant les thèses de Strauss, de Cassirer et de Lefort, en quoi Machiavel rompt avec le modèle classique et — ce sera un point déterminant — si cette rupture est la même que celle opérée par l'auteur du *Léviathan*. J'indiquerai maintenant les traits essentiels du tournant moderne chez *Hobbes*: ils sont extrêmement visibles et décisifs, et ils s'articulent immédiatement avec la problématique contractualiste. Alors en effet que l'on pourra, à un niveau immédiat de lecture tout au moins, récuser tout lien significatif et substantiel entre Machiavel et la philosophie des droits de l'homme, c'est évidemment tout à fait différent dans le cas de Hobbes, du moins au niveau des prémisses qui sont les siennes, de l'horizon général de son argumentation (et non, sans doute, des conclusions autoritaires de son système). Je montrerai ensuite en quoi l'analyse straussienne de Machiavel (déjà anticipée en un sens par celle, que je décrirai, de Cassirer dans *The Myth of the State*) *établit un lien très intime entre Hobbes et ce dernier*, lien dont chacun perçoit les effets «polémiques», puisqu'au moins au premier abord, la philosophie contractualiste, origine du libéralisme et des droits de l'homme (donc de cette Constitution américaine que Strauss dit admirer et vouloir défendre philosophiquement), s'oppose trait pour trait à une compréhension ordinaire du machiavélisme comme technique cynique de prise de pouvoir. Or Strauss nous avertira dès les premières pages de son ouvrage qu'il s'en tiendra à la vue «vulgaire» suivant laquelle Machiavel enseigne le Mal et l'immoralité *(«a teacher of evil»)*, plutôt que de conforter les analyses «sophistiquées» visant à donner, de ce dernier, une lecture «honorabilisatrice». C'est dire que si nous suivons son interprétation (rapidement dit: une satanisation de Machiavel, puis l'établissement d'une équation Machiavel = Hobbes), c'est la philosophie des droits de l'homme elle-même qui risque de basculer, l'«*art of writing*» straussien, s'identifiant en l'occurrence à une sorte de phénoménologie d'allure hegelienne, nous contraignant à reconnaître la noire vérité machiavélienne du contractualisme, *à lire le pouvoir absolu du «Prince» dans le libéralisme et la conception du pouvoir limité*.

On n'objectera pas, au moins immédiatement, que Hobbes a précisément fait la théorie de la souveraineté indivisible, c'est-à-dire d'un *Léviathan* ne tolérant pas le droit de résistance à l'oppression, pierre de touche du libéralisme. Chacun sait en effet que ce sont les *prémisses* de la pensée hobbesienne qui se trouvent à la base du libéralisme, et non ses *conclusions* «autoritaires»[11]. Strauss ne veut donc pas dire — ce qui serait seulement apparemment trivial — que Hobbes est aussi «absolutiste» que Machiavel. Il veut montrer que les prémisses individualistes (le «meilleur» de Hobbes, et non le pire, son libéralisme potentiel et non son autoritarisme) sont identiques chez les deux auteurs: il vise à *saper le fondement même du droit naturel moderne*.

B. Hobbes, ses prémisses et la philosophie classique

Les thèses de Hobbes s'opposent trait pour trait à celles de la philosophie politique classique telle que la décrit Strauss. En premier lieu, il ne s'agit plus désormais de partir de l'homme tel qu'il *devrait* être, c'est-à-dire tel que la philosophie pourrait l'amener à son *telos* immanent, à sa nature (voilée dans l'univers pré-philosophique). Il s'agit tout au contraire de prendre l'homme *tel qu'il est*, de ne pas adopter d'attitude *critique* vis-à-vis de ce qu'il désire ordinairement et le plus souvent, d'accepter au départ *comme un donné* les fins courantes de l'individu moyen. Hobbes inaugure ce que Rawls appellera une conception *want-regarding*, autrement dit une pensée politique refusant délibérément de hiérarchiser les fins de l'homme[12] (cela constituerait, comme dans la philosophie classique, une conception *ideal-regarding*), de mesurer ce qu'il est à ce qu'il doit être. Bref, la généralité de l'usage commun se substitue à l'universalité[13] de la loi morale. A cette modification radicale du point de départ philosophique se rattache rigoureusement une nouvelle conception *de la rationalité*. Chez les classiques, la rationalité possédait un statut «substantiel» dans la mesure où elle découvrait des fins incarnées «objectivement» dans et par le *cosmos* hiérarchisé. L'usage de la raison ne laissait nullement inentamé l'individu qui s'y livrait. Tout au contraire, la raison le mobilisait, le transformait de fond en comble, lui faisant découvrir un ordre de fins *qualitativement* différent (perfectionnisme, hiérarchie naturelle des fins, conception *ideal-regarding*) de l'ordre pré-philosophique [14]. Maintenant, *les fins restent telles quelles. On n'y « touche » pas, la réflexion philosophique ne les met pas en question, ne les CRITIQUE pas.* Elle les accepte comme un donné de la nature humaine (« la raison est impuissante devant la passion, mais elle peut devenir toute-puissante si elle coopère avec la passion la plus forte ou si elle *se met à son service* » [15]). Cette dernière ne se trouve plus définie de façon téléologique [16] comme un idéal incarné dans un *cosmos*, mais comme le *fait* du comportement humain directement observable. La réflexion hobbesienne consiste alors, en toute rigueur, à *calculer* : on sait que le calcul ne peut s'opérer que dans l'homogène, et que, là où existent des différences qualitatives, il ne peut prévaloir. Dans le cadre de la philosophie classique, il y a incommensurabilité entre les fins pré-philosophiques (égoïsme, orgueil, quant-à-soi) et les buts philosophiques. Aucune « comparaison » n'est possible, et nul *calcul d'intérêt* ne semble pensable. Mais on pourrait objecter, d'un point de vue kantien cette fois, qu'il n'en a pas été *tout à fait* comme cela, chez Platon par exemple ; ou, plus exactement, on pourrait dire que la vertu grecque procure comme *effet* le bonheur, mais qu'elle le transcende, qu'on ne peut la monnayer au nom de celui-ci, qu'elle constitue — du moins chez Platon et Aristote — la fin comme telle. Certes, dira-t-on, la frontière entre une telle position et l'hédonisme est « poreuse » (puisque le bonheur est quand même à la clé de l'attitude vertueuse), et on pourrait donc parler, en radicalisant la perspective, d'un hédonisme grec *sensu lato* (cette attaque d'allure kantienne serait d'ailleurs rejetée aussi bien par Strauss que par Arendt, d'ailleurs peu tendres pour la *Critique de la raison pratique*). Or Hobbes invite la philosophie politique à s'investir dans un tel calcul : il s'agit de montrer à l'individu que l'Etat (une certaine forme d'autorité politique) lui permettra de mieux réaliser ses désirs que ce ne serait le cas *sans* pouvoir civil. La fiction de l'état de nature — outre le fait qu'elle s'actualisait dans les guerres civiles qui déchiraient l'Angleterre de Charles Iᵉʳ — vise à montrer que, privé de la béquille (de la prothèse, de l'« artifice ») de l'Etat, l'individu peut *moins bien* réaliser ses désirs. Il *y perd*. On peut donc parfaitement le motiver à accepter l'Etat, puisqu'il y va de son propre intérêt : il ne s'agit pas de *critiquer* les buts qu'il poursuit (on les accepte comme tels) — il est au contraire question *de les « maximiser »*. La raison mise en œuvre apparaît dès lors comme rigoureusement *calculatrice* et *instrumentale*. Calculatrice : pour Hobbes, l'essence de la raison humaine consiste en le calcul, et, comme celui-ci n'a lieu que dans l'homogène, nous nous trouvons dans les circonstances parfaitement adéquates, puisque nulle dimension «autre» ne se trouve opposée aux fins poursuivies «ici-bas» par l'individu. Le philosophe les accepte telles quelles et démontre «objectivement», par un calcul rigoureux de pertes et de profits, qu'il y a plus à gagner qu'à perdre dans la soumission à l'Etat. Rationalité instrumentale: le politique ne constitue qu'un bon instrument, un moyen adéquat destiné à *mieux* satisfaire (à «maximiser») les fins ordinaires de l'homme. L'«entrée-en-raison» n'ouvre nullement, à la différence de ce qui se passait pour la philosophie classique, à d'autres fins, à une «bonne vie» auparavant inconnue. Le raisonnement *maintient les buts «naturels» tels quels* et permet seulement de définir les meilleurs *instruments* pour les réaliser.

Voici maintenant les linéaments du raisonnement de Hobbes concernant la genèse du politique. L'argument se laisse schématiser de la façon suivante. Dans l'état de nature, chacune est motivé par son intérêt fondamental, qui consiste à survivre, bref à se procurer la sécurité. Mais comme tous visent le même but, et dans la mesure où on risque toujours de se trouver face à un danger imprévu, les individus en viennent à voir en autrui, comme dans la *Critique de la raison dialectique* de Sartre[17], un danger de mort potentiel. L'homme est un loup pour l'homme, *homo homini lupus*. La crainte de la mort, nourrie par la faculté d'anticipation, propre à l'homme, incite l'individu à prévoir le résultat potentiellement catastrophique d'une telle situation. C'est ainsi que la soumission à une autorité artificiellement créée s'impose par un raisonnement basé sur le seul et strict calcul d'intérêts: on substitue à une jouissance illimitée mais précaire (c'est-à-dire potentiellement, et de façon toujours imminente, annulable) une jouissance limitée mais assurée, protégée. Hobbes ajoute — et c'est ici que le caractère autoritaire de sa conception, sur lequel nous reviendrons, s'affirme — que la constitution de l'autorité politique s'opère par le truchement d'une série de pactes conclus par les individus, chacun s'engageant à aliéner sa liberté naturelle à l'Etat *pour autant, bien entendu, que tous les autres en fassent autant, sans quoi le but — la sécurité — ne serait pas atteint*. Cette série de pactes s'analyse comme une stipulation pour autrui (pour le tiers, le *Léviathan*), lequel, n'étant pas partie à la convention, ne se trouve pas engagé. L'obéissance qui lui est due n'est donc pas conditionnelle. Sa souveraineté est indivisible, Hobbes craignant que toute division, qu'elle soit engendrée par la liberté de la presse, par l'indépendance du pouvoir spirituel, ou encore par le droit de résistance généralement parlant[18], entraîne un retour à la guerre civile, c'est-à-dire à l'état de nature et à la lutte de tous contre tous.

J'ai résumé la structure de l'argumentation hobbesienne pour bien montrer en quoi le raisonnement reposait sur un strict calcul d'intérêts, ou encore possédait un caractère rigoureusement *instrumental*, puisque seuls les moyens de réalisation du désir égoïste fondamental de sécurité sont en cause, la fin (ce désir lui-même) se trouvant *hors de question*, expulsée à l'extérieur du champ philosophique. Bien plus fondamentalement que le positivisme *juridique*, c'est un positivisme *philosophique*, au sens où l'Ecole de Francfort l'a défini (et — sans doute hâtivement, bien que pertinemment — stigmatisé), qui se trouve mis en place: c'est l'homme *unidimensionnel* dont parlera plus tard Marcuse qui apparaît ainsi dans le champ philosophique lui-même, dans la mesure où la philosophie abandonne la référence à des fins «transcendantes»[19]. *La rationalité n'est plus critique*, elle n'indique plus à l'homme de l'opinion un *telos* qui mettrait en question ses buts pré-philosophiques; les acceptant comme tels, elle se trouve *rabattue sur le champ de l'opinion*, immanentisée, mondanéisée, instrumentalisée et unidimensionalisée.

Il n'est pas difficile dès lors de montrer en quoi la philosophie même, telle que l'avait définie Strauss dans sa version classique (qui semble bien être pour lui, on l'a compris, la *seule* version possible), se trouve subvertie de fond en comble. C'est en effet point par point que nous pouvons maintenant *renverser le modèle classique*. Au primat du Tout cosmique s'oppose celui de l'individu; l'Etat ne constitue plus une fin (dans la mesure où il refléterait, plus ou moins imparfaitement, l'ordre cosmique) mais le moyen, l'instrument des intérêts individuels. Le bonheur prend le pas sur la vertu, et surtout: les fins pré-philosophiques sont acceptées comme telles, le *logos* n'y «touche» pas, ne les «convertit» nullement, en maximise seulement l'accomplissement.

Hobbes montre donc de façon remarquablement claire les choses. Il prend l'individu tel qu'il est et tâche de mieux lui faire atteindre ses buts (sécurité: ce pour quoi il voulait toujours plus de pouvoir dans l'état de nature). Il construit le politique comme un artifice au service de ces intérêts individuels. Chez Aristote au contraire, c'était toujours déjà dans la Cité — «sociabilité naturelle» — que la discussion avait lieu, en vue d'accomplir indissolublement celle-ci et l'individu lui-même (par elle) dans et à travers le Bien (lien intrinsèque morale/politique). La philosophie politique hobbesienne est dans ses prémisses au service des «droits individuels». Mais la référence à ces droits est, pour Hobbes, exclusivement conçue en termes d'intérêt «égoïste» (et, on le verra, *pas n'importe quel* égoïsme). La question sera de savoir dans quelle mesure ceci peut être compris comme un progrès, ou au contraire analysé comme une régression (thèses d'Arendt et de Strauss notamment). C'est tout le problème.

Mais la *solution* hobbesienne — l'Etat de Hobbes — risque d'«écraser» ces droits. Obsédé par les causes de division et de guerre (républicanisme antique et sens de la liberté; protestantisme et guerre des «convictions»), il défend l'indivisibilité de la souveraineté, seule garante d'un pouvoir impartial, bref de la paix et de la sécurité. C'est la tendance «république forte» du «libéralisme» qui pointe ici. Cette tendance n'est évidemment pas représentative du *tout* du libéralisme, alors que la question se pose de savoir de *quel* libéralisme les prémisses modernes décrites ci-dessus constituent l'annonce[20]. Incontestablement, ce qui pourra apparaître (de façon réductrice ou non, nous essayerons d'en décider) comme un horizon commun du contractualisme moderne (au moins chez Hobbes et Locke), ce sera cette conception *want-regarding* de l'approche philosophique: l'Etat ne sera plus enraciné dans un «Tout» spirituel objectivement attestable (soit par les voies de la révélation, soit, comme dans la philosophie classique, en vertu du *didonaï logon*), mais se réduira au rôle d'arbitre des intérêts individuels fondamentaux. Le Tout (l'Etat, l'«intérêt commun») constituera le moyen des fins individuelles, et non l'inverse. C'est *cela*, pour le moment, l'élément important du renversement hobbesien, et cette perspective semble entièrement partagée par Locke, alors qu'il n'en est évidemment pas de même de l'idée hobbesienne de souveraineté indivisible. D'où la question: ce «bon» côté (libéral, moderne, laïque, etc.) de Hobbes, sa communauté de perspectives avec Locke, et par contre-coup avec les *Founding Fathers* des Etats-Unis —, est-il possible de montrer qu'il entretient une relation intime (et inavouable comme telle, seulement décelable par les subtilités de l'*art of writing*) avec le machiavélisme? C'est ce que nous allons examiner maintenant.

V. LE RENVERSEMENT MODERNE: MACHIAVEL

A. Destin machiavélien du contractualisme moderne

1. *Jusnaturalismes ancien* et *moderne* versus *Machiavel*

Il s'agit donc ici d'un argument à portée fortement normative, consistant à soutenir que le contractualisme moderne serait criticable parce que, malgré les apparences, *il se réduirait à la philosophie machiavélienne du pouvoir*. A première vue, malgré les différences majeures indiquées ci-dessus, il existe un trait commun entre Platon et Aristote d'une part, le contractualisme moderne d'autre part: l'ordre politique, la règle positive, la volonté du Prince (qu'elle soit d'essence démocratique, aristocratique ou «monarchique»), — tout cela se trouve mesuré à une instance supérieure, elle-même liée à l'exercice de la raison (peu importe *ici* que celle-ci mène à la découverte d'un *cosmos* holiste, ou qu'elle instrumente des «*wants*» préalables sur lesquels elle n'a pas prise, par rapport auxquels elle est neutre[21]). Pour Machiavel au contraire, si l'homme politique *se* limite, c'est en fonction et en vue de lui-même, parce qu'il se trouve obligé de lâcher du lest dans ses propres intérêts de conservation du pouvoir: «Ne leur prenez surtout pas leurs femmes», conseille-t-il aux Princes potentiels, non pas au sens où cela violerait l'harmonie du *cosmos* ou attenterait aux droits naturels individuels «modernes», mais parce que cela susciterait une hostilité irrémissible à l'égard du Prince — mécanique «galiléenne» du pouvoir dont on saisira tout l'enjeu à propos de l'interprétation cassirerienne. Cette attitude a des implications importantes. Pour l'instant, il nous faut seulement retenir l'élément suivant: chez Machiavel, le gouvernant ne limite pas son pouvoir en fonction de principes moraux supérieurs (il vise à détruire la philosophie classique et l'enseignement biblique), mais en fonction de son propre intérêt, confronté, dans la réalité des rapports de force, à la résistance du peuple. D'où la thèse de Machiavel dans les *Discorsi*: la force de la république romaine résidait *dans ses dissensions*.

2. Récusation de cette partition

a) Une réalité et une prétention

Comment se formule dès lors l'argument? Il s'agit de récuser les parentés et oppositions indiquées ci-dessus, de soutenir que la différence essentielle se marque entre le droit naturel classique d'une part, Machiavel et le droit naturel moderne d'autre part, et non entre le droit naturel (classique et moderne) d'une part, le machiavélisme d'autre part. Le droit naturel, quel qu'il soit, suppose la *prétention*, la volonté d'un recours à une transcendance, à un critère supérieur aux intérêts des gouvernants (Prince ou majorité démocratique[22], peu importe *ici*). La thèse straussienne consiste à affirmer que cette *prétention* de transcendance échoue nécessairement dans le cas du contractualisme *moderne*, si bien que, «en soi», la postérité hobbesienne[23] ne possède pas les moyens intellectuels de réaliser ses buts: le droit naturel moderne serait en quelque sorte condamné à «retomber» sur le droit positif, c'est-à-dire, on va le voir, à se «*machiavéliser*».

b) Une erreur de calcul?

Rappelons le point de départ hobbesien. Les individus, soucieux de leur sécurité personnelle, décident, par un calcul d'intérêts, de se soumettre au *Léviathan*, parce qu'ils sont convaincus qu'une telle aliénation de leurs droits originaires garantira mieux cette même sécurité. Strauss entend montrer qu'un tel calcul ne peut produire de résultats ou, en d'autres termes, que la stabilité recherchée de l'Etat apparaît comme nécessairement illusoire, et qui plus est de l'aveu même de Hobbes: celui-ci ne peut en effet — par exemple —, en toute rigueur intellectuelle (en conformité avec ses prémisses philosophiques), que justifier la *désertion*. Dès lors, dès que leur vie sera en danger, les individus auront le droit de refuser d'obéir, si bien que le *Léviathan* ne pourra être défendu («Mais en concédant cela, Hobbes détruisait le fondement moral de ce que nous appelons aujourd'hui la défense nationale»[24]). *Signe, pour Strauss, que seule une référence holiste et substantielle serait susceptible d'insuffler aux individus le sens du sacrifice à la «chose publique».* Sans cela, c'est le pur cynisme égoïste qui prévaudra. Ce qui donne beaucoup à méditer: ordinairement, c'est le «trop de pouvoir» du *Léviathan* qui attire l'attention, ce sont les dangers d'autoritarisme qui font que l'on place au moins les conclusions de Hobbes à distance du courant libéral. Mais Strauss montre que cette force n'est peut-être qu'apparente, qu'on a sans doute tort de s'effrayer de la puissance d'un géant aux pieds d'argile: ce serait de son «trop peu de pouvoir» qu'il faudrait se préoccuper, autrement dit de l'impossibilité manifeste d'«engendrer» le sens de la chose publique à partir des prémisses hobbesiennes, et donc de produire l'état de paix, le *monopole de la violence légitime*, qui constituent le but même de son entreprise. L'Etat hobbesien (mais aussi, et moins paradoxalement, l'Etat «minimal» de Locke) seraient condamnés à la dissolution interne, leur fondation apparaîtrait inéluctablement comme fragile, il leur manquerait l'enracinement dans un cosmos *(raison classique)*, dans la Révélation *(Dieu monothéiste transcendant)*, ou encore dans la Nation, etc., bref dans une substance holiste. Telle est, dans sa généralité, la thèse.

c) Machiavel constituerait la vérité de Hobbes

La guerre de tous contre tous semble donc inéluctable selon les prémisses individualistes de Hobbes (et, semble-t-il, certes en un sens moins fort, moins «catastrophique», mais philosophiquement tout aussi inéluctable, selon celles de Locke — nous reviendrons sur ce point), au sens où il ne peut, comme on le voit, véritablement démontrer que les hommes ont *en tout état de cause intérêt à obéir au* «Léviathan». A un moment crucial (guerre, sacrifice exigé à la «patrie»), il se déroberont en vertu des prémisses mêmes de l'argumentation[25]. Ils «reprendront leurs billes», comme le *columnist* G.F. Will reconnaissait aux usagers du métro new-yorkais, non protégés par l'Etat, le droit de le faire. Dès lors, le seul bon calcul d'intérêts consistera à tenter de *n'avoir pas le dessous* dans un état de nature qui se sera avéré indépassable, *c'est-à-dire de suivre à la lettre les conseils du* Prince. En effet, la position machiavélienne n'est, sous l'angle d'approche présent, qu'en apparence opposée à celle de Hobbes : certes, le *Prince* ne s'intéresse semble-t-il qu'à l'intérêt des *gouvernants* (il leur enseigne à conquérir et à garder le pouvoir, abstraction faite de toute autre considération, morale, jusnaturaliste ou religieuse), tandis que Hobbes vise celui des (futurs) gouvernés, c'est-à-dire la garantie de leur sécurité. Chez Machiavel c'est, selon toute apparence, le point de vue du «haut» qui l'emporte, et chez Hobbes celui du «bas».

Mais il faut y regarder à deux fois. Quel est le problème fondamental qui se pose dans l'état de nature hobbesien ? C'est la question consistant, je viens de le dire, à *n'avoir pas le dessous*, c'est-à-dire à ne pas perdre la vie. Pour Machiavel, «ce qui met les hommes en demeure de faire le juste choix et d'en tirer les justes conséquences est la *peur primordiale*, l'épreuve du danger de mort»[26]. La tâche politique naît quand des individus préfèrent leur désir de gloire aux intérêts ordinaires de la majorité des hommes, et se trouvent confrontés, pour assouvir ce désir, à «faire les plus grandes concessions à la plèbe»[27]. Pour Hobbes, la rigueur du calcul d'intérêts doit mener les individus à se soumettre à l'autorité du Léviathan ; mais il avoue que ce raisonnement ne peut les mener à accepter de le défendre au péril de leur vie : tout se passe donc *comme si le «tout» politique n'arrivait pas à se constituer à partir des prémisses hobbesiennes*[28]. Et dès lors, l'argumentation du *Prince* constitue comme une réponse — anticipée — à la difficulté majeure du *Léviathan* : si vous ne pouvez vous fier aux conséquences stabilisatrices des pactes sociaux hobbesiens, tâchez *par d'autres moyens* de n'avoir pas le dessous ; au lieu de contracter avec tout autre individu dans le but d'un abandon réciproque de la souveraineté «naturelle», utilisez les techniques décrites dans le *Prince* pour faire tourner à votre avantage cet état d'*homo homini lupus* dont la fragilité de l'argumentation hobbesienne vous aura démontré qu'en vérité, il est proprement indépassable dans le contexte d'un univers atomistique, inintelligible (point de départ de Hobbes et de Machiavel, Strauss indiquant bien que pour tous deux l'ennemi principal est le *Kingdom of darkness*, c'est-à-dire la transcendance chrétienne). Considérez-le comme un phénomène naturel dont vous canaliserez les énergies à votre profit, au lieu de vivre dans le fantasme (dans l'illusion, funeste comme telle) d'une pacification contractualiste. On imagine donc bien que le machiavélisme soit la «vérité», au sens hegelien, du contractualisme individualiste moderne (à supposer qu'il se réduise — dans ses prémisses tout au moins — à l'hobbesisme), *et que seules les prémisses «holistes» du droit naturel classique permettent de préserver la transcendance du critère de jugement, autrement dit le lieu de référence même de toute critique du pouvoir.*

Il existe donc entre Hobbes et Machiavel une curieuse relation «labile», se caractérisant d'abord par une opposition nette (contrat *versus* domination), puis par une «égalisation» (prémisses «atomistes» communes); l'ultime avatar de cette liaison consiste en l'*inversion* de l'opposition *(Machiavel plus «démocrate» que Hobbes)*. Comme je l'ai dit plus haut, *la raison machiavélienne est celle «du plus fort»*, des gouvernants instrumentalisant les gouvernés, et la raison hobbesienne est supposée signifier exactement le contraire. Mais la *virtù*, on le verra, peut se transformer en sens du consensus et du service public: Machiavel est un Renaissant — il voit bien le développement du sens de la dignité (du «*self-respect*»[29]) de l'individu, ce qui implique peut-être qu'à l'horizon de la modernité, seule la démocratie (ou du moins la constitution mixte des *Discours sur la première décade de Tite-Live*) soit stable. Hobbes, quant à lui, obsédé par la sécurité, *divise l'indivisible, à savoir les droits de l'homme*: la sécurité au prix du rejet de la liberté d'expression (ou de la liberté religieuse). Or sans liberté d'expression par exemple, il n'est pas d'information indépendante du pouvoir, et dès lors on ne peut envisager de contrôler sérieusement une autorité politique qui, soyons-en sûrs, ne respectera bientôt plus... la sécurité elle-même. Hobbes veut l'indivisibilité de la souveraineté, parce que toute division lui fait craindre le retour de cet équivalent de l'état de nature en lequel consiste la guerre civile (Machiavel l'avait d'ailleurs lui aussi vécue, dans des conditions certes différentes: «libanisation» de l'Italie). Mais cette indivisibilité empêche que soit préservé le rouage essentiel du *contrôle* de la conformité aux clauses par le truchement d'opinions, d'examens libres, c'est-à-dire distincts du pouvoir[30]. Bref, l'Etat du contractualisme risque bien, ici, de devenir «fort», de se transformer en pure et simple instrumentalisation des gouvernés, *ce qui semble donc constituer une «Dialectique de la Raison» que l'on trouverait à l'œuvre dans toute la modernité, et non pas seulement, comme le veulent des auteurs tels que Talmon, depuis Rousseau et Hegel.* A l'opposé, le Prince machiavélien peut être amené à devoir respecter l'altérité «autonome» de la société, et donc à devenir plus «libéral». *Le fin du fin de la raison du plus fort (Machiavel) se transformerait donc « dialectiquement » en raison des gouvernés, ou au moins en Etat s'auto-limitant*[31].

d) Machiavel, la fortune, l'a-cosmisme, l'alternative fondamentale

Reprenons l'argument. Apparemment, il existe une communauté de perspectives entre les deux droits naturels, classique et moderne, au moins en ceci que chacune des théories réfère le pouvoir à «plus haut» que lui (la totalité spirituelle du *cosmos* ou les droits imprescriptibles des individus[32]). Ici intervient une notion très importante pour Strauss : la *fortune*.

Machiavel s'adresse au Prince de façon rigoureusement inverse de ce que fait Platon à l'égard de Denys : il ne lui propose pas de réfréner son désir de gloire au nom de l'ascèse philosophique, mais de *mieux le réaliser*, lui démontrant «simplement» qu'un tel accomplissement passe nécessairement, à un certain moment, par l'abandon de la tyrannie, abandon non pas au détriment du désir «terrestre» de domination, mais *à son profit*. Comprendre ce renversement, rendre intelligible la différence philosophique existant entre l'abord platonicien du tyran sicilien et l'adresse machiavélienne aux *principi* de la Renaissance italienne, va nous mener dans un premier temps au cœur de la question straussienne : comment la modernité se caractérise-t-elle par un renversement de l'attitude classique et comment, ce faisant, détruit-elle l'ambition philosophique comme telle en faisant de la *prétendue* philosophie contractualiste un machiavélisme déguisé, simplement *différé?*

Les Grecs ne prétendaient pas «vaincre la fortune». Dans la question du bon pouvoir résidait toujours l'idée de «chance» : un roi-philosophe par exemple pouvait se rencontrer si les circonstances étaient favorables, mais ces circonstances elles-mêmes ne pouvaient être maîtrisées, dominées. La philosophie gardait une pureté, une «transcendance» liées à son impuissance constitutive : Platon essayait de convaincre Denys de «vivre autrement», et, les circonstances ayant tourné en sa défaveur (Denys ne possédant pas une âme suffisamment peu dégradée pour se mettre à l'écoute du philosophe et abandonner ses intérêts «doxiques», «pathologiques» au sens kantien, immédiats), il fut vaincu. Machiavel dit tout le contraire : la fortune est femme et doit être maîtrisée. Les techniques proposées dans le *Prince* doivent permettre d'établir les conditions d'une telle maîtrise (objectivation) de la «chance»[33]. Pour cela, tous les moyens sont bons: le Prince ne se trouvera limité que par des considérations d'opportunité (principe de réalité, résistance matérielle du monde) et non par des principes moraux (ordre harmonieux du *cosmos* ou droits imprescriptibles des individus). Son seul but: se saisir du pouvoir et le conserver. Ce qui limitait le philosophe classique (la morale «holiste», le *cosmos*), ce qui le mettait à distance des tentations de l'*hubris*, c'était à la fois la source de son impuissance et de sa spécificité, de son authenticité. Ce qui limite le Prince machiavélien, c'est la *prudence*, l'intelligence des circonstances, le sens pragmatique du possible. Maintenant, voici l'essentiel de la thèse: *théoriquement*, le droit naturel moderne doit constituer la fondation intellectuelle d'un pouvoir limité, subordonné aux droits individuels. *En réalité*, la question doit se poser tout autrement. En apparence (mais *seulement* en apparence, comme nous l'avons vu), Machiavel parle du point de vue des intérêts du gouvernant (potentiel), et Hobbes du point de vue de ceux qui, désireux d'échapper aux conséquences catastrophiques de l'état de nature, veulent être *gouvernés* de façon égalitaire. Ici la volonté de dominer, là la volonté de vivre sous une autorité accordant à chacun les mêmes droits. Ici un despotisme, là un gouvernement au service (de quelque manière que ce soit) des intérêts de gouvernés. *Et pourtant*, en toute rigueur philosophique, la réalité est tout autre. Le problème fondamental des individus hobbesiens, c'est de ne pas être dominés, de ne pas avoir un jour *le dessous* (rappelons qu'*aucune autre considération morale ne les guide*). C'est pour cela qu'ils concluent le pacte social: parce qu'il leur apparaît comme la seule solution, la seule possibilité d'éviter l'écrasement. Machiavel part *du même problème*: il s'adresse à quelqu'un qui n'est pas encore (du moins pas nécessairement) «Prince»[34], et lui enseigne les techniques de domination, c'est-à-dire les moyens de *ne jamais avoir le dessous dans l'indépassable état de nature*. On ne dira plus dès lors que Machiavel et Hobbes posent deux questions qui les situent aux antipodes l'un de l'autre: question de l'intérêt du gouvernant, question de l'intérêt des gouvernés. On dira, plus rigoureusement: tous deux posent la question, la nature humaine étant ce qu'elle est, de l'émancipation par rapoort au danger d'«être-dominé», au chaos du «mécanisme» atomistique. Chacun réagit différemment à ce défi, mais ils représentent les deux branches d'une alternative primordiale qui n'apparaît que sur un «sol» commun, celui de la destruction de la transcendance biblique et classique. La différence passerait bien entre la philosophie classique d'une part, Hobbes et Machiavel d'autre part (ces derniers posant véritablement *la même question*).

B. Machiavélisme « critique » ?

Réexaminons maintenant la position machiavélienne. S'adressant aux gouvernants, Machiavel leur enseigne à la fois la nécessité du Mal (le Bien chrétien « amollit », détruit la vertu civique et mène donc à des catastrophes[35]) et celle des droits du peuple (contre les « forteresses »[36]). Le sens de l'Etat le mène à lutter contre les « grands » et contre l'Eglise[37]. Ou plutôt : à soutenir dans les *Discorsi* la dynamique féconde du conflit entre grands et peuple, mais à désespérer, « aujourd'hui », de la dynamique républicaine et à envisager la solution provisoirement « tyrannique ». *Pour le Peuple*[38] *par le Prince contre les Grands.*

La modernité de Machiavel est donc dans une sécularisation de la question politique, mais cette émancipation par rapport à la religion l'est *ipso facto* (Strauss y insiste) par rapport à la morale. Chez lui, c'est la « prérogative » du pouvoir qui prend, *du moins au début*, un sens démesuré, contre les forces de division (au sens de décadence et de décomposition); mais encore une fois, répétons qu'il admet la fécondité d'une *certaine* division, c'est-à-dire du conflit — il admire la « constitution mixte » romaine — et limite, en conformité avec l'intérêt bien compris du gouvernant, la « prérogative » une fois le pouvoir conquis. *Les droits du peuple constituent un moyen de consolidation de l'Etat.*

C'est en ce point que l'interprétation que donne Cassirer de Machiavel dans *The Myth of the State*[39] prend tout son sens. La thèse de Cassirer est : de la même manière que Galilée a détruit la hiérarchie médiévale des cieux et de la terre (il n'y a plus de « haut » et de « bas »), de la même manière Machiavel détruit la hiérarchie morale : la politique ne se trouve plus mesurée à une norme éthique de légitimation.

En ce sens, le fait d'insister sur le « patriotisme » (incontestable) de Machiavel consisterait selon Cassirer à affadir, à tenter de rendre « honorable » une pensée qui, dans le *Prince* tout au moins (si on laisse de côté l'exhortation du dernier chapitre), n'a en vue que la prise et la conservation du pouvoir par un individu[40]. Mais, à l'inverse, « romantiser » ce cynisme a-moral reviendrait à psychologiser une question qui doit être posée à un tout autre niveau. Autrement dit, le problème ne serait pas essentiellement celui d'une attitude éthico-politique confrontée à une situation historique précise, mais bien celui d'une *mutation métaphysique fondamentale*. Sur ce point d'ailleurs, Lefort l'« égratignera » en lui reprochant de dissoudre Machiavel et l'histoire empirique — la « petite histoire » — dans la « grande histoire » qui est celle de la *Kulturgeschichte*⁴¹. Chez Machiavel, nous dit Cassirer, l'Etat flotte pour ainsi dire dans un «espace vide», il n'est plus enraciné dans un ordre holiste au sens de Dumont.

Certes, on ne peut mettre de côté les *raisons* — ou du moins *des* raisons — qui poussent Machiavel à ce qui apparaît au moins rétrospectivement comme une mutation «métaphysique»: il croit à la liberté républicaine, valorise le peuple, mais n'estime plus possible de défendre la république au moment où il écrit le *Prince* et termine le chapitre XVIII des *Discorsi*⁴²; il place dès lors tous ses espoirs en un «Prince» qui, de toute façon, devra se méfier des «grands». A ce niveau, le projet semble cohérent: Machiavel met tout en œuvre pour rendre ce sauvetage possible. Son cynisme, ou son réalisme, ou sa prétendue science *«value-free»* de la politique sont mis entièrement au service d'une telle ambition. Sinon comment comprendre que cet homme, dont tout montre qu'il fut loyal, intègre, fidèle (voire flagorneur vis-à-vis des Médicis revenus aux affaires), développe des conceptions de cet ordre, se fasse professeur de «Mal»? Il y a évidemment chez lui une admiration indiscutable pour le Valentinois César Borgia, laquelle, soit dit en passant, comme le souligne Cassirer, est paradoxale puisque ce dernier a conforté le pouvoir temporel du pape; de plus, Machiavel conseille *post facto* Louis XII dans son entreprise de conquête de l'Italie. C'est assez curieux pour un patriote. Mais, encore un coup, l'argument peut sembler faible: on peut admirer et vouloir s'approprier les qualités d'un ennemi⁴³.

Cassirer voit donc poindre chez Machiavel ce qu'il appelle le «mythe de l'Etat», mais il ajoute *que la constitution de ce mythe se relie à la révolution scientifique et cosmologique moderne: ce qui est en un sens rigoureusement «heideggerien», et, pour ce qui nous concerne, incarne le thème même de la raison du plus fort (raison: révolution scientifique) («du plus fort»: pouvoir désormais non limité par un «cosmos» éthique)*. Tout se passe comme si la destruction de l'opposition haut/bas (hiérarchie, holisme) avait entraîné avec elle l'anéantissement de tout jugement moral, de tout sens de la *hiérarchie* des valeurs. La position de Strauss par rapport à la science moderne est analogue⁴⁴.

Cassirer est l'un des représentants majeurs du néo-kantisme, et, comme dans son livre sur les Lumières, il conçoit la subjectivité transcendantale en tant que principe de résistance morale à l'immanentisme phénoménal, à la loi de la causalité, au règne des rapports de forces et du *nur Politiker* (Verdross), au paganisme, au nihilisme, au relativisme, à l'historicisme (Lefort indique à juste titre l'influence de l'interprétation de Cassirer sur celle de Strauss)⁴⁵.

On sait les réticences de Lefort à l'égard d'une telle lecture. On sait que, pour lui, la pensée de Machiavel tourne essentiellement autour de ce qu'il appelle la «division sociale», autrement dit le caractère constitutif du conflit (caractère justement masqué dans la tradition prémoderne qui le ramenait à l'apparence, au «devenir», à la *doxa*, par rapport à une stabilité, une *unité*, une réconciliation en un lieu transcendant, seul dépositaire de la Vérité). L'auteur du *Prince* ne veut pas, comme le font les idéologues[46] du siècle précédent, masquer cette division : il la dévoile, et dévoile du même coup le pouvoir comme le terrain du combat engagé entre les dominants, motivés par le «désir de gloire», et les dominés, motivés par le désir de ne pas être opprimés. Il y a là incontestablement une «immanence» postulée du pouvoir, une sorte d'«auto-institution» (selon l'expression de Castoriadis[47]) : c'est effectivement dans leur tension avec le peuple que les «princes» machiavéliens lâchent du lest, acceptent le consensus, «*mixtifient*», si l'on peut dire, leur régime, leur «constitution» (grandeur de la République romaine, due non à sa stabilité, mais à la dynamique des conflits qui l'animaient). Pour Lefort, Machiavel n'est pas (ou il l'est par un de ses côtés seulement, ou abstraction faite du «travail de l'œuvre»), le précurseur du mythe de l'Etat. Il faudrait lire chez lui, tout au contraire, la conscience de la modernité dans son ambiguïté (donc aussi dans son caractère émancipateur). Lefort souligne l'immanentisation du politique (Castoriadis : «auto-institution du social»), le rôle de la division du social comme caractéristiques d'une modernité qu'il faut assumer[48] en luttant à la fois contre ses dérives spécifiques (totalitarisme) et un retour à l'«Antique». Notons que le kantien Cassirer accepte aussi la modernité : l'individualisme éthique universaliste, caractéristique du kantisme, *est* moderne par excellence. Mais, pour Lefort, il ne pense pas correctement le politique quand il donne une interprétation unilatérale de Machiavel et envisage uniquement la perspective de la «grande histoire». Au «mythe de l'Etat» — au totalitarisme — s'opposent deux philosophies ici concurrentes : l'auto-institution machiavélienne et l'éthique kantienne (*anti*-machiavélienne dans le chef de Cassirer). Pourtant, il faut noter une communauté d'approche certaine : *dans les deux cas, c'est bien l'«immanentisation» qui est en cause*, mais pour Lefort, celle-ci constitue l'enjeu d'un combat autour de la «division du social», tandis que pour Cassirer elle oppose kantisme humaniste et machiavélisme mythico-étatiste (pour Strauss le droit naturel *classique* et/ou la Bible à la constellation machiavélisme-jusnaturalisme moderne-kantisme[49]).

La violence avec laquelle Lefort critique Cassirer (il épargne un peu plus Strauss) se comprend : sa thèse est exactement inverse de la sienne (de la leur). Alors qu'eux font de Machiavel *le porteur même de l'idéologie*, dans la mesure où il aide à façonner le mythe de l'Etat et donne aux dominants les meilleures raisons confortant leur immoralité *(raison du plus fort)*, Lefort voit au contraire en lui *l'exacte incarnation de la dés-idéologisation* (de la *critique*). C'est qu'il dénonce non seulement les conceptions de l'Eglise, lesquelles visent à enraciner en (sur)nature le pouvoir, mais également l'humanisme du siècle qui le précède, c'est-à-dire l'idéologie naissante, dans sa dimension d'effacement des conflits, de la lutte des classes, de la « division du social »[50]. Alors que pour Strauss, Machiavel, par son paganisme radical, efface progressivement la division entre éthique et politique (Cassirer : comme Galilée, entre « haut » et « bas »), qu'il clôt le politique sur lui-même, absorbe le social ou l'instrumentalise (lâcher du lest — s'il le faut, si la *necessità* le commande — pour mieux régner), pour Lefort il est celui qui a le plus insisté sur la fécondité de la division, de la lutte entre peuple et grands, et entre société civile et Etat. Machiavel est donc ici inconstestablement pensé dans l'horizon du concept de « démocratie » tel que l'ont envisagé Lefort et Gauchet[51]. C'est lui qui dévoile la spécificité de la modernité (il n'y a plus d'enracinement transcendant du pouvoir : sur *ce* point, il n'existe pas, me semble-t-il — tant la thèse est massivement commune —, d'opposition entre les thèses de Lefort et celles de Cassirer et de Strauss) à l'encontre du recouvrement libéral[52] et de la dérive totalitaire (idéologisation du social). Bref, « avant », la division se trouvait masquée par un recours à la transcendance. « Après », elle est soit masquée de façon « immanente » (ce sont les seuls moyens dont on dispose désormais : religions séculières[53]), soit affirmée dans sa fécondité — peut-être « tragique » — et ses risques (démocratie au sens de Machiavel).

C. L'essence du machiavélisme — la *virtù* —, et comment Machiavel était moins satanique que l'on ne l'a cru

Ces considérations donnent à l'argument un nouveau « tour » : à supposer que Machiavel ne soit pas si satanique que cela, à supposer que l'on puisse en donner une interprétation moins « cynique » — moins straussienne, rappelons-le[54] —, la thèse anti-hobbesienne et anti-contractualiste se trouvera *ipso facto* affaiblie, voire annulée dans sa portée scandaleuse.

1. *Grand et petit égoïsmes :*
celui-ci comme forme décadente de celui-là ; trois anthropologies

On a vu que l'opposition entre la raison des gouvernants instrumentalisant les gouvernés et la raison des gouvernés instrumentalisant les gouvernants était apparente, qu'elle relevait d'une approche superficielle. Mais il faut pousser plus loin l'analyse. Si Machiavel peut être considéré comme la (noire) « vérité » du contractualisme moderne, si l'on peut donc accepter, après avoir opposé Machiavel à Hobbes comme le point de vue du pouvoir à celui du peuple, d'établir entre eux une équivalence « métaphysique », il faut immédiatement ajouter qu'un tel point de vue n'est que partiel. En effet, Machiavel peut en un sens apparaître comme « mieux placé » que Hobbes du point de vue des exigences modernes d'émancipation politique, puisqu'on doit, en toute rigueur, affirmer que *l'homme ne devient contractualiste que quand il ne croit plus à la « gloire »*[55] *machiavélienne*. La liberté privée selon Constant — et par conséquent le droit naturel moderne[56] — constitueraient donc un phénomène indiquant la décadence de la « *virtù* » machiavélienne. La *virtù*, c'est le fait d'*oser dominer*, ce que ne fait justement plus celui qui va conclure le contrat. Ce dernier a, comme chez Hobbes, peur de ce que lui représente sa raison dans le futur, c'est-à-dire qu'il a imaginairement devant lui son échec ultime, *inévitable*, et conclut pour ces raisons la convention instituant l'autorité politique. Le prince machiavélien, lui, témoigne de ce que Nietzsche appelait un « grand égoïsme », c'est-à-dire d'une capacité de sacrifier *à soi*, à ses propres buts, à sa « grandeur », ses intérêts (en l'occurrence : son besoin de sécurité) du moment. Pour lui, l'échec ultime n'est *pas inévitable*. De ce point de vue, Machiavel ne serait pas équivalent à Hobbes[57], mais témoignerait d'une « psychologie » de base différente : grand égoïsme contre petit égoïsme[58]. Il nous faudra montrer dans la suite en quoi cette différence « place mieux », comme je l'ai annoncé, Machiavel *dans l'ordre même des préoccupations straussiennes*, c'est-à-dire la recherche d'un ordre politique juste.

2. *Nietzsche et Machiavel*

Il faut noter le caractère nietzschéen de toute cette problématique, reliée en particulier, comme on vient de le voir, à l'opposition, développée dans *Ainsi parlait Zarathoustra*, entre « grand » et « petit » égoïsmes. Ce dernier caractérise la psychologie de l'homme hobbesien (lequel ira jusqu'à se faire déserteur de façon tout à fait légitime, ce qui constitue bien le comble de l'anti-*virtù*). Et cette réflexion ouvre peut-être du même coup *un horizon de résolution de la question de l'éthique chez Nietzsche* : l'homme de Machiavel est sans doute plus dominateur que l'homme contractualiste, mais ce n'est pas parce que ce dernier serait plus «moral»: c'est parce qu'il n'ose plus mettre sa marque sur les choses, affirmer le monde (morale des maîtres, *virtù*). Son ressentiment à l'égard du monde est corrélatif d'une volonté de protection. L'Etat-artifice est un «arrière-monde», Nietzsche le considérant *précisément* comme un «artifice», c'est-à-dire comme le produit d'une volonté malade qui ne peut plus vivre et invente un universel illusoire, un paradis de sécurisation (d'abdication). L'homme machiavélien («surhomme», tragique dionysiaque[59]) ne serait par conséquent pas plus «méchant». Au contraire, ce serait le seul qui puisse, comme le dit Nietzsche, promettre, être généreux, «ami», et/ou avoir l'intelligence de devenir le support du «service public» (intelligence qui n'est pas une faculté indépendante, mais se relie intimement à la *virtù*: Nietzsche dit encore que la vérité ne se donne qu'à ceux qui ont l'âme assez élevée pour oser la conquérir).

3. *Hobbes, Spinoza et la libre pensée*

Je rappelle que j'ai jusqu'ici parlé de Hobbes pour l'essentiel du point de vue des *prémisses* de son argumentation, ce qui m'a permis de la considérer de façon plausible[60] à titre de représentant majeur du contractualisme moderne. Mais chacun sait qu'il ne plaide nullement en faveur de ce que nous entendons par «droits de l'homme»: le *Léviathan*, qu'il pense «déduire» des prémisses individualistes modernes, se limite à garantir la sécurité, la plupart des autres droits (liberté d'expression, séparation du spirituel et du temporel, résistance à l'oppression), que nous considérons comme *indivisibles*, se trouvant récusés parce que leur exercice risquerait de réintroduire la *division* entre citoyens, et bientôt la guerre civile, c'est-à-dire le retour funeste à l'état de nature, à l'*homo homini lupus*. Par crainte d'une *division* de la souveraineté, seule garante de la protection des citoyens (de la sécurité), Hobbes cherche à écarter toute cause de discorde, et choisit donc de *diviser les droits de l'homme*[61], autrement dit de n'en retenir qu'une «partie», laquelle se réduit au droit à la vie. Toute la question consistera à se demander si les droits de l'homme sont vraiment divisibles, et si le choix de la souveraineté indivisible ne les met pas inéluctablement en péril, *y compris* — ce sera bien sûr le cœur de l'argument — *le droit à la vie*. Hobbes considère donc que l'Etat est là pour garantir *un* droit fondamental de l'homme: la sécurité. Mais celle-ci ne peut être assurée que si les *autres* droits (par exemple la liberté d'expression) sont censurés. Hobbes, à l'opposé de Spinoza[62] (et sans doute de Locke), pense que l'exercice de la libre pensée détruit, au lieu de l'affirmer, la «souveraineté».

4. *De Hobbes à Machiavel: une dialectique de la raison inversée*

Revenons alors à Machiavel. Il faut insister sur le fait que, si Hobbes part des prémisses du «petit égoïsme» et aboutit à la souveraineté indivisible du «*Léviathan*», Machiavel, partant des prémisses du «grand égoïsme», aboutit *en un sens* à la souveraineté divisée, c'est-à-dire à la «république», à la «constitution mixte». Ironie de la raison dès lors, puisque la perspective apparaît comme *rigoureusement inversée*. On l'a vu, le problème de la désertion (notamment) indique que l'intérêt privé ne pourra jamais mener par lui seul à la stabilité désirée de la souveraineté. Mais cet échec, les techniques machiavéliennes sont censées l'empêcher: elles doivent permettre, pour celui qui a la force (Nietzsche: «pensée dominatrice») et l'intelligence («serpent de la connaissance»[63]) de les appliquer, de faire en sorte qu'il ne lui soit plus nécessaire, en bonne logique calculatrice et «*want-regarding*», de conclure le contrat, de quitter l'état de nature. *C'est donc la perte de la* virtù *qui transforme l'individu «souverain» en calculateur contractualiste*. L'homme du bonheur privé, du libéralisme, des droits de l'homme[64], ce ne serait pas l'homme moderne comme tel: c'en serait *l'épuisement*.

Entre l'anthropologie «cosmique», holiste, hiérarchique, de l'antiquité grecque et du moyen âge chrétien d'une part, la «*Selbstsucht*» des contractualistes[65] d'autre part, il y a la «*virtù*» machiavélienne. Or celle-ci peut véritablement se transformer en sens du «service public»: Machiavel montre en effet à maintes reprises que, si le Prince veut se maintenir au pouvoir, il lui faut lâcher du lest, respecter un certain consensus, bref garantir pour le peuple des droits sans lesquels son pouvoir n'acquerra jamais la stabilité[66]. C'est dès lors semble-t-il dans l'intérêt même du gouvernant possesseur de la *virtù* que les droits de l'homme seront donnés au peuple. Et encore le terme «donnés» prête-t-il à confusion, puisque c'est *de la* virtù *du peuple*, de sa capacité de revendication, ou, plus radicalement, de sa volonté de ne pas être dominé, que naît la dialectique tensionnelle des républiques saines. Une lecture attentive du *Prince* et des *Discours* pourrait montrer à quel point des considérations strictement *politiques* (c'est-à-dire «immanentes» ou «historicistes», non référées à une transcendance éthique, à des limites morales ou religieuses) mènent à plaider en faveur soit de la république, soit d'une principauté comportant de larges aspects de consensus (que l'on se rappelle seulement les critiques adressées par Machiavel aux princes qui se sont construit des forteresses contre leurs peuples — pour s'en protéger —, et se trouvent dès lors démunis, n'ayant pas osé armer la population de peur qu'elle ne retourne les «fusils» contre eux, en cas d'attaque étrangère: armer le peuple, c'est lui faire confiance et donc, nécessairement, lui conférer des droits pour qu'il reconnaisse au prince une certaine légitimité). Le machiavélisme peut ainsi mener, par stricte intelligence des conditions de stabilisation du pouvoir, au respect du consensus et des droits de l'homme. Beau parcours, au demeurant: on ne pourrait plus parler, hâtivement, de «thrasymachisme» machiavélien[67], puisque la raison du *Prince* n'aurait été *qu'en première instance* celle des gouvernants. Ultimement, elle aurait *mieux servi les droits des gouvernés que la raison hobbesienne, laquelle débouche sur l'autoritarisme du «Léviathan». Le «Prince» constituerait une instance au bout du compte plus respectueuse des droits fondamentaux que le «Léviathan»*. Ce n'est pas d'une *Dialektik der Aufklärung*, si l'on peut — nous y reviendrons — établir un parallèle entre les thèses de Strauss sur la modernité politique et celles d'Adorno-Horkheimer (Machiavel pensé comme la noire et nocturne vérité du contractualisme «éclairé») qu'il s'agirait, *mais exactement du contraire*: le contractualisme pourrait être considéré comme un effet de décadence (au sens «nietzschéen») du machiavélisme. Le sens du service public (du tout, du «holisme») se trouverait mieux respecté par Machiavel que par Hobbes. Alors qu'au départ, jusnaturalisme classique et contractualisme moderne reposaient sur un même «sol» (celui d'une référence à une instance de critique des «gouvernants»), on en arriverait maintenant à la conclusion suivant laquelle le machiavélisme apparaîtrait comme plus proche, dans ses résultats sinon dans ses prémisses, de la philosophie politique classique que ne l'est la pensée de Hobbes[68].

5. *Fondations morale et machiavélienne des droits de l'homme: forces et faiblesses respectives*

La «fondation» machiavélienne des droits de l'homme apparaît donc comme à la fois plus *faible* et plus *forte* que la fondation morale. Celle-ci relève, au sens kantien du terme, de l'impératif catégorique, mais à supposer qu'elle se réduise à un fantasme de belle âme (constatation inquiète et réitérée de Kant: y a-t-il jamais eu d'acte moral en ce monde?), son impuissance rejaillira inéluctablement sur l'efficacité du combat pour les droits de l'homme; à l'opposé, la «fondation» machiavélienne est «hypothétique», toujours au sens kantien du terme: le pouvoir ne respectera les droits de l'individu que s'il y a intérêt. Ce qui implique rigoureusement qu'il les bafouera quand cela l'«arrangera». Certes, on pourrait, dans une perspective d'inspiration machiavélienne, tenter de démontrer qu'en *tous* les cas l'intelligence, par le prince «vertueux», des conditions d'exercice et de perpétuation de son propre pouvoir, devraient le mener à respecter les libertés fondamentales. Une telle démonstration, si elle venait à échouer, si elle attestait qu'en certains cas le Prince bafouera sans vergogne, pour consolider son pouvoir, les droits des individus (et Machiavel en donne des exemples célèbres, en particulier en matière de non-respect des traités ou dans son admiration pour les turpitudes de César Borgia), serait aussi désastreuse pour l'*idéologie* machiavélienne que l'«argument de la désertion» le fut pour l'*idéologie* hobbesienne. Et je prends «idéologie» au sens suivant : comme un discours clos (ou à prétention de fermeture), délivrant en principe la fondation ultime de l'émancipation politique, et déchargeant dès lors fantasmatiquement l'individu de sa responsabilité historique, de son engagement intellectuel en lui fournissant, en quelque sorte *a priori*, la clé définitive de l'action juste. Mais abstraction faite de cette prétention insoutenable, la «fondation» machiavélienne — et c'est tout son intérêt — a la vertu, fût-elle problématique et partielle, de nous habituer au fait que les droits de l'homme ne reposent que sur un combat toujours recommencé. Il faut toujours les arracher à la violence du monde : les princes ne les respecteront que si les peuples représentent une *force* avec laquelle ils sont machiavéliennement (et non moralement) tenus de compter[69]. Certes, quand on pense au cas philippin (ou sud-africain)[70], on se dit que, si les prémisses «*want-regarding*» sont «vraies», rien n'empêche un nouveau machiavélisme des anciens dominés. Mais comme le machiavélisme n'est pas un fait (un donné), et dépend au contraire de l'apprentissage d'une technique, de l'intelligence des rapports de force, d'une éducation au combat pour la liberté politique, il mènera peut-être à la conviction selon laquelle *la tyrannie n'est pas machiavéliennement stable; en d'autres termes, la stabilité sans justice ne peut exister, au moins à moyen ou à long terme*. Certes, cet apprentissage n'a toujours lieu (étant donné nos prémisses de départ) que dans l'horizon de la *rationalité instrumentale* : il s'agit au fond, pour l'instant, de montrer que l'instrumentalisation passe d'une direction à l'autre (gouvernants/gouvernés à gouvernés/gouvernants), alors qu'au départ il y avait, dans la «conscience de soi» du contractualisme, une opposition radicale.

D. Importance de la *virtù* des gouvernés

Notons que le respect, par le Prince machiavélien, des droits de l'homme en général, dépend non seulement de sa *virtù* à lui (intelligence de la mécanique des forces), mais plus fondamentalement de celle des gouvernés, c'est-à-dire de cette in-dignation (sentiment de dignité blessée) de ceux à qui «on aurait pris leurs femmes», bref *de* la «*santé*» (au sens nietzschéen) *des gouvernés*. Sinon, le Prince peut, doit peut-être, confronté à une masse amorphe qui ne réagit qu'aux actes de violence et à la «Terreur», se comporter comme un tyran[71]. Aujourd'hui, les Philippines, l'Afrique du Sud et Haïti donnent peut-être le meilleur exemple de ce que le pouvoir machiavélien américain («idéal-typé» en plus cynique qu'il ne l'est réellement) doit faire quand il se trouve confronté à un peuple à la «nuque raide». Mais sur ce dernier point, quelques précisions sur la géopolitique contemporaine sont nécessaires.

Il existe (ou il existait[72]) depuis 1945 un duopole, c'est-à-dire deux empires qui, machiavéliennement, ont intérêt à attiser et donner écho aux révoltes dans l'autre camp[73]. La force de celles-ci — ce qui fait à proprement parler reculer le Prince machiavélien moderne — réside donc non seulement dans la lutte des peuples, mais également — et peut-être surtout — dans la situation géo-politique: l'autre «empire» a souvent intérêt à soutenir des combats contre l'injustice, lesquels, sans l'«utilité» qu'ils représentent (gêner l'adversaire en fragilisant un maillon de son pouvoir), ne passeraient peut-être jamais le seuil de la «visibilité» politique. Et bien entendu, ces soutiens ne constituent nullement une panacée, toutes les récupérations devenant possibles une fois que le mouvement aidé doit «payer l'addition», c'est-à-dire perdre une notable part de son indépendance. Mais il n'empêche que, comme ce fut le cas du combat des spirituels franciscains contre l'Eglise d'Avignon au XIVe siècle[74], le soutien d'un Empire donne aux «humiliés et offensés» la chance — risquée mais indéniable — de se faire entendre, d'accéder à l'espace politique, dominé par une rationalité bien plus souvent «machiavélienne» qu'authentiquement «éthique». Bref, la *virtù* (l'intelligence politique) du dirigeant d'«empire» se trouve confrontée tant à la *virtù* des dominés qu'à la *virtù* de l'«empire» adverse.

Cette situation de duopole crée au centuple, et de façon paradoxalement tout artificielle, un état de nature de type hobbesien: la dissuasion est fondée sur la crainte mutuelle d'une destruction *assurée* (et non plus seulement probable, comme dans le calcul qui, selon Hobbes, doit mener l'individu à conclure le pacte social). Helsinki et les rencontres du même ordre sont donc au moins en partie motivées par l'image, par la *représentation* de ce que l'équilibre de la Terreur peut engendrer *la paix*, exactement au sens de Hobbes (c'est-à-dire sans considération d'autres droits que celui à la vie ou à la sécurité), puisque cet état de paix s'établit souvent au mépris des libertés (URSS et ses satellites, conflits conventionnels «marginaux» à la périphérie, soutien par l'Occident de dictatures jugées «sûres», fidèles). Mais les considérations précédentes recroisent celles-ci : chaque « empire » a *à la fois* intérêt à un *statu quo* sans considération de la « moralité » de l'autre (qui possède la bombe), *et* à exploiter — prudemment — les conflits naissant dans la sphère d'influence de ce dernier. D'où une double dialectique machiavélienne qui est de la plus haute importance pour l'analyse géopolitique des révoltes contemporaines. Ce qui ne signifie évidemment aucunement que cette approche soit *suffisante*.

VI. LOCKE

1. Introduction

Il nous faut maintenant aborder une objection importante, qui s'est plusieurs fois profilée au fil de l'argumentation précédente : peut-on réduire le lockéisme, base incontestée de la philosophie des droits de l'homme telle qu'elle s'est incarnée dans les combats de la Guerre d'Indépendance américaine et de la Révolution française, à un hobbesisme non conscient de ses implications rigoureuses, inéluctables et « catastrophiques » ? Voyons d'abord ce que les deux auteurs ont d'évidemment commun : le fait de rompre avec le modèle classique et médiéval de légitimation du pouvoir. De partir, non pas du Bien (grec ou chrétien)[75] mais du Mal que l'individu, dans son propre intérêt, veut éviter[76].

2. Développement

Selon l'interprétation de Strauss — Verdross[77] est d'accord avec lui sur ce point —, il n'y a sans doute pas plus de « solidarité naturelle » chez Locke que chez Hobbes : l'état de nature est seulement plus « paisible » chez le premier, quoique, ultimement, la régulation étatique soit nécessaire, comme elle l'est inéluctablement pour toute théorie non anarchiste du pouvoir : Hegel disait très profondément du contractualisme moderne que l'état de nature n'y apparaissait *que pour permettre que l'homme [civilisé] en émerge*[78]. Strauss insiste également[79] sur l'importance de la *propriété* chez Locke : le droit en existe en effet, à l'opposé de ce qui se passe chez Hobbes (où tout droit est conféré — c'est l'origine du positivisme juridique — par l'Etat), dans l'état de nature, antérieurement à toute convention. De plus, chez Locke, ce droit, lié à l'origine au travail comme à son principe de légitimation (appropriation des fruits du labeur, de l'invention, du « mérite »), s'en détache, dans la mesure où le mouvement d'échange illimité (accumulation capitaliste) appartient encore à l'état de nature[80], ce qui fournit à la notion de profit une base ontologico-naturaliste. Autrement dit, les inégalités économiques, l'exploitation «capitaliste», semblent *justifiés en nature*, ce qui pourrait dès lors faire de Locke le parangon du libéralisme économique, qu'il défendrait idéologiquement en en masquant l'origine conventionnelle, discutable, bref le caractère modifiable, *criticable*. Si l'on ajoute à cela l'exclusion des «dépendants»[81], on a effectivement devant les yeux le modèle même de l'«individualisme possessif», dont l'Etat, minimal, doit garantir le libre développement[82]. Soit. Mais on peut à cela objecter plusieurs éléments. D'abord, comme le rappelle Simone Goyard-Fabre[83], Locke use du concept de *property* — à l'exception du chapitre consacré spécifiquement à la propriété *sensu stricto* — dans un sens large, qui est d'ailleurs courant au XVIIe siècle: vie, liberté et biens (propriété *sensu stricto*). Il faudrait donc voir jusqu'à quel point les marxistes ont joué d'un malentendu sémantique. Ensuite, il est assez injuste d'insister uniquement sur l'aspect «conservation de soi» et «égoïsme acquisiteur» chez Locke: c'est passer sous silence ce qui apparaît dès la préface du *Second Traité*, à savoir une passion de la liberté, la volonté de détruire les arguments qui visent à soutenir la thèse de l'obéissance passive, de donner au peuple un droit effectif de résistance, tout en évitant les dangers de terrorisme individuel, clairement perçus par lui[84]. Certes, on verra dans cette prudence le reflet de l'idéologie *whig*[85], c'est-à-dire des intérêts de la bourgeoisie ou d'une partie de celle-ci. Mais je rétorquerai ici qu'il faut sans doute faire un partage rigoureux entre deux types, philosophiquement opposés, de *«prudences»*: dans les restrictions (toutes relatives, et d'ailleurs vagues et problématiques) que Locke impose au droit de résistance (il faut que le «peuple» lui-même — et on sait qu'il ne comprend *pas* les «dépendants», c'est-à-dire en particulier les salariés — se révolte, et non un seul individu), il peut y avoir des intérêts de classe, bref de l'idéologie (peur des minorités activistes «niveleuses»); il peut aussi s'y trouver une réflexion tout à fait «honorable» — philosophique — sur les périls généraux liés à la possibilité, pour n'importe quel individu, de se proclamer solitairement le garant du respect des clauses du contrat, ou plus exactement de décider que, celles-ci ayant été foulées aux pieds, il se trouve délié de ses obligations conventionnelles, ramené à l'état de nature et au droit, reconnu par Locke en ce dernier, de tuer autrui — ici le tyran ou ses présumés complices — parce qu'il a «déclaré la guerre à tous les hommes, et par conséquent doit être détruit... comme une de ces bêtes féroces avec lesquelles il ne peut y avoir de société ni de sûreté»[86]. Bref,

Locke serait ici (au moins en partie) « modéré » *par éthique de responsabilité* (Weber), par conscience lucide de la tension existant *entre les « principes » eux-mêmes* (résistance à l'oppression d'une part, refus du fanatisme de l'autre), et non par désir de compromission, c'est-à-dire à cause d'une tension entre un principe (résister à l'oppresseur) et un intérêt (éviter que cette résistance dépasse le cadre des privilèges d'une caste et se trouve débordée en direction d'une universalisation potentielle, appelée par la référence réitérée à l'« Homme » comme tel dans le *Second Treatise*). Il faut aussi rappeler dans ce contexte le plaidoyer lockéen pour la tolérance et la « laïcité »[87], son légalisme et sa défense de la sûreté pour pouvoir décisivement taxer de réductrice la position qui identifierait purement et simplement ses positions avec celles de l'individualisme possessif. C'est bien entendu de cela *aussi* (des intérêts de la « bourgeoisie », de la « mauvaise » prudence) qu'il s'agit chez lui, mais de bien d'autres choses encore — et je n'ai même pas parlé des effets « objectifs » (non délibérés) de sa pensée, du fait qu'elle a pu se trouver reprise par des individus et des groupes qui n'incarnaient nullement les mêmes intérêts que les siens, phénomène qui relève des effets explosifs potentiels d'une pensée, des « ruses de l'énonciation » : une pensée politique constitue toujours comme une bombe à retardement, puisque rien n'empêche ceux qui se réclameront plus tard d'elle de rejeter les limitations et qualifications que son auteur avait voulu, dans un contexte qui était le sien, lui imposer. Pour prendre un exemple important, il est sans doute trompeur de parler d'*universalité* à propos de Locke et de la Révolution de 1688 : ce sont les intérêts de l'entité politique (les « Anglais ») qui sont en cause. Jellinek[88] a bien montré que l'idée de droits *universels*, accordés à tout homme en tant que tel, et pour lesquels on serait prêt à se battre, c'est-à-dire à sacrifier non seulement les intérêts hobbesiens (pure *selfishness* individuelle, « petit égoïsme »), mais également les intérêts plus élevés, plus généraux, du peuple anglais, est postérieure : elle a été élaborée par les théoriciens révolutionnaires français et américains, qui ont donc « débordé » Locke du côté de l'humanisme universaliste. Et, trois quarts de siècles plus tard, la Guerre de Sécession mettra aux prises ceux qui n'accepteront pas les restrictions « esclavagistes » apportées à l'universalisme de la Déclaration de 1776 et ceux qui s'en tiendront à la défense de leurs privilèges, pourtant « inengendrables » à partir de l'universalisme révolutionnaire. En d'autres termes, la Révolution américaine dépasse Locke (des « droits des Anglais » aux droits de l'homme — mais avec restriction « esclavagiste »), et Lincoln dépasse 1776 (des droits de l'homme affectés de servitude aux droits de l'homme « purs »). *En un sens*, tout cela se trouvait déjà potentiellement « dans » Locke, bien qu'*en même temps* il soit tout à fait aberrant de le lui attribuer en tant qu'intention[89], fût-elle voilée. Une théorie du devenir des énoncés politiques est à faire, qui éviterait à la fois le point de vue de l'auteur et celui, dogmatique, des infrastructures déterminantes, pour prendre en considération les contraintes propres de l'énonciation, le fait qu'un discours n'appartient à personne et se trouve voué à l'aventure historique, c'est-à-dire à celle de la liberté.

Ce n'est donc pas cette dernière analyse (au demeurant pleine d'intérêt) que j'ai tentée dans les dernières pages — je n'en ai ni le temps ni les moyens. Je n'ai brièvement essayé que de montrer comment, *dans le texte même et dans ses énoncés manifestes*, on devait indubitablement reconnaître chez Locke une passion de la liberté qui résiste à la réduction « économiste » (ou « individualiste-possessive », « *want-regarding* ») tentée par Strauss, par Dumont, par Macpherson, par Verdross et — peut-être moins violemment — par Manent.

VII. PERSPECTIVES PROVISOIRES

A. Hobbes, Locke, Machiavel : réductions et « Critique » de l'individualisme

On voit donc pourquoi Strauss peut sélectionner, dans sa critique de la modernité, Machiavel[90], Hobbes et Locke : le cynisme politique tout d'abord, qui mène à dé-moraliser la politique même (mais fait appel à des vertus patriotiques, à un sens du risque et de l'intelligence politique, qui doivent le distinguer de la psychologie hobbesienne), ensuite le nivellement *want-regarding* des désirs, enfin (Locke) le primat de la propriété et de l'« économique ». Bref, Strauss — comme le feront (j'en parlerai en détail) les membres de la première génération de l'école de Francfort, mais aussi Foucault, Dumont ou Girard — voit bien les éléments négatifs de la modernité (si l'on considère les trois auteurs comme suffisamment représentatifs), mais il n'en fait pas une *Critique* au sens kantien du terme. *Il ne détermine pas le domaine d'exercice légitime de la rationalité politique moderne, mais la nie de façon radicale.* Il est, dans le champ de la réflexion politique sur la modernité, aux penseurs authentiquement critiques ce que Kant est à Hume et au scepticisme (revalorisant, par certitude de l'absence d'alternative, la tradition et l'« autorité de l'éternel hier » [Weber]). Il ne voit pas — ou il sous-estime — l'intelligence politique de Machiavel et sa signification en ce qui concerne la tentative de penser la modernité de façon critique et non idéologique (Lefort), il réduit la dimension de résistance au pouvoir *au nom des principes* chez Locke. En revanche, dans *68-86*[91], Ferry et Renaut tentent précisément de donner une Critique de l'individualisme moderne, non réductible à son «ivraie».

En même temps en effet, Machiavel aide à la déchristianisation, à la valorisation du sens républicain, à la connaissance de la dynamique du conflit, à l'appréciation positive du peuple (même si, assez funestement, il annonce *aussi* la dictature du prolétariat[92]); il célèbre la lutte contre les grands, les «forteresses», les mercenaires. Hobbes (qui, lui, critique le républicanisme en parallèle avec le protestantisme: deux formes de division funeste de la souveraineté, par constitution mixte et par oppositions religieuses) met en place l'individualisme égalitariste, qui pourra lui survivre au-delà de sa réduction hédoniste-égoïste-«pleutre», et au-delà des conséquences autoritaires du *Léviathan*. Mais l'indivisibilité de la souveraineté, c'est *aussi* une réflexion importante (que l'on pense seulement au Liban d'aujourd'hui), sa divisibilité ne pouvant acquérir un sens non catastrophique que s'il existe face au corps politique une société animée par autre chose que la peur de la mort (ou l'intérêt bien compris, purement «*selfish*»). Bref, l'argumentation hobbesienne en termes d'état de nature «individualiste» et d'instrumentalisation de l'Etat en vue de la sécurité individuelle est tout à fait moderne. Les conclusions absolutistes que Hobbes en tire peuvent d'ailleurs l'être également: débuts du sécularisme laïque virant à la religion séculière (certains arguments «soviétiques» sont d'une veine hobbesienne: insécurité, menaces de division, fièvre obsidionale de l'encerclement, de la «cinquième colonne», etc. Mais il y en a bien entendu de tout autres). L'idée d'un pouvoir *artificiel* par rapport auquel l'individu prend, *au moins au départ* (Locke montrera que cela doit «continuer»), une distance constitutive, est éminemment émancipatrice. Strauss confond sans doute dans ce que Macpherson appelle l'«individualisme possessif» le grand égoïsme machiavélien, Hobbes et Locke (il efface la grandeur de Machiavel d'une part, le sens de l'universel, de la résistance pour les principes, chez Locke, d'autre part).

Il faut insister sur le fait que Hobbes — Strauss l'indique bien — évacue la dimension *morale* du contractualisme: le sentiment d'être «concerné» par *toute* atteinte portée aux droits fondamentaux (et l'interprétation de ces derniers en termes plus complexes et plus étendus que la simple sécurité: dignité, justice) lui est étranger; il ne voit pas que les droits imprescriptibles de l'individu constituent comme tels *un nouvel idéal, dont, cependant — et c'est l'un des thèmes essentiels du présent livre — la fondation philosophique apparaîtra comme à la fois nécessaire et infiniment problématique*: entre l'individualisme possessif (j'ai personnellement intérêt, par pur calcul *want-regarding*, à me soumettre avec autrui au *Léviathan*, parce que cela *m'*est, au moins à long terme, avantageux) et ce que l'on peut appeler l'*individualisme éthico-juridique* (tout individu, comme tel, a droit à certaines prérogatives «naturelles», pré-positives), *la différence philosophique est radicale* et *l'intrication historique extrême*. La plupart du temps d'ailleurs, nous ne pouvons nous en apercevoir, dans l'exacte mesure où nous ne nous trouvons quasi jamais dans une situation de conflit entre les deux individualismes. Mais si l'un de nous se trouve quelque jour confronté à une dictature, le choix entre les deux intérêts apparaîtra comme incontournable : *ou bien* dénoncer les atteintes aux droits de l'homme (défendre, là comme ailleurs, l'individualisme éthico-juridique, au risque de sa liberté et de sa vie, c'est-à-dire au détriment de l'individualisme possessif), *ou bien* se taire, se monter infidèle à l'exigence éthique et préserver ses intérêts propres. Une des tares de la philosophie analytique anglo-saxonne — ce qui signe sa non-appartenance à l'univers intellectuel de la critique authentique — consiste peut-être en ceci qu'elle emprunte la plupart de ses exemples à la quotidienneté aproblématique des Etats de droit. Or cette quotidienneté est artificielle (au sens hobbesien et au sens courant du terme), elle dépend de conditions récentes (deux siècles tout au plus), peut se trouver menacée, et surtout ne correspond à rien si on la compare à la vie dans la plupart des Etats contemporains, à la banalité de la torture comme méthode de gouvernement, l'insécurité généralisée, le dépouillement matériel et moral qui règnent dans la grande majorité des pays. Dès que nous sortons de notre univers calfeutré (digne, comme tel, d'être défendu) pour nous plonger, au moins imaginairement, dans des situations de responsabilité éthico-politique qui nous attendent pour ainsi dire au coin de la rue, *l'antagonisme des deux individualismes s'affirme dans son caractère flagrant*, et quasi insoutenable. C'est pourquoi, comme nous le verrons dans la suite, il est essentiel de distinguer les deux versants dans l'analyse des combats politiques modernes : contre l'absolutisme, l'individualisme éthique et l'individualisme possessif, *également brimés*, peuvent *sembler* longtemps faire cause commune. D'où les ambiguïtés qui marquent les discours idéologiques et, comme on l'a vu, jusqu'aux textes philosophiques eux-mêmes. Strauss montre bien les risques d'un égoïsme possessif considéré comme *unique fondement* de l'autorité politique (la désertion est toujours imminente), les apories liées à une absence de « sens de l'Etat », de vertus « républicaines » (à l'opposé de Machiavel). Peut-être Hobbes a-t-il bien vu ce qu'est l'homme *« zunächst und zumeist »*, pour parler comme le premier Heidegger. Mais sa fondation se dénonce à la fois dans sa fragilité (l'Etat est *trop faible*, par exemple par rapport à la désertion) et dans son caractère inquiétant (l'Etat est *trop fort* par rapport à l'opinion, la liberté de conscience, la résistance à l'oppression). *Il n'est pas sûr que la modernité « libérale » soit radicalement hobbesienne:* une idée — aux consonances classiques — de sociabilité et de solidarité naturelles l'anime également sur son versant (certes, encore une fois — sans quoi à quoi bon le présent livre? — éminemment problématique) éthico-universaliste. Cependant, cette « nature » (ces prérogatives minimales appartenant, dit-on — mais il s'agit de le *justifier* —, à tout homme) n'en est pour l'instant pas une au sens rigoureusement philosophique du terme : elle constitue plutôt le produit d'une Histoire qui a appris à l'homme à se réserver une appartenance à autre chose qu'à la Cité terrestre (apprentissage chrétien, mais déjà grec — au moins stoïcien — également). Si ce n'est donc pas une nature au sens d'un « donné », ce l'est au sens d'une possibilité humaine accomplie par une certaine histoire. A titre de résumé provisoire, disons donc que les caractéristiques et failles du modèle hobbesien ne peuvent sans outrance se voir attribuées à la modernité contractualiste-libérale *comme telle*. Strauss transgresse sans doute cet interdit.

B. Ambiguïté de la liberté moderne

On pourrait soutenir que, quand Strauss critique l'hédonisme hobbesien, c'est déjà, en filigrane, la « défaite de la pensée » stigmatisée par Finkielkraut[93] (bien que ce dernier en voie plutôt l'origine dans le romantisme politique) qui est en cause : le relativisme constitutif de la conception *« want-regarding »* mènerait quasi inéluctablement, *via* Bentham et l'arithmétique des plaisirs, au nivellement contemporain des valeurs culturelles (des *« ideals »*). De façon plus fondamentale, la même question se trouve posée dans le récent — et très straussien — livre d'Allan Boom, qui a acquis aux Etats-Unis, durant l'année 1987, une célébrité assez inouïe[94]. Bloom marque bien que le thème nietzschéen « Dieu est mort » est déjà présent chez Hobbes et Locke (ce qui constitue une ligne d'interprétation purement straussienne), puisque leur théories *want-regarding* bâtissent l'Etat sur une absence de sens substantiel positif, bref sur le manque de toute hiérarchie spirituelle « objective ». L'Etat agirait comme un arbitre devant rendre compatible des « intérêts » *dont le vide spirituel apparaîtrait de plus en plus nette-*

ment. Autour de ce vide central se développerait ce que Bloom appelle un nietzschéisme ou un nihilisme « sans abîme », un relativisme mou, une *openness* comprise comme tolérance radicale, laquelle se retournerait bien vite contre les bases mêmes de la République américaine, et des Etats de droit en général. Ce que l'on peut peut-être — avant l'analyse approfondie qu'il mérite — mettre en avant dans ce livre brillant, devenu de façon inattendue un *best-seller* aux USA, c'est justement ce concept de nihilisme « mou », comme s'il y existait une complicité intellectuelle entre le néo-épicurisme hobbesien et une pensée se nourrissant d'un Nietzsche affadi, en même temps qu'universitairement récupéré. Qu'il y *ait* un nietzschéisme de professeurs, un nihilisme sans abîme existentiel, sans risque et sans « folie », c'est indubitable. Mais le nietzschéisme (tout problématique, et à maints égards « dangereux » qu'il soit) n'a rien à faire (Bloom en convient d'ailleurs aisément) avec ce nihilisme néo-épicurien, du moins si l'on veut prendre au sérieux la distinction nietzschéenne du surhomme et du dernier homme, du grand et du petit égoïsmes, de la « vertu qui donne » et de l'épuisement existentiel dont témoigne l'utilitarisme anglais, toujours brocardé par l'auteur de *Zarathoustra*. Qu'il faille par ailleurs réhabiliter le lockéisme est une autre question (la critique nietzschéenne ne l'épuise sûrement pas). Mais à affadir les distinctions, et, pour finir, à sataniser les deux horizons de pensée en les référant à l'idée *elle-même « molle »* de relativisme, on brouillerait les enjeux de la pensée politique : j'ai tenté de monter plus haut que, contre Strauss, il fallait distinguer très nettement les horizons du hobbesisme et du nietzschéo-machiavélisme.

Dans la perspective hobbesienne en effet, on tâche de bâtir un régime politique sur les pulsions les moins élevées (la peur, le désir de pouvoir — qui y est lié, puisqu'on ne désire acquérir que par peur de manquer un jour, ce qui constitue tout le contraire d'un désir « aristocratique » d'affirmation, aussi discutable apparaisse-t-il comme tel). Cet écrasement des « idéaux » crée un homme dont la vie existentielle sera incontestablement *mutilée*. De *ce* point de vue, et dans la ligne de l'inspiration straussienne plutôt qu'à la lettre de ses arguments, on peut dire que *le tournant hobbesien rend à la fois impossible une vie existentiellement accomplie et une défense sérieuse des droits de l'homme, de la « démocratie libérale »* : l'homme de Hobbes apparaît comme *« désenchanté »*, sans aspiration, sans « transcendance » (Nietzsche : sans capacité de poser des valeurs), *et* comme un « déserteur » potentiel (*son relativisme relativisera tôt ou tard les conditions mêmes du relativisme, de la tolérance*).

C. Existentialisme et hédonisme contractualiste moderne

On pourrait objecter au schéma straussien qu'il ne concerne que l'hédonisme (primat du bonheur individuel dans la morale), et non le *tout* de la philosophie politique contemporaine, comme Strauss lui-même l'affirme[95]. Mais en laissant de côté pour l'instant l'ambition ultime du propos straussien, nous pouvons déjà indiquer que sa critique porte bien au-delà de l'hédonisme *stricto sensu*. Soit l'exemple — sur lequel nous reviendrons ailleurs à propos de Girard — de l'existentialisme sartrien. Chez Sartre, l'hédonisme ne joue nullement un rôle central : au contraire, l'existentialisme développe une conception «angoissée», tragique, «prométhéenne», «dionysiaque», de la liberté; pourtant, la disparition du *cosmos* constitue un trait commun à l'existentialisme et au contractualisme moderne : dans chaque cas, l'individu se retrouve seul, livré à ses ressources propres, privé du recours à l'ordre objectif d'un *cosmos*, d'une loi naturelle, d'une «essence». De même, Kant pourrait apparaître comme le penseur par excellence de l'anti-hédonisme, de l'anti-«utilitarisme» : n'a-t-il pas purifié la morale de toute contamination par l'impératif hypothétique, c'est-à-dire par l'intérêt? N'a-t-il pas, justement, vu dans la philosophie grecque classique un hédonisme sophistiqué, de telle sorte que seule la *Critique de la raison pratique* témoignerait de la transcendance de la loi morale? Dès lors, il nous faudrait faire passer la frontière en un autre lieu que celui désigné par Strauss : non plus entre philosophie classique et philosophie moderne, mais entre hédonisme — grec et «hobbesien» — d'une part, kantisme d'autre part. Pourtant, bien avant Sartre, la *Critique de la raison pure* inaugure pour ainsi dire la perspective destructrice du *cosmos* antique et médiéval : l'accès aux fins substantielles est irrémédiablement barré, et l'individu se retrouve seul, livré aux apories du formalisme[96], à la quête, peut-être désespérée, d'une universalisation de la maxime individuelle, d'une transformation de cette dernière en loi morale. Le «holisme» de Rousseau — primat de la «volonté générale» — recèle la même difficulté, puisqu'ici encore il s'agit de faire découler l'ordre global d'un contrat (certes «transfigurateur») entre individus. Bref, Strauss[97] argumente contre le rousseauisme, le kantisme et l'existentialisme en tâchant de montrer que, malgré leur anti-hédonisme, ils ont ceci de commun avec la philosophie hobbesienne qu'ils détruisent le *cosmos* et rendent dès lors impossible la référence *critique* à un critère transcendant. L'homme n'a — quoi que veuille en particulier Kant — plus rien au-dessus de lui sur quoi il puisse *appuyer sa révolte, sa critique de l'ordre positif des choses*. Ou alors, il retombe dans la *Schwärmerei* religieuse ou romantique[98].

L'argumentation straussienne consiste donc, généralement parlant, à interpréter le renversement individualiste moderne, au-delà de la pensée strictement hédoniste, comme une lame de fond détruisant la transcendance du recours classique. Toute son analyse vise à en développer les conséquences catastrophiques.

D. Résumé de l'analyse

Il faut maintenant résumer l'analyse qui, en toute rigueur, a jusqu'ici plus concerné les *prémisses* de l'argumentation hobbesienne que son « résultat » (le *Léviathan* autoritaire). Sabine[99] a bien montré que celles-ci avaient alimenté, par leur individualisme, leur égalitarisme, l'absence de référence religieuse notamment, le libéralisme du XIXe siècle. Mais en même temps, comme on le sait, les *conclusions* de Hobbes vont à l'opposé de la philosophie des droits de l'homme (il a défendu l'absolutisme — certes par des moyens ultimement dommageables pour les monarques de droit divin — et ses contemporains ne s'y sont d'ailleurs pas trompés). C'est la remarquable modernité des prémisses hobbesiennes qui permet à la plupart des commentateurs de le placer, avec un rôle éminent, dans l'histoire du libéralisme. Du point de vue des *conclusions*, il va de soi que Locke fait infiniment mieux l'affaire. Mais puisque nous choisissons pour l'instant de nous en tenir aux prémisses, indiquons maintenant les niveaux d'argumentation impliqués.

1. Hobbes ne peut critiquer la désertion, et par conséquent le « patriotisme » apparaît comme infondable chez lui (la théorie hobbesienne ne resterait cohérente qu'au niveau d'un Etat mondial. Il constitue en particulier — ce qui, à un certain niveau, est heureux — une très mauvaise fondation du nationalisme, mais — ce qui l'est moins — également de toute défense, de toute vertu publique).

2. Hobbes récuse la référence à l'« excellence ». Ce qui a) est un bien parce que cela introduit l'idée de « laïcité », le processus de constitution de l'Etat n'ayant rien à voir avec une conception morale « substantielle » (en ce sens, Rawls sera un bon héritier de Hobbes) — même si, au niveau des conclusions, la domination de l'Etat sur la religion et l'opinion en général (religion séculière) mène à tout sauf à une société « laïque »; mais b) pose, selon Strauss, des problèmes de fondation, d'établissement du critère de la critique des autorités positives (et cela non au niveau des conclusions — c'est évident *chez Hobbes* —, mais des prémisses mêmes). Il n'y a plus, comme il le dit, de

référence au Bien qu'on vise (Hobbes, comme le rappelle Manent, sait trop bien qu'on ne peut établir les fondements de la paix sociale sur la base des conceptions morales ou religieuses, trop divergentes, ni d'ailleurs sur la liberté républicaine), mais au Mal qu'on fuit. Nous avons vu qu'une telle critique, légitime dans le cas de Hobbes, ne pouvait nullement être généralisée à la modernité comme telle, et en particulier — pour des raisons certes différentes — à Machiavel et à Locke.

E. L'intérêt, l'excellence, les principes universels, la *virtù*: quatre références différentes du pouvoir

Il faut insister sur la philosophie individualiste commune à Hobbes et Locke: ses difficultés et ambiguïtés nous mèneront plus tard au cœur de notre problème. Ils prennent tous deux (même si, on l'a vu, Locke ne peut se trouver *réduit* à cette perspective) leur point de départ dans l'*intérêt bien compris*, ce qui les oppose à la fois à la tradition de l'*« excellence »* (droit naturel classique) et à celle, postérieure, des droits universels: dans ces deux derniers cas, le primat est donné au devoir «holiste»; c'est évident, si on a lu Droit naturel et histoire, pour l'«excellence»; ce l'est moins, du moins à première vue, pour les droits universels de l'individu, lesquels semblent s'opposer, *tout autant que l'intérêt bien compris*, au holisme traditionnel. Mais c'est une illusion: nous avons vu plus haut que le respect, en tout individu, des droits fondamentaux, impliquait rigoureusement *(pour peu que l'on sorte — et cette sortie est toujours imminente — de l'univers protégé des Etats de droit)* un sacrifice potentiel de la *selfishness* à l'universalisme menacé. En *ce* sens, il y a un *holisme des droits de l'homme*, c'est-à-dire une référence transcendante à «plus haut» *à la fois que le pouvoir et que l'intérêt* «selfish». Certes, nous savons déjà que la «responsabilité» au sens weberien implique parfois des compromis au sens élevé du terme (nuancer un principe par un autre — «guerre des dieux» —, et non affadir les principes par l'intérêt personnel[100]). Quand Strauss dit que la Déclaration de 1776 n'est plus *théoriquement défendue*, il sous-entend que l'individualisme *selfish want-regarding* et «possessif» ne peut fournir de base à la défense des principes républicains (Etat de droit — ce qui vaut bien entendu pour les monarchies constitutionnelles). Mais peut-être faut-il également comprendre que l'individualisme éthico-universaliste, aussi anti-*selfish* soit-il (c'est exemplairement le cas dans la deuxième Critique kantienne), échouera parce qu'il ne pourra plus *s'appuyer* — se fonder

— *sur rien*, une fois «désenchantés» (Weber) le *cosmos* grec et le Dieu chrétien, bref une fois démythologisées toutes formes de transcendance ou d'ontothéologie. C'est *cette* question qui nous requerra plus loin, et qui posera les problèmes philosophiques les plus difficiles. Un chapitre très remarquable des *Mots et les choses* de Foucault devra au moins nous livrer à ce propos un fil conducteur.

Il est donc nécessaire de bien distinguer plusieurs niveaux :

- les intérêts particuliers, l'individualisme possessif (*moi, ma* conservation, *ma* peur, *mon* arrogance, *mes* intérêts de bourgeois) ;
- l'Etat machiavélien (et le «grand égoïsme», le sacrifice patriotique, le sens de la chose publique, les *ordini nuovi*) ;.
- la morale des droits de l'homme (l'individualisme universaliste) ;
- l'excellence antique (qui recoupe partiellement les trois premiers niveaux).

Ces niveaux peuvent rigoureusement s'articuler avec plusieurs références différentes du pouvoir à «*autre* chose» que lui (ou à lui-*même*).

a) A l'universel du cosmos

C'est le cas dans la philosophie classique, qui suppose donc une dualité dans l'individu, un ordre des fins obscurci par la décadence, mais «rattrapable», même si ce rattrapage peut être conçu comme hyper-difficile (Platon : trouvera-t-on un «naturel philosophe»?). La rationalité est donc substantielle, on «entre» en *logos* comme on entre en religion, c'est une conversion, un bouleversement intime des fins poursuivies. Il y a hétérogénéité qualitative entre les fins pré-philosophiques (égoïstes *sensu lato*) et les fins philosophiques «découvertes» par la raison. Mais il faut noter que les zélateurs de l'autre «ordre» (les philosophes eux-mêmes, souvent) ont transgressé l'interdit et rendu «utilitariste» l'accession au *cosmos*, s'attirant dès lors les foudres de Kant : la vie philosophique conduit au vrai bonheur, nul n'est méchant volontairement parce que, s'il savait ce qu'est la vertu, il comprendrait qu'elle mène à un accomplissement plus intense que celui de la vie «hédoniste» pré-philosophique. Bloom, très straussiennement, dit d'ailleurs que la notion kantienne d'un sacrifice de l'intérêt individuel apparaît comme le pendant rigoureux de la domination moderne des *wants* : c'est dans la mesure où ceux-ci, non éduqués, non transfigurés, hobbesiennement déracinés de leur référence à l'*idéal*, dominent totalement la vie, que le seul recours possible semble résider dans un dés-intérêt radical. Pour les straussiens, la vision grecque d'une sorte de *sublimation* de l'intérêt, d'un accomplissement du bonheur *par* la vertu, constitue la seule alternative viable à l'opposition, pour eux stérile, de la moralité et de l'intérêt «pathologique». Et certes, Kant n'accepterait nullement ce rabattement de la morale sur l'impératif *hypothétique*: on pourra toujours suspecter que le philosophe potentiel n'«entrera» en *logos* que parce qu'on lui aura fait miroiter par avance que la vertu «paye». Il n'aura donc toujours déjà accepté de gravir la pente de l'ascension philosophique que dans l'*hypothèse* où elle est susceptible de lui permettre, au bout du compte, de faire une bonne affaire. Mais laissons la question pendante pour l'instant.

b) Au pouvoir lui-même chez Machiavel

Ici, le pouvoir constitue pour ainsi dire sa propre référence, et on peut dire qu'il ne devient «libéral» qu'au nom et au profit de lui-même. Les prémisses anthropologiques sont monistes, et il y a dès lors homogénéité «quantitative» entre les intérêts d'«avant» la raison et ceux d'«après» (simplement maximisés — ordre du «*want-regarding*»). La rationalité est instrumentale (ne forgeant que des instruments plus adéquats pour des fins restant inchangées: «grand égoïsme» — au sens de *Zarathoustra* — propre à la *virtù*).

c) Aux individus «possessifs» chez Hobbes
et dans le contractualisme moderne (Locke, Montesquieu, Machiavel)

Le pouvoir est, dans ce cas-ci, l'instrument contrôlé (du moins chez Locke) de la réalisation des fins individuelles. Le monisme (du «petit égoïsme») est également prévalent, de même que la raison instrumentale (maximiser les fins «*selfish*», l'auto-conservation). Mais la base anthropologique du contractualisme est en même temps fondamentalement différente de celle de Machiavel: c'est la peur, la crainte[101], qui ordonnent tout le processus; autrement dit, les fins de départ (immodifiées par l'usage de la raison instrumentale) sont à l'opposé de celles du «*Prince*». Et peut-être Hobbes constitue-t-il un cas limite: du présent point de vue, il apparaîtrait comme plus «décadent» (au sens machiavélo-nietzschéen du terme: perte de la *virtù*, de la «grande santé, des pouvoirs d'affirmation) que Locke par exemple, pour qui la sortie de l'état de nature n'apparaît pas si «précipitée», donc potentiellement «sécuritaire» (la peur — la «maladie» — domine moins). Il y aurait dès lors chez Locke une *affirmation* plus grande que chez Hobbes, mais évidemment moindre que celle qui se trouve requise par Machiavel.

d) A l'individu comme absolu éthique

Dans ce dernier cas de figure, le pouvoir se trouve référé, comme à son ultime instance de légitimation, à l'universalité des droits de l'individu. Nous savons déjà qu'une telle référence, constitutive de la philosophie individualiste éthico-juridique, ne se trouve nullement garantie dans l'univers de l'excellence classique (primat holiste de la Cité et des vertus publiques); pour le machiavélisme, les droits universels dépendent de la *virtù* de résistance des individus, c'est-à-dire de la conviction, pour le Prince, que la stabilité de son pouvoir passe nécessairement par la reconnaissance des droits des gouvernés; enfin, le contractualisme «possessif» ne garantira les droits des individus qu'au départ et entre ceux qui concluent la convention; celle-ci conclue, l'Etat de droit ne pourra être défendu, et même à supposer qu'il le soit, rien dans les prémisses anthropologiques n'implique que les citoyens se battent contre les tyrannies étrangères (luttent universellement pour les droits de l'homme, éventuellement au risque de sacrifier leurs intérêts *«selfish»*).

F. Education et «dés-éducation»

Il nous faut un instant revenir sur la fondation «machiavélienne» des droits de l'homme, c'est-à-dire sur le lien existant entre l'auto-référence du pouvoir et sa référence à l'individualisme universaliste. Un tel lien ne peut bien entendu être envisagé que pour peu que les gouvernés deviennent par eux-mêmes une *force* qui *compte* dans la *mécanique* du pouvoir. L'éducation à la technique et la *virtù* machiavéliennes rend peut-être moins probable l'éternel retour de la domination sous des formes toujours neuves: si chacun acquiert un tel sens «renaissant» de la dignité, cette *virtù* grâce à laquelle il empêchera la peur de gouverner son attitude éthico-politique fondamentale, au moins une raison importante existera de conclure *un «pacte», très différent de celui imaginé par Hobbes*, puisqu'il ne s'agira plus, cette fois, de *quitter* l'état de nature, mais en quelque sorte de *l'organiser*, le gouverné trouvant son intérêt dans l'intérêt même du gouvernant.

Il faudrait, à l'opposé, souligner dans un tel contexte la «dés-éducaton» en laquelle consisterait le marxisme, du moins dans la mesure où il se trouve fondamentalement marqué par la philosophie hegelienne de l'histoire: celle-ci s'oppose rigoureusement à ce que j'appellerai une phénoménologie «éducative»: laisser croire qu'une nouvelle domination sans «contrôle» est encore possible (au nom de l'Histoire) revient à «conseiller» aux gouvernés d'abdiquer leur sens républicain de la résistance au profit du crédit illimité accordé au Prince dialectiquement investi de la mission historique. L'éducation politique, civique, machiavélienne, «tocquevillienne» si l'on veut, est toute différente : elle consiste à éduquer les peuples en leur apprenant à prendre en charge leurs intérêts propres, à ne pas se laisser écraser, à faire montre de *«virtù»*, à participer à l'espace *public* au sens de Hannah Arendt. Tout cela est-il pensable uniquement dans l'horizon de la rationalité instrumentale (sous sa forme machiavélienne, et non hobbesienne), que nous aurions donc *sauvée de l'intérieur*[102] *en l'arrachant à son destin «adornien» d'administration totale virant à l'orwellianisme?* Hegel disait, dans la préface de la *Phénoménologie de l'Esprit*, que les nouvelles générations peuvent reparcourir en résumé, et par conséquent plus rapidement, ce que les générations antérieures (l'histoire universelle) ont accompli. La Phénoménologie de l'Esprit constitue une «éducation» au sens d'une «formation de la conscience morale»[103]. Il s'agirait donc en l'occurrence d'une fondation *historique-immanente* des droits de l'homme : nous serions partis d'une *phénoménologie* de la relation quotidienne au politique, pour en arriver à la *«phénoménologie»* de l'espace public au sens d'Arendt.

NOTES

[1] «The three waves of modernity», in *Political philosophy. Six essays by Leo Strauss*, ed. H. Gildin, New York, Bobbs-Merrill, 1975, pp. 81-98.
[2] Glencoe (Illinois), The Free Press, 1952.
[3] *Ibid.*, p. 7.
[4] *Ibid.*, Introduction.
[5] Certes, Strauss sait bien que la philosophie est plus *tolérée* aujourd'hui en Occident que, par exemple, dans les pays communistes, ou dans les sociétés traditionnelles. Mais, comme le dit un commentateur récent, la raison semble en être la suivante : «*Since democracy, ancient as well as modern, treasures the freedom to live as one pleases, it tolerates philosophy.*» (H. Gildin, «Leo Strauss and liberal democracy», in *The crisis of liberal democracy*, K.L. Deutsch/W. Soffer ed., Albany, State University of New York Press, 1987, p. 92). La tolérance radicale, qui est selon Strauss aux antipodes de l'exigence philosophique consistant à se référer au «droit naturel» et à hiérarchiser les fins, permet l'exercice de cette activité qui semble lui être au premier regard étrangère.

D'où une position embarrassante qui exige sans doute, ici comme ailleurs, un *art of writing* ésotérique.

[6] C. Lefort, *Le travail de l'œuvre Machiavel*, Paris, Gallimard, 1972 (coll. «Tel»: 1986), p. 274.

[7] Mais le «désenchantement» weberien sera plus radical, il mènera à l'historicisme. La démythologisation mènera à la raison classique (qui découvre le droit naturel), au primat de la contemplation, du connaître; le désenchantement moderne mènera au primat de la volonté et du positivisme.

[8] L. Strauss, *Droit naturel et histoire*, Paris, Plon, 1954, p. 159.

[9] On connaît la complexité des significations de ce terme grec. Dans le contexte présent, on peut dire qu'il possède une signification à la fois subjective (c'est la faculté qui permet de contempler les essences) et objective (c'est l'ordre «cosmique» lui-même). Cette dualité se redouble, au niveau objectif, d'une dualité descriptif/normatif: le *logos* se découvre au philosophe (niveau descriptif), et il est à la fois ordre et harmonie, c'est-à-dire modèle pratique (niveau normatif). La *loi naturelle* classique dont parle Strauss l'est donc au double sens de ce que nous appellerions aujourd'hui loi scientifique et loi juridique-normative. C'est cette dualité de sens qu'interdira la modernité, ce qui précipitera la crise du droit naturel «moderne».

[10] Cf. L. Strauss, *De la tyrannie*, Paris, Gallimard, 1954.

[11] Plus exactement, c'est le bouleversement du mode de penser classique, le point de départ de la réflexion sur le pouvoir légitime dans les individus et leurs droits, qui constitue la révolution moderne et la source majeure d'inspiration du libéralisme. Quant aux prémisses *telles qu'elles sont posées concrètement par Hobbes*, il est fort possible de voir en elles la source même de son «autoritarisme»: il fait de l'état de nature une situation tellement catastrophique et violente — à l'image de la guerre civile qui déchirait l'Angleterre — que toute l'argumentation ultérieure se trouve centrée sur la nécessité d'éviter le retour à ce même état de nature. C'est de ce point de vue que tout élément de division doit être si radicalement conjuré (qu'il se manifeste à travers la liberté d'expression, la séparation de l'Eglise et de l'Etat ou le droit de résistance). Mais la révolution métaphysique accomplie, il suffira en un sens à Locke de «dédramatiser» l'état de nature hobbesien pour jeter les bases du libéralisme moderne.

[12] En ce sens Rawls, bien que contractualiste, partage certains présupposés de l'utilitarisme. N'oublions pas — ce sera important — qu'une telle non-hiérarchisation des fins se base elle-même sur le présupposé d'un non-cognitivisme moral, c'est-à-dire l'idée suivant laquelle les conceptions spirituelles ne se laissent pas *objectivement* hiérarchiser, et que par conséquent l'Etat ne peut prendre part à ces luttes sans fin, donc en soi déstabilisatrices.

[13] Dans les limites, bien entendu, de la conception classique, pour laquelle l'universalité (ce qui vaut pour tout interlocuteur raisonnable) ne concerne que le citoyen grec.

[14] C'est d'ailleurs de cette manière que les plus existentiellement exigeants des jeunes philosophes «vivent» l'entrée-en-philosophie.

[15] *Droit naturel et histoire, op. cit.*, p. 214. Je souligne.

[16] Cf. la critique de l'interprétation straussienne d'Aristote dans Deutsch/Soffer, *op. cit.*, pp. 48 sq.

[17] Aron a bien montré, dans *Histoire et dialectique de la violence* (Paris, Gallimard, 1972), le hobbesisme implicite de plusieurs thèmes sartriens fondamentaux.

[18] C'est-à-dire trois droits de l'homme de première génération tout à fait fondamentaux: liberté de la presse (contrôle du pouvoir en ce qui concerne le respect des clauses du pacte), liberté de conscience, résistance à l'oppression (cf. Déclaration française de 1789).

[19] Même remarque que précédemment concernant l'universalité.

[20] Et certes, nous l'avons vu, la particularité de la solution se trouvait anticipée par la particularité du concept hobbesien d'état de nature. C'est-à-dire par l'image qu'il avait de ce que serait l'homme *s'il n'y avait pas d'autorité politique*.

[21] *Au premier abord donc*, la «raison des gouvernés» (celle que peuvent utiliser ceux qui veulent confronter une autorité positive à certaines exigences supérieures de justice, que ces dernières soient de nature holiste ou individualiste) apparaît au centre des deux droits naturels, alors qu'elle est «ancillarisée» par l'Eglise, puis devient «raison des gouvernants» chez Machiavel. Cette partition va maintenant être soumise à l'épreuve critique, au «*didonaï logon*».

[22] C'est-à-dire le désir arbitraire, les «caprices», les préférences manipulées, des majorités démocratiques.

[23] C'est plus couramment la postérité lockéenne, laquelle est, philosophiquement parlant, celle de Hobbes, du moins *dans ses prémisses*, la question étant : Locke ne donne-t-il pas prise aux même difficultés (nous allons les analyser) que celles qui assaillent la philosophie politique hobbesienne ? Je tenterai de montrer qu'il n'en va pas de la sorte et que Strauss, par exemple, adopte une approche réductrice du *Second Treatise*.

[24] *Droit naturel et histoire*, p. 211.

[25] Je donne ici un argument qui ne se trouve pas à la lettre dans les écrits de Strauss mais qui, *en son début*, aliment sa thèse. Strauss se contente souvent de dire que la parenté Hobbes/Machiavel réside en leur point de départ commun dans une nature humaine «*evil*», dans un univers atomistique et mécaniste (cf. plus loin Cassirer sur ce point) privé de finalité, dans leur commune haine du «*Kingdom of darkness*» (le christianisme, et plus particulièrement l'Eglise catholique et le pape).

[26] C. Lefort, *Le travail de l'œuvre Machiavel*, Paris, Gallimard, 1972, (1986, coll. «Tel»), p. 285. Je souligne.

[27] *Ibid.*, p. 287.

[28] On peut dire de façon générale que Hobbes et Locke, subordonnant le politique à l'individu, le public au privé, ouvrent la voie, d'abord à une conception *want-regarding* de l'homme (c'est-à-dire au nivellement des fins, qui ne sont plus hiérarchisées comme dans l'horizon *ideal-regarding*), ensuite à une décadence des vertus publiques. Chez les classiques, le Tout politique, comme copie la plus adéquate possible du Tout cosmique et téléologique, possédait une valeur en soi, et par conséquent également l'activité citoyenne. La «liberté des modernes» célébrée par Benjamin Constant va dans l'autre sens : le privé est le lieu d'actualisation des fins. Hobbes avait bien dit que le «public», le «*commonwealth*» ne pouvait se bâtir sur elles parce qu'aucun accord objectif n'était susceptible de se faire valoir : «For there is no such *Finis ultimus* (utmost aim), nor *Summum Bonum* (greatest good) as is spoken in the books of the old moral philosophers.» — *Leviathan*, part I, chap. 11). Rousseau, Tocqueville (Deutsch/Soffer, *op. cit.*, p. 3), Arendt ont tenté de réagir à ce courant en réévaluant le politique, les vertus civiques. Pour Rousseau, il s'agit de ce que Strauss appelle la «crise du droit naturel moderne», c'est-à-dire d'une tentative de solution vouée à l'impuissance parce que conservant par devers elle les prémisses modernes. Tocqueville voyait dans l'idée américaine de «participation» et dans le fédéralisme un contrepoids salutaire à l'Etat centralisateur n'ayant plus en face de lui que des individus privés, a-politiques. Et Arendt voulait réévaluer la vie politique, la *vita activa* de l'ancienne *polis* (pour elle, Strauss lui-même n'eût pu le faire, à cause du primat qu'il accordait à la contemplation).

[29] C'est une notion charnière dans la théorie rawlsienne de la justice. Elle lui permet de tenter de «fonder» le primat des droits de l'homme de première génération : si le respect de soi constitue une exigence première de l'individu, il ne pourra être satisfait par quelque quantité que ce soit de droits de seconde génération au prix d'un abaissement de sa dignité. Argument important, on le verra, dans une époque de crise radicale du *fondement* de l'universalisme éthico-juridique (c'est-à-dire la philosophie suivant

laquelle l'universalité des individus *doit* — c'est un devoir — bénéficier de certaines prérogatives essentielles).

[30] En ce sens, la liberté d'expression constitue à la fois un droit parmi d'autres *et* le «transcendantal» (la condition de possibilité) de tous les autres droits: sans elle, il est impossible de *vérifier* la conformité des actes du pouvoir aux clauses du contrat. Le pouvoir monopolise l'information et la filtre dans le sens de ses propres intérêts, la société orwellienne de *1984* constituant l'aboutissement ultime d'une telle mainmise, l'impossibilité radicale d'opposer quelque point de vue que ce soit aux *diktats* du Prince (cf. sur ce point G. Haarscher, *Philosophie des droits de l'homme*, Bruxelles, Editions de l'ULB, 1987, pp. 27-32).

[31] Cette approche de l'idée d'auto-limitation donne peut-être une nouvelle jeunesse aux thèses de Carré de Malberg et des juristes allemands du XIXe siècle.

[32] Même si, encore une fois, Hobbes par exemple sacrifie les *autres* droits de l'homme au droit à la sécurité (ceci constitue un débat *interne* à la philosophie contractualiste moderne).

[33] Lefort indique que cette conception d'une maîtrise «technique» de la fortune est réductrice: la fortune gouverne les actions des hommes pour la moitié (l'autre moitié seulement étant du ressort de la *virtù*), ou, plus rigoureusement, «... Machiavel [veut] faire surgir, par le maintien de la contradiction, le lien du savoir et du non-savoir, de la technique et de l'aventure...» (*Op. cit.*, p. 444).

[34] Cf., sur les «princes potentiels», L. Strauss, *Thoughts on Machiavelli*, Glencoe (Illinois), The Free Press, 1958, pp. 20 sq.

[35] «La foi en un Dieu unique, dont les décrets régissent le sort de l'humanité, entretient la soumission aux lois établies et à l'autorité qui s'en fait le support; elle accrédite, à la limite, toutes les figures terrestres du despotisme. La conviction que nul changement dans les frontières de ce monde-ci ne compte, au regard de la vraie vie, que la gloire, les biens acquis, sont vains, décourage l'entreprise... L'espoir en un salut personnel, cherché dans la prière, ruine le goût du risque..., et, rendant l'homme lâche et efféminé, l'accoutume à la défaite.» (Lefort, *op. cit.*, p. 703).

[36] Encore une fois, ce «droit» ne se fonde sur nulle transcendance, mais, ici, sur le fait que le prince doit «armer ses sujets, chercher la sécurité [*son propre intérêt*; G.H.] non dans les forteresses mais dans la confiance qu'il inspire, *nourrir sa propre puissance de celle de son peuple...*» (*ibid.*, p. 722; je souligne). La décadence est inéluctable quand «l'ennemi de l'intérieur — les couches sociales menaçantes par leurs revendications — est jugé plus dangereux que l'ennemi du dehors.» (p. 701).

[37] Contre les premiers dans la mesure où ils se retranchent dans un conservatisme stérile (ce «conservatisme florentin d'où a surgi la tyrannie» — *ibid.*, p. 703) et s'enferment dans leurs «forteresses», l'Eglise parce que, n'étant pas assez puissante pour unifier l'Italie à son propre profit, elle l'est tout de même assez pour empêcher cette unification au profit d'un autre (en jouant des rivalités entre principautés). En un sens, Machiavel et Hobbes partent non seulement d'un problème *philosophique* semblable, mais aussi d'une situation historico-sociale à maints égards analogue: celle d'une lutte de tous contre tous entretenue par les luttes religieuses (et en particulier le *Kingdom of darkness*).

[38] Encore une fois: non parce que le peuple possède des droits naturels, mais parce qu'il faut réveiller la «*virtù* du peuple» (Lefort, p. 702) pour qu'un corps politique «sain» puisse renaître.

[39] E. Cassirer, *The Myth of the State*, New Haven, Yale University Press, 1946.

[40] Machiavel définissait ainsi le projet du *Prince*: «Ce que c'est que la souveraineté (*principato*), combien d'espèces il y en a, comment on l'acquiert, comment on la garde, comment on la perd.» (*Toutes les lettres de Machiavel*, cité par Lefort, p. 717).

[41] Lefort. *op. cit.*, p. 199.
[42] « De toutes ces causes réunies, naît la difficulté ou l'impossibilité de maintenir la liberté dans une république corrompue, ou de l'y rétablir de nouveau. Qu'on ait à l'y introduire ou à l'y maintenir, il faudra toujours en pousser le gouvernement plutôt vers l'état monarchique que vers l'état populaire, afin que les hommes que leur insolence rend indociles au joug des lois, puissent être en quelque sorte arrêtés par le frein d'une autorité presque royale. » (Machiavel, *Discours sur la première décade de Tite-Live*, in *Œuvres Complètes*, Bibliothèque de la Pléiade, *op. cit.*, p. 431).
[43] On peut, dans le jugement porté par Machiavel sur Gorgia (erreurs politiques, et non crime moral), faire résonner en écho le mot de Talleyrand à propos de l'exécution du duc d'Enghien : « *Sire, c'est plus qu'un crime, c'est une faute* ». Ce réalisme politique a pu également nourrir Hegel et Fichte, puis l'« historicisme » nationalo-étatique du XIXe siècle. La « tâche » unificatrice de Machiavel, aussi bien des marxistes comme Gramsci que les fascistes ont pu s'y reconnaître (et les adversaires d'Hitler ont pu le « machiavéliser »).
[44] On lira la belle critique de sa lecture d'Aristote par R.D. Masters, in *Deutsch/Soffer*, *op. cit.*, pp. 48 sq.
[45] On pourrait lui objecter l'attitude politique de Kant lui-même, mais celui-ci se réfère plutôt à Hobbes : c'est un homme d'ordre, et s'il lui « manque » le sens de la résistance à l'oppression, il lui « manque » aussi celui du prométhéisme « artiste » et immoraliste (Machiavel). Quant au contractualisme moderne, Cassirer le voit plutôt comme un frein temporaire à l'expansion du machiavélisme, à son déploiement en « mythe de l'Etat ». Serait-ce à dire qu'à l'opposé de Strauss, il ne voit pas entre ces deux courants de *complicité* ?
[46] On lira sur ce point les pages très éclairantes sur lesquelles se clôt le *Travail de l'œuvre* (*ibid.*, pp. 700-776). Lefort y montre bien l'opposition existant entre l'humanisme politique d'un Bruni (qui vise à masquer les conflits) et la pensée de Machiavel, qui soutient que la division (en particulier entre gouvernants et gouvernés, « grands » et peuple) gouverne la société comme telle. En *ce* sens, Lefort peut soutenir que Machiavel exerce une fonction *critique* (il dévoile une division cachée par les *idéologues*) : son immanentisme *à lui* constitue une prise en compte lucide de la modernité (de la « chute » de la transcendance positive, substantielle, « naturelle » et holiste), alors que Bruni recouvre la division, masque le fait que, sans transcendance, l'unité stable et holiste du social ne peut plus être substantiellement fondée. De ce point de vue l'« immoralisme » de Machiavel devrait être compris comme une approche philosophique lucide, et non comme — ce sera la lecture de Strauss — l'assomption de la décadence *(teacher of evil)*, l'annihilation de la référence morale à la justice.
[47] Cf. sur ce point J. Habermas, *Der philosophische Diskurs der Moderne*, Francfort, Suhrkamp, 1986, pp. 380-389.
[48] Il n'est pas impossible qu'à bien examiner les choses, on trouve chez Strauss la même attitude vis-à-vis de la modernité : après tout, il ne prétend pas revenir aux Grecs, défend le libéralisme constitutionnel, fût-ce avec les arguments de la constitution mixte aristotélicienne (et non avec ceux du droit naturel contractualiste moderne) et en opposant les *Founding Fathers* au destin actuel de l'Amérique et de l'Occident en général. Mais je dirais ceci : pour Lefort, la modernité porte en elle à la fois une émancipation possible et des risques inouïs d'oppression ; pour Strauss, la modernité est dégradation, mais il y a moyen de revenir quelque peu en arrière (cf. Platon, la *République* et l'Age d'Or).
[49] Strauss critique Kant (et Rousseau) parce qu'il pense pouvoir rétablir la « substance » classique en acceptant les prémisses individualistes modernes. Arendt critique Kant dans le même sens, mais seulement en ce qui concerne la *deuxième* Critique. Elle tente de montrer (nous montrerons en quoi ailleurs) que la *Critique du jugement* peut former la

base d'une théorie politique échappant aux apories de l'individualisme atomiste moderne.

[50] Cf. Lefort, *Le travail de l'œuvre*, pp. 753-55; Du même auteur: «La naissance de l'idéologie et l'humanisme — Introduction», in *Textures*, 6-7, Bruxelles, 1973, p. 30.

[51] Cf. C. Lefort et M. Gauchet, «Sur la démocratie: le politique et l'institution du social», in *Textures* 2-3, 1971, pp. 7-78.

[52] *Ibid.*, p. 7.

[53] Et surtout Hegel et Marx prétendant reconstruire, retrouver la vieille substance avec des instruments «respectant» l'interdit humien: cf. *infra*, et G. Haarscher, *Philosophie des droits de l'homme, op. cit.*, pp. 89-104.

[54] Un autre exemple de «sauvetage» est constitué par la thèse de Rousseau: que sous couleur d'approuver ces conseils cyniques, il aurait écrit pour les dénoncer, exactement à l'inverse de ce qu'avaient fait Marx et Bauer dans *La trompette du jugement dernier*: dénoncer en apparence l'athéisme de Hegel pour mieux le propager.

[55] «... le fondateur étant cet homme qui, par le *choix de la gloire*, met un peuple dans la nécessité d'affronter le danger de mort pour sa survie. [...] C'est par l'action d'hommes capables *sous l'effet du désir de gloire* de se détacher des biens *dont se suffit le grand nombre* que surgit une tâche politique.» (Lefort, *op. cit.*, pp. 285-286; je souligne). A la fin de l'ouvrage, Lefort tente de montrer que ce désir de «gloire» lui-même (si réprimé par le christianisme et l'Eglise — «intoxiqués de l'arrière-monde», disait Nietzsche, d'ailleurs admirateur de Machiavel) doit se trouver subordonné à un «désir d'être» encore plus fondamental (*ibid.*, pp. 725 sq.).

[56] J'envisage ici provisoirement, par souci pédagogique, le droit naturel moderne dans les limites que lui assigne Strauss (liberté privée, primat du bonheur, ordre politique instrumentalisé, etc.). En fait, nous verrons que, déjà chez Constant, la liberté moderne implique un sens de la chose publique et que le destin d'individualisme passif, narcissique, «hobbesien», n'en constitue qu'une possibilité, unilatéralisée par Strauss comme *la* vérité de la «modernité». Ferry et Renaut soulignent très bien ce point dans *68-86*, Paris, Gallimard, 1987.

[57] Pour Machiavel, il est «une sécurité qui n'est pas seulement le fruit de la peur et une gloire qui ne se nourrit pas seulement de la faiblesse et de la crédulité des autres.» (Lefort, *op. cit.*, p. 429).

[58] Nietzsche définit le «grand égoïsme» de la façon suivante: «L'heure où vous vous sentez au-dessus de la louange comme du blâme; où votre vouloir entend commander à toute chose comme un vouloir amoureux, c'est à cette heure-là que naît votre vertu... Elle est une force, une vertu nouvelles; elle est une pensée dominatrice, qu'enveloppe une âme avisée; un soleil d'or, et, enroulé autour de lui, le serpent de la connaissance.» (*Ainsi parlait Zarathoustra*, Première Partie, «De la vertu qui donne»). On perçoit ici les échos de la notion machiavélienne de *virtù*. A cet égoïsme s'oppose un autre, le «petit»: «égoïsme indigent, famélique, qui ne cherche qu'à dérober, l'égoïsme des malades, l'égoïsme malade...». Cet égoïsme-là, effet de la «dégénérescence» (*ibid.*), correspond à la motivation de l'homme hobbesien. On sait l'admiration de Nietzsche pour Machiavel, et qu'il considérait comme «risible» (*Volonté de Puissance*, paragr. 425) de désapprouver César Borgia.

[59] Cf. *infra*, le premier «versant» de la folie selon Foucault.

[60] Plausible mais discutable. C'eût été intenable du point de vue des résultats: le *Léviathan* a plutôt constitué un *repoussoir* pour les théoriciens contractualistes libéraux et les Lumières (notons que ni Grotius ni Pufendorf n'évitaient, au niveau des résultats, des conclusions, de justifier, eux également, l'absolutisme — cf. R. Derathé, *Jean-Jacques Rousseau et la science politique de son temps*, Paris, Vrin, 1970, pp. 33-47).

[61] Un problème analogue se posera dans le cas de Marx, qui divisera les droits de l'homme selon une autre ligne de fracture que celle qu'avait établie Hobbes. Cette fois,

il ne s'agira plus d'exclure tous les «autres» droits au profit du droit à la vie, mais d'en exclure un (la propriété) au profit de la meilleure réalisation — «concrète» — de tous les autres. La même question se posera dès lors: le droit de propriété peut-il sans danger être écarté du «catalogue» des droits de l'homme? Relève-t-il uniquement de l'insertion illégitime d'éléments idéologiques «bourgeois» dans une philosophie politique universaliste? Ou constitue-t-il *aussi* une protection essentielle contre l'arbitraire, toujours «imminent», du pouvoir? Il s'agirait, dans cette perspective, d'élaborer une sorte de critique, au sens «kantien» du terme, de la «raison bourgeoise» en tentant, à propos du concept éminemment «sensible» de propriété, de distinguer ses aspects émancipateurs de ses côtés «dominateurs» (liés à l'expression des intérêts particuliers d'une classe). C'est une critique de cet ordre qui manque chez Marx et provoque chez lui, ainsi que dans sa «postérité», de nombreuses confusions, dommageables pour le combat même en faveur de la justice. Cf., sur ce point, les développements récents de l'œuvre de C.B. Macpherson.

[62] Ce qui constitue sans doute la comparaison la plus intéressante, parce que Spinoza accepte de la façon la plus radicale les prémisses «égoïstes» de Hobbes, mais en arrive à la conclusion suivant laquelle la liberté d'expression *renforce* le pouvoir au lieu de *l'affaiblir*. Argumentation, on le verra, *plus machiavélienne que hobbesienne*. En ce qui concerne Locke, G.H. Sabine (*A history of political theory*, 4ᵉ éd., avec la collab. de T.L. Thorson, Hinsdale, Illinois, Dryden Press, 1973, pp. 478-499) considère que des traits holistes — donc classiques, en particulier thomistes — sont présents chez lui, ce qui rend la comparaison avec Hobbes moins significative. Je montrerai dans la suite qu'en tout cas, la référence individualiste lockéenne est sans doute moins radicalement «égoïste-possessive» que celle de Hobbes: il y a chez lui une éthique de la résistance au pouvoir illégitime qui transcende peut-être toute considération d'ordre «*selfish*», et met en cause l'immanentisme radical de Hobbes. Bien entendu, un problème de *fondation* se posera dès lors: devra-t-on la trouver dans le thomisme, et donc accepter une sorte de néo-christianisme humaniste? Devra-t-on avoir recours au néo-kantisme (Cassirer)? Ou une autre solution se profilera-t-elle?

[63] *Ainsi parlait Zarathoustra*, «De la vertu qui donne», cf. *supra*.

[64] Encore une fois: au sens où Strauss conçoit le droit naturel moderne.

[65] Je répète qu'il faudra montrer plus loin que l'individualisme «possessif» ne constitue pas le *tout* de la philosophie moderne des droits de l'homme.

[66] «La meilleure forteresse au monde est l'affection du peuple. Si tu as les pierres [les forteresses — G.H.] sans avoir les cœurs, elles ne suffiront point à te protéger.» (*Le Prince*, chap. XX, p. 115).

[67] «*Callicles and Thrasymachus, who set forth the evil doctrine behind closed doors, are Platonic characters, and the Athenian ambassadors, who state the same doctrine on the island of Melos in the absence of the common people, are Thucydidean characters. Machiavelli proclaims openly and triumphantly a corrupting doctrine which the ancient writers had taught covertly or with all signs of repugnance.*» (L. Strauss, *Thoughts on Machiavelli*, op. cit., p. 10).

[68] Tout ceci ne vaut, insistons-y, que si l'on accepte la thèse d'un hobbesisme essentiel du droit naturel moderne: Hobbes aurait dit avec clarté et sans peur des conséquences la vérité du renversement, il en aurait tiré les conséquences radicales, aurait montré un peu par-devers lui que l'Etat moderne est condamné à osciller entre un «trop de pouvoir» (vaine tentative de conquérir l'indivisibilité de la souveraineté, seule garante de la paix et de la sécurité, à partir de prémisses atomistiques, hédonistes, donc *naturellement centrifuges*) et un «trop peu de pouvoir» (échec inéluctable de cette tentative). Le durcissement caractéristique du *Léviathan* constituerait donc l'expression d'une faiblesse intime (c'est dans cette perspective que L. Dumont conçoit la complicité de l'individualisme moderne et du totalitarisme. Cf. *Homo Aequalis*, Paris, Gallimard,

1977, pp. 21-23).

⁶⁹ Machiavel l'indique de façon parfaitement claire : « S'il fallait alors [du temps de l'empire romain — G.H.] donner plus grande satisfaction aux militaires qu'aux peuples, c'était parce que les premiers avaient plus de *force* que les seconds. De nos jours au contraire les princes doivent satisfaire les peuples avant les militaires, *car ce sont eux les plus forts.* » (*Le Prince*, chap. XIX; je souligne).

⁷⁰ Cf. G. Haarscher, *Philosophie des droits de l'homme*, pp. 117-118.

⁷¹ Il faut, dans le contexte d'une réflexion pour l'instant très centrée sur Strauss, étudier ce qu'il dit du tyran Hiéron dans *De la tyrannie*, *op. cit.*

⁷² Le face-à-face Etats-Unis/URSS a tendance, depuis deux décennies, à laisser la place à un système géopolitique mondial plus polycentrique : il n'existe bien entendu plus d'Internationale communiste au sens strict du terme, et l'émergence de nouvelles puissances régionales est venue compliquer la situation d'opposition « duelle » qui prévalait depuis la fin de la Deuxième Guerre Mondiale. Il n'empêche que la compétition conflictuelle Etats-Unis/URSS est souvent encore déterminante pour la naissance et la résolution des problèmes « périphériques ».

⁷³ Orwell a très bien analysé ces rapports d'« internalisation » dialectique dans *1984*.

⁷⁴ Cf. sur ce conflit, U. Eco, *Le nom de la rose*, Paris, « Le Livre de Poche », n° 5859.

⁷⁵ P. Manent parle, dans *Histoire intellectuelle du libéralisme* (Paris, Calmann-Lévy, 1987, p. 33), de la « surenchère » de l'Eglise, c'est-à-dire de l'utilisation par cette dernière, depuis Saint Thomas, du « rationalisme » aristotélicien à ses propres fins. D'où sans doute, en politique comme en physique, les dangers de l'aristotélisme si on voulait l'utiliser (Marsile de Padoue, par exemple, l'avait fait au XIVᵉ siècle) comme un instrument de lutte contre cette même Eglise, et l'éclipse du Stagirite à l'époque classique. Dans le contexte contemporain — qui est tout différent —, Strauss peut chercher dans l'aristotélisme une fondation du libéralisme démocratique, meilleure, selon lui, que la fondation jusnaturaliste moderne : on a vu combien ce dernier, purement *want-regarding*, pouvait apparaître comme inadéquat de ce point de vue, alors que la constitution mixte de *La Politique* constituait un idéal d'équilibre référé à une conception *ideal-regarding* du pouvoir. Mais cet aristotélisme est grec, et non thomiste, à l'encontre de celui de Michel Villey, lequel, à maints égards (en particulier par sa lutte contre le « volontarisme moderne »), mène le même combat que Strauss (cf. *Leçons d'histoire de la philosophie du droit*, Dalloz, 1962, pp. 271-284; pour Strauss sur le point présent, cf. en particulier *Liberalism, ancient and modern*, New York, Basic Books, 1968, *passim*). Ajoutons que le républicanisme de Machiavel est lui aussi en un sens aristotélicien : vertu « conflictuelle » de la constitution mixte. A maints égards donc, la bataille intellectuelle concernant la philosophie politique moderne tourne autour de l'interprétation d'Aristote.

⁷⁶ On a vu plus haut, à propos de l'analyse de C. Lefort, que le machiavélisme ne pouvait, lui, se trouver réduit à cette dimension *négative* (il y a un caractère *affirmatif*, au sens de la « grande santé » nietzschéenne, de la *virtù*).

⁷⁷ Cf. A. Verdross, *Abendländische Rechtsphilosophie*, Vienne, Springer, 1963, pp. 122-123.

⁷⁸ Cf. Hegel, *Erste Druckschrifte*, éd. Lasson, Leipzig, 1898, p. 405.

⁷⁹ Comme le fait C.B. Macpherson dans *The political theory of possessive individualism*, Londres, 1962.

⁸⁰ Outre Strauss, Dumont et Macpherson insistent sur ce point.

⁸¹ Mais il rejette l'esclavage, alors que les révolutionnaires américains s'en sont accommodés, ainsi d'ailleurs que, plus tard, du massacre des Indiens (« *Machiavelli would argue that America owes her greatness not only to her habitual adherence to the principles of freedom and justice, but also to her occasional deviation from them. He would not hesitate to suggest a mischievous interpretation of the Louisiana Purchase and of the fate of the Red Indians.* » — L. Strauss, *Thoughts on Machiavelli*, p. 14).

[82] Marx ajoutera (cf. sur ce point G. Haarscher, *L'ontologie de Marx*, Bruxelles, Editions de l'ULB, 1980) qu'à partir de l'accumulation primitive, et par le processus continué de l'exploitation, puis de la concentration, cet individualisme est nécessairement *inégalitaire*.

[83] In Introduction à: J. Locke, *Second traité sur le gouvernement civil*, Paris, Garnier-Flammarion, 1984, p. 95.

[84] Cf. Locke, *op. cit.*, p. 135.

[85] Encore cette parenté a-t-elle des limites très nettes, puisque Locke et les *Whigs* se sont précisément séparés sur la question du « lieu » de résistance à un pouvoir tyrannique : alors que ces derniers en appellent au Parlement, Locke considère que l'ordre politique est dissous en cas de tyrannie, et se réfère à la communauté pré-politique de l'état de nature, véritable « lieu » de la souveraineté, appelée à reconstituer un pouvoir civil (cf., sur cette divergence essentielle, J.H. Franklin, *John Locke and the theory of sovereignty*, Cambridge, Cambridge University Press, 1978, pp. 87-126).

[86] Locke, *op. cit.*, p. 180.

[87] Notons à quel point Locke résout le problème des guerres civiles religieuses (et *ipso facto* politiques) de façon différente de Hobbes. Ce dernier soumettait la religion à l'Etat. Locke soutient que l'Etat, pour garder sa fonction d'arbitre, ne doit pas s'occuper des conflits spirituels (cf. *Lettre sur la tolérance*, éd. Klibansky/Polin, Paris, PUF, 1965). Deux solutions à la guerre des convictions, des fanatismes : par extinction des combattants (plus d'opinion face à l'Etat), par pacification de l'opposition (le glaive appartient à l'Etat). *Religion séculière ou tolérance*. Sur ce point Spinoza, *le plus hobbesien des philosophes politiques*, adopte la même position que Locke.

[88] In *La déclaration des droits de l'homme et du citoyen*, Paris, Fontemoing, 1902.

[89] Ces dernières années, la réflexion politico-juridique constitutionnelle américaine s'est centrée sur la question de l'*intention* des *«Founding Fathers»*, dans la mesure où la droite (l'administration Reagan en l'occurrence, et plus particulièrement l'Attorney General — le Ministre de la Justice — Meese) a mené un combat contre l'interprétation extensive, «libérale», progressiste, en matière de *civil rights*, qu'avait donné de la Constitution, depuis plusieurs décennies, la *Supreme Court*. Le débat extraordinairement intense qui eut lieu durant l'automne 1987 à propos de la nomination, à cette même Cour Suprême, du juge Robert Bork, témoigne de l'importance d'une telle question. Il est évident que ni un littéralisme dans l'interprétation de la Constitution (ou la référence aux intentions supposées d'hommes du XVIIIe siècle), ni une liberté totale de lecture par les juges ne sont concevables. La première attitude mènerait à une stérilisation totale du combat pour les libertés (ni les droits des Noirs, ni ceux des femmes par exemple n'entraient dans les perspectives des Pères fondateurs); la seconde conduirait tout droit au gouvernement des juges et viderait la démocratie représentative, ainsi que le principe de la séparation des pouvoirs, de tout contenu.

[90] Le tournant machiavélien est, rappelons-le, d'une nature particulière : certes, le christianisme est critiqué, mais Machiavel valorise le républicanisme antique, à l'encontre de ce que fera Hobbes, qui voit en ce dernier et en la «constitution mixte» une cause de division aussi préoccupante que celle dont les dissensions religieuses de son siècle constituent la source. L'amoralité de Machiavel est corrélative d'une «grandeur». Prendre les hommes tels qu'ils sont, c'est, chez lui, ne pas se faire d'illusions sur la décadence, mais il croit quand même à la *virtù* du Prince, ou à celle, passée, des Romains de la république.

[91] Paris, Gallimard, 1987.

[92] Cf. sur ce point la lecture exemplaire faite par Gramsci (interprétation critiquée par Lefort, *op. cit.*, pp. 237-258).

[93] Cf. A. Finkielkraut, *La défaite de la pensée*, Paris, Gallimard, 1986.

⁹⁴ Cf. A. Bloom, *The closing of the American mind*, New York, Simon and Schuster, 1987, en particulier la deuxième partie, «Nihilism, american style», pp. 140-241.
⁹⁵ Strauss distingue trois «vagues» de la modernité; l'hegelianisme implicite à ce processus est bien critiqué par L. Ferry, *Philosophie politique I*, Paris, PUF, 1984, pp. 53-77.
⁹⁶ Je développerai ce point par la suite, d'abord à propos de l'interprétation foucaldienne de Kant, ensuite pour lui-même.
⁹⁷ Et, sur ce point, Hannah Arendt. Sur toute cette question, cf. L. Ferry, *Philosophie politique I*.
⁹⁸ Certes, il reste la question de la *troisième* Critique kantienne et de ses prolongements fichtéens comme possibilité de fondation d'une intersubjectivité radicalement moderne, c'est-à-dire respectueuse de l'interdit de 1781, *et* tentant dans ce cadre de réinstaurer les conditions d'une intersubjectivité «critique». Cf. sur ce point L. Ferry, *Philosophie politique II*, et A. Renaut, *Le système du droit*, Paris, PUF, 1986.
⁹⁹ G.W. Sabine, *op. cit.*, p. 439.
¹⁰⁰ Cf. *supra*, à propos de Locke, les «deux prudences».
¹⁰¹ Montesquieu la dit principe du despotisme: ce n'est donc peut-être pas un hasard si le *Léviathan* mène à des conceptions autoritaires. Quelle que soit en effet l'issue du célèbre débat Schmitt/Capitant en ce qui concerne l'éventuel «totalitarisme» (avant la lettre) de Hobbes, l'idée même suivant laquelle la seule peur de la mort pourrait fonder la légitimité du pouvoir mène, on le sait, à ce que celui-ci ne puisse être défendu: ce qui implique rigoureusement que l'Etat contractualiste, même à supposer qu'il ne prenne pas de lui-même la forme autoritaire qu'il prend chez Hobbes, ne pourra être défendu contre ce qui le menace, c'est-à-dire essentiellement la tyrannie d'un seul ou le retour à l'état de nature. Or la crainte rendra inéluctablement le totalitarisme «vraisemblable», puisque toute résistance possible aura perdu ses bases psychologico-anthropologiques.
¹⁰² A condition — *mais c'est une condition déterminante* — que l'«égoïsme» soit *grand* au sens nietzschéen. Sans cela, les individus préféreront l'Etat *fort/faible* du hobbesisme: c'est l'Etat instrumentalisé, auquel Hobbes accorde infiniment *trop* (il lui sacrifie la liberté d'expression et la liberté de conscience — ce que les Américains appellent les «*First Amendment rights*» —, ainsi que le droit de résistance proclamé par exemple par la Déclaration française de 89) pour qu'il puisse établir la paix (il n'a sans doute pas besoin de tant de sacrifices, comme Locke le montrera); mais, en un autre sens, le même Hobbes accorde *trop peu* à l'Etat (il ne lui «donne» pas des individus animés, au moins dans les circonstances extrêmes, par le sens du sacrifice à «plus haut» qu'eux-mêmes, sacrifice non pas à une nation en tant que telle, mais à une *cause*, celle, holiste/individualiste, des droits de l'homme et de l'Etat de droit. *Sans doute existe-t-il une certaine fondation machiavélienne des droits de l'homme, à côté de la fondation «moraliste» (toutes deux ont, nous le verrons à suffisance, leurs difficultés). Il n'y a peut-être pas de fondation strictement «hobbesienne», «épicurienne», des droits de l'homme.*
¹⁰³ C'est également l'objet des préoccupations de Habermas. Mais lui invoque une autre rationalité, «communicationnelle» (ou, comme chez Rawls, «procédurale»), la question fondamentale consistant à se demander si cette rationalité est ultimement ramenée à l'instrumental et au «*want-regarding*», comme cela semble être le cas dans l'idée habermasienne d'une généralisation des intérêts dans le cadre régulateur d'une *ideal speech situation*. Pour tous ces problèmes, cf. J.-M. Ferry, *Habermas. L'éthique de la communication*, Paris, PUF, 1987.

Chapitre II
Raison et répression

I. L'OPTIMISME REVOLUTIONNAIRE : TRIOMPHE DE LA RAISON PRATIQUE-EMANCIPATRICE EN 89

Dans la problématique qui organise le livre jusqu'ici, le rôle de la raison dans l'action apparaît essentiel. En 89 (pour prendre une date-symbole[1]), on peut dire que le rationalisme semble triompher : les droits de l'homme, « découverts » par la raison (comme on le dit de plus en plus, au moins depuis les jésuites espagnols du XVIe siècle[2]), se trouvent actualisés dans l'histoire effective. Et la raison ne joue pas seulement un rôle déterminant au début, à la constitution de l'autorité politique : elle est agissante dans la vie sociale elle-même, comme l'indique le préambule de la Déclaration de 1789[3], dans le contrôle permanent de la conformité des actes du pouvoir aux clauses du contrat. Certes, il ne faut pas être marxiste orthodoxe pour mettre en cause la radicalité de cette incarnation sociale des droits de l'homme (on ne sait que trop qu'ils ont pu servir de paravent commode à des pratiques esclavagistes ou à l'exploitation bourgeoise, aux tentatives de monopolisation, aussi, des droits par certains groupes, ou par les mâles, les Blancs, les « civilisés », etc.) — mais il n'empêche que chacun peut, hors l'usage de la langue « de bois » idéologique, faire la différence entre une incarnation imparfaite, menacée, des droits de l'homme et la pure escroquerie des constitutions libérales dont se parent les régimes autoritaires de toutes natures.

II. MISE EN CAUSE DE CET OPTIMISME, TRIOMPHALISTE OU TEMPERE

Ce progressisme — fût-il, comme on vient de le dire, non triomphaliste — est mis en cause par Strauss, par Girard, et — on va le voir — par Foucault. Ce dernier s'en prend à l'idéal même des Lumières ou du rationalisme dans ses conséquences éthiques[4]. Pour ce faire, il critique de façon générale l'ambition universaliste des Lumières révolutionnaires, à savoir l'idée suivant laquelle les droits de l'homme valent pour tout individu, bref s'opposent trait pour trait à toutes les philosophies de l'exclusion («nous» les civilisés, ou les nationaux, ou l'élite, etc., et «eux» les barbares, les métèques, les primitifs ou les incultes, la plèbe)[5]. Cette ambition universaliste vaut bien entendu *même si* on considère que les droits de l'homme ont d'abord été «réservés» aux hommes, aux non-esclaves, aux bourgeois, etc., parce qu'elle impose que de telles pratiques de restriction s'opèrent en quelque sorte sous le manteau, ou, mieux, parce qu'un jour ou l'autre d'autres se saisiront de cet universalisme pour l'opposer à ceux qui l'ont «déconnecté» à leur avantage[6].

Exemple de cet optimisme critiqué: l'image de la psychiatrie comme regard «humaniste» porté sur le fou, enfin considéré en tant qu'*alter ego*. Cette thèse, nous verrons que Foucault la critiquera de deux points de vue: d'une part dans la perspective des intérêts de la bourgeoisie (on «soigne» le fou non par amour de l'humanité, c'est-à-dire pour lui redonner la possibilité d'une quête authentique, autonome, de la bonne vie, mais plutôt pour le rendre *utilisable* et *exploitable* — le «remettre en ordre de marche» — sur un marché manquant de forces de travail); d'autre part du point de vue de la fascination exercée *par le fou sur le psychiatre*, en tant que représentant, auprès de l'«aliéné», de l'homme rationnel, de l'homme normal moderne (nous verrons que le fou constituera l'*alter ego* du psychiatre au sens inverse de la proclamation humaniste: au lieu que l'homme normal apparaisse comme la vérité du fou, c'est ce dernier qui apparaîtra comme la vérité de l'homme «normal», comme l'incarnation d'une sombre possibilité que ce dernier aurait refoulée en lui et retrouverait progressivement, à son corps défendant, dans cet «aliéné» qui ferait vaciller ses certitudes essentielles)[7].

A. Pourquoi s'embarrasser de principes universels?

Bref, dans un cas il s'agit de mettre en cause la raison et les principes eux-mêmes, dans l'autre il est question de jouer sur le fait qu'à l'origine un groupe a fait appel à des principes plus «larges» que ce qu'il désirait vraiment. Dans ce dernier cas, la Déclaration d'Indépendance américaine de 1776 est particulièrement éclairante: elle proclame tous les hommes égaux en droit, même si de nombreux rédacteurs de la Déclaration ont des intérêts esclavagistes. Or c'est celle-ci qui formera la base éthico-intellectuelle du combat contre l'esclavage, signe que les principes proclamés se retournent parfois contre leurs propres auteurs. Pourquoi dès lors, demandera-t-on, cette référence à des principes potentiellement dommageables pour ceux qui les proclament? Pourquoi ces derniers ne réclament-ils pas — à supposer que cela soit possible — *exactement ce qu'ils désirent, et pas plus* (par exemple qu'ils veulent être débarrassés des Anglais et faire leurs «affaires» chez eux sans intervention étrangère)? Une raison de cette attitude est sans doute la suivante: il est utile de référer un combat à l'universel, parce que cela confère à celui-ci une signification plus large, plus ambitieuse, et aide à trouver des alliés; mais c'est évidemment aussi très dangereux pour les privilèges que le groupe menant un tel combat entend se réserver. Ou bien le combat se dit et s'avoue «corporatiste», et il aura peu d'impact; ou bien il se dit universaliste, et cet universalisme se retournera inéluctablement un jour ou l'autre contre ses initiateurs. Dilemme difficile, fragile équilibre à rechercher. Et certes, je n'ai ici envisagé, par commodité pédagogique, que l'aspect «cynique» de la référence à l'Universel. Il peut aussi y avoir une dualité intime et «sincère» entre un individualisme éthique et un individualisme possessif. Nous y avons déjà fait allusion à propos de Strauss.

B. Foucault classique ou d'avant-garde?

Foucault s'oppose donc à l'optimisme révolutionnaire «humaniste», fût-il prudent et non-triomphaliste (c'est-à-dire acceptant que la réalisation des principes soit très imparfaite et luttant pour leur pleine réalisation). Du moins cette opposition se manifeste-t-elle dans ses textes les plus radicaux, ceux qui ont fait sa célébrité, ont contribué à forger sa statue fascinante — même si dans la pratique il reculait souvent sur des positions plus «raisonnables», moins inquiétantes mais en même temps plus banales, et qui n'eussent à coup sûr pas aidé à créer le «personnage» comme ont pu le faire les formules outrancières et «abyssales»; il nuancera plus tard ces formules, quand la maïeutique des interviews et critiques ne lui permettra plus de fuir dans le «rire philosophique»[8]. On a vu par exemple que le thème de la mort de l'homme, au départ radical, prophétique et catastrophiste, avait été à plusieurs occasions bien amendé et, pourrait-on dire, «honorabilisé».

De même en ce qui concerne son combat — courageux — en faveur des homosexuels. Ou — on le verra — le rapport beaucoup plus classique qu'il ne le pense ou ne le dit (somme toute, on le verra: très *hegelien*) entre les différentes *epistemès* des *Mots et les choses* (en particulier le caractère assez traditionnel de son analyse de la crise du rationalisme — la «crise de la représentation» —, même s'il fraye des voies originales dans ce cadre sans doute moins «avant-gardiste» que ce que prétendra mettre au point la méthodologie de *L'archéologie du savoir*).

III. HISTOIRE DE LA FOLIE A L'ÂGE CLASSIQUE

Je vais maintenant étayer et développer, tout d'abord par l'analyse de certains moments-clé de l'*Histoire de la folie*, ces considérations préliminaires. On sait que le regard sur la folie est également significatif de *celui qui* regarde (que l'histoire de l'Autre est en même temps, indirectement, celle du Même[9]). Dans cette perspective, trois périodes sont importantes.

A. La folie à la Renaissance

L'individu ne se définit pas encore, *dans ses fins mêmes,* comme Raison, et n'appréhende donc pas le fou comme l'Autre de l'Homme compris dans son attribut suprême (il se distingue de l'homme rationnel — caractéristique qui n'est pas fondamentale); la folie se trouve en relation «souple», à frontière poreuse, avec la «normalité». Cette sorte de communauté ou de «dialogue» avec la folie peut être attestée à plusieurs égards: d'abord, chez les Grecs, en considération de cette *hubris* (démesure) qui ne constituait nullement (comme ce sera le cas pour la folie à l'Age classique) l'autre, le dehors radical de l'homme normal[10]; ensuite, dans le christianisme, par le statut privilégié accordé à la folie du Christ à l'encontre du *logos* grec (la grâce insondable par opposition à l'arrogante raison «non aidée» — *lumen naturale* —; le statut des pauvres, des enfants, des «simples»). Mais surtout, à la Renaissance, une vision *tragique* du monde fait du fou le témoin de la vérité sur la condition humaine, et de la raison une illusion optimiste naïve, condamnée *a priori*. Dès lors, la noire vérité de l'homme (l'inéluctable chaos «dionysiaque» du monde) se trouve mieux reflétée dans les désordres de l'insensé que dans la prétention rationnelle à la stabilisation. Ce socle de présuppositions — que Foucault appellera plus tard une *epistemè* —, organisant souterrainement le rapport à l'Autre (le fou), implique donc un certain rapport d'écoute à la folie comprise comme expérience tragique, vérité terrible de l'homme, animé, «emporté» par plus haut que lui, par la noire fureur du monde[11].

Mais indépendamment de ce statut tragique renaissant, on peut dire que le dialogue est maintenu avec la folie durant tout le Moyen Age, et en général durant toute l'époque chrétienne. Dès que la raison de l'homme est dite affectée d'impuissance — au moins relative — par le péché, elle se subordonne nécessairement, quelles qu'en soient les modalités variables, à un don immaîtrisé, en un sens absurde, à la foi, l'illumination, la Révélation. Dès lors, dans des termes qu'il faudra élucider, la «folie du Christ» se trouve toujours d'une certaine manière opposée à la raison raisonnante des Grecs, à Pélage, à Erasme (Augustin contre le premier, Luther et son serf-arbitre contre le libre arbitre, fortement rationaliste, du second). Certes, Erasme a écrit un *Eloge de la folie*, mais Foucault montre bien que ce texte appartient à une période ultérieure de la Renaissance, à savoir au courant «critique», assagissant, optimiste, vis-à-vis de la folie, et non plus à proprement parler au courant tragique. Erasme mènera (comme Montaigne, certes au travers d'un durcissement «excluant») à l'âge classique: Descartes, lui, ne dialoguera plus avec la folie qu'il porte en lui-même — du moins est-ce l'interprétation de Foucault, qui formera le centre, la ressource même de l'objection derridienne. Au lieu par conséquent d'isoler la Renaissance, on pourrait prendre en considération tout le christianisme, et même toute la tradition «holiste» pré-moderne, incluant les Grecs[12]. En effet, ce qui distingue tout ce passé de l'époque classique, c'est le fait que l'ordre émane du Dieu personnel ou se trouve incarné par le *cosmos* antique, ou encore par une mythologie, un code culturel, — bref s'enracine *dans plus «haut» que l'homme*. Le rapport tragique au fou caractéristique de la Renaissance ne constituerait dès lors qu'une figure particulière, certes décisive, de la complicité raison/folie.

B. La folie à l'âge classique: le grand renfermement

Puis vient l'époque classique: la Raison apparaît dès lors comme l'essence de l'homme, sous l'espèce de ce que Foucault appelle la «Re-présentation», présentation seconde d'une présentation première (pré-«scientifique», phénoménologique, *Lebenswelt*, etc.), objectivation, constitution d'une organisation, d'une classification, d'un ordre des raisons. *Dans le même temps* — mais cette synchronisation posera un problème essentiel —, la France du XVIIᵉ siècle remplit les léproseries, désormais inutiles, de tous ceux qui entravent la force affirmative d'une *certaine* rationalisation montante de la société, laquelle incarnera la double figure de la centralisation monarchique et des exigences bourgeoises. En effet, et le roi et les bourgeois auront intérêt à l'établissement d'un *certain* ordre, ce qui fera *temporairement* d'eux des alliés. Le monarque veut naturellement centraliser et éliminer toutes les irrationalités entravant ce mouvement de monopolisation des pouvoirs (anti-«féodal» au premier chef, c'est-à-dire dirigé contre tout ce qui peut diviser son pouvoir — donc aussi le pape, éventuellement les bourgeois eux-mêmes, les villes, les corporations, etc.). Les bourgeois soutiennent ce mouvement en particulier parce qu'il entraîne une homogénéisation, donc une certaine prévisibilité, de l'Etat, favorable au mouvement commercial et à la défense de la propriété. Entre ces deux phénomènes socio-politiques et le rationalisme philosophique naissant (en particulier sous sa forme éthico-politique, c'est-à-dire contractualiste) se noueront des liens complexes : la bourgeoisie poussera en direction des Déclarations des droits de l'homme (à ce moment, la monarchie sera devenue décisivement l'ennemi à abattre), lesquelles, on l'a vu, excèdent le cadre économique strict des besoins de rationalité du commerce et du capitalisme (une revendication idéologique, plus large que les stricts intérêts de caste, de corporation ou de groupe qui sont en cause, aura sans doute toujours été présente).

La «rationalisation» manifeste donc la complicité de la bourgeoisie montante et de la monarchie centralisatrice (Colbert est l'incarnation de cette rencontre), complicité temporaire, d'abord plus ou moins aproblématique dans le combat contre l'«Autre» (féodalité), mais grosse de malentendus[13] qui mèneront à la Révolution de 89[14]. Ces exigences de rationalisation se manifesteront au profit d'intérêts encore confondus au XVIIᵉ siècle : ceux de la monarchie de droit divin, reprenant les ambitions papales après la Réforme (et contre les «concurrents» jésuites) ; ceux des bourgeois «capitalistes» ; enfin ceux, qui ne se déploieront que plus tard, des opprimés, des hommes comme tels, dont la voix se fait toujours entendre, fût-ce marginalement ou «sous les décombres» ; ils seront à l'Age classique les victimes de la rationalisation, mais — comme le feront les esclaves américains au XIXᵉ siècle —, ils «retourneront bientôt les fusils»[15], au départ dirigés contre eux ; la prévisibilité, l'homogénéité des décisions de justice, phénomènes corrélatifs du mouvement de centralisation, leur seront à long terme favorables, puisqu'ils susciteront un processus d'égalisation des individus devant une loi désormais en principe la même partout : tout cela travaillera de façon «rusée» pour l'individu, ses droits, sa dignité à préserver partout, universellement, identiquement, sans relativisation contextuelle «païenne»[16]. Mais pour l'heure, l'*affirmation* de cette morale nouvelle[17] rend désormais importuns les fous, vagabonds, délinquants, prostituées, libertins: ils constituent, dans leur diversité désordonnée, des obstacles au mouvement de rationalisation centralisatrice. Notons bien qu'ils sont «simplement» exclus, enfermés, mis hors d'état de nuire, et qu'ils ne sont sûrement pas «intéressants», voire obsédants. Aucune qualité commune positive ne leur est reconnue; la folie n'est pas isolée de ces autres cas de *dé-raison*; elle n'est pas catégorisée ni étudiée pour elle-même. La raison s'affirme, triomphante, naïve. Ce qu'elle écarte de son chemin ne la concerne guère. La dé-raison est l'autre de la raison; la folie n'existe pas au regard de cette dernière, elle n'accède pas à ce minimum d'existence négative qui l'eût fait émerger du fond indistinct de la déraison. Ecart maximal de la raison et de la folie: on verra que cette distance possède, pour Foucault, une signification qui porte *bien au-delà du domaine socio-politique auquel nous nous sommes limités jusqu'ici*. Le rejet de la folie dans les ténèbres de l'inexistence sera interprété comme le refoulement de l'expérience tragique de la folie telle que la Renaissance l'avait vécue. L'exclusion du fou s'identifiera à la négation d'une part essentielle du «soi». Le dialogue sera rompu, mais seulement temporairement. A la fin du XVIIIe siècle, la folie réapparaîtra, viendra solliciter et ébranler à nouveau les assurances de la Raison.

C. La folie à l'âge humaniste

Vers la fin du XVIIIe siècle, l'expérience classique de la folie se modifie radicalement. Maintenant, le fou va se voir sélectionné, élu, défini. Il va devenir visible, et, d'élément indistinctement écarté du règne lumineux de la Raison, il va se transformer en pôle d'intérêt. La psychiatrie naît au début du XIXe siècle. La question est: quel est le statut de cet «intérêt», de cette volonté de *soigner* le fou? Trois interprétations concurrentes sont présentes, sans être toujours bien distinguées, dans le texte de Foucault. Tout d'abord, selon la «conscience de soi» de la psychiatrie naissante, l'attention au fou (à son drame, son impuissance, son malheur) s'identifie à un projet *humaniste*: c'est parce que, désormais, l'universalisme a progressé (il s'est incarné dans les Révolutions américaine et française) que *tout* homme jouit de droits imprescriptibles; l'universelle fraternité nous fait reconnaître en celui que l'on appellera bientôt l'*aliéné* (sorti de soi, temporairement perdu pour la raison, l'autonomie, la conscience, l'humanité accomplie) un *alter ego* (un autre «moi-même», mais qu'un accident a précipité hors de lui-même), qu'il faut rendre aux possibilités prométhéennes désormais ouvertes, à la quête enfin rendue possible du vieil idéal de la bonne vie. En ce sens, le fou s'intègre dans l'espace intellectuel des droits de l'homme: tout individu porte l'espérance de l'humanité, et l'attention psychiatrique (à l'opposé du désintérêt classique) signifie simplement la non-acceptation du destin, la volonté de regagner l'aliéné à l'humanité, de le faire revenir à soi, à la raison, à la conscience (dés-aliénation)[18].

A l'opposé de cette lecture honorabilisatrice (positive, valorisante) de la naissance de la psychiatrie, Foucault propose *deux* interprétations *négatives*, «défavorables». La première est socio-historique: il s'agit de montrer que, tout comme cela avait été le cas du Grand Renfermement au XVIIe siècle, le fait d'extraire les fous de l'indifférenciation carcérale pour en faire l'objet d'un traitement approprié correspond à des intérêts économiques (*grosso modo* ceux de la «bourgeoisie»). La Révolution industrielle a créé une expansion sans précédent; les besoins de main-d'œuvre sont énormes; de *ce* point de vue, il apparaît comme anti-économique de laisser croupir dans les prisons toute une partie potentiellement utilisable (exploitable) de la population[19]. Dès lors, la «cure» s'éclaire tout différemment: il ne s'agit pas de rendre le fou à sa liberté (à la quête autonome de la bonne vie); il est plutôt question de le *normaliser*; il faut en faire un bon *instrument* du processus d'industrialisation. En d'autres termes, ce n'est pas un homme autonome qui émergera d'un tel processus, mais un rouage standardisé, servile, rationalisé, unidimensionalisé. L'intérêt qui commande la mise en place de l'institution psychiatrique est donc «bourgeois»: nul rapport avec la volonté émancipatrice caractérisant la première lecture du phénomène.

Enfin, une troisième lecture, «métaphysique» — sur laquelle je reviendrai parce que celle-ci *s'articule rigoureusement avec la problématique des* Mots et les Choses —, se profile. Cette fois, il s'agit de montrer que l'expérience tragique, «renaissante», de la folie, refoulée durant la période classique, doit inéluctablement faire retour, comme une Vérité vainement écartée. De ce point de vue, le regard psychiatrique ne relèverait pas de la bonne volonté humaniste; il ne serait pas non plus délégué par l'intérêt «bourgeois». Il indiquerait la fascination trouble exercée par le fou sur le psychiatre (le représentant de l'homme supposé rationnel auprès de l'insensé). Dans ces conditions, tout s'inverserait: le fou apparaîtrait certes comme un *alter ego*, mais non plus au sens où (interprétation humaniste) sa vérité rationnelle, seulement obscurcie en lui, pourrait être reconstituée par les procédures requises; au contraire, le psychiatre découvrirait dans le «malade mental» *sa maladie à lui, la maladie de la raison*, effet de l'illusoire tentative d'établir, par-delà la réalité dionysienne de la condition humaine, un arrière-monde de stabilité «classique»; ce ne serait plus l'homme de raison qui tendrait à la pauvre loque insensée un miroir lui montrant ses possibilités récupérables; mais la sombre figure de la folie refléterait, pour le psychiatre, sa vérité cachée, les possibilités qu'il n'ose plus assumer, son triste statut d'exemplaire normalisé, de «dernier homme» nietzschéen. *L'aliénation changerait désormais de sens*: celui qui serait perdu à lui-même, ce serait l'homme rationnel devenu aveugle à sa vérité tragique (chaotique, dionysienne, «folle»), et non pas le supposé malade. La psychiatrie marquerait l'espace de cette fascination, l'étude du fou ne signifiant ni la volonté humaniste de traitement, ni l'intérêt bourgeois de normalisation, mais l'obscure fascination pour une vérité jusqu'ici enfouie.

La question essentielle sera dès lors: d'où vient cette soudaine inquiétude de la raison? Qu'est-ce qui, dans l'aventure de la raison elle-même, rend possible cette fascination pour le fou, laquelle eût été impensable du temps de la naïveté conquérante et triomphaliste (Age classique)? Pour le comprendre, il nous faut parcourir non plus l'histoire de l'Autre (le fou), mais celle du Même (la normalité positive, les soubassements «épistémologiques» — *épistèmes* — de la conscience qu'une époque a d'elle-même). Nous découvrirons alors ce qui, pour Foucault, rend possible l'inquiétude de l'homme rationnel au seuil du XIXe siècle. Le basculement fasciné vers les abîmes de la folie sera alors rendu intelligible (avec, bien entendu, toutes ses implications problématiques).

IV. LES MOTS ET LES CHOSES

A. Parallèle problématique entre l'«Histoire de la folie» et les «Mots et les choses»

Le parallèle que je viens d'indiquer (Histoire de l'Autre, Histoire du Même) n'est pas tout à fait exact, puisque, aussi bien[20], l'*Histoire de la folie* relève à la fois de l'analyse socio-politique et de l'approche «métaphysique»[21], alors que *Les mots et les choses* se réduisent à cette dernière.

B. La représentation et sa crise

Dans cette «Histoire du même» en laquelle consistent donc *Les mots et les choses*, l'Age classique est celui de la *représentation*. Cette dernière — constitutive du projet rationaliste — se relie à l'idée d'une présentation «seconde», c'est-à-dire d'une «remise devant soi» des choses, ou plutôt de leur véritable accession à la choséité, à l'objectivation. La représentation est un spectacle : par elle, le sujet se constitue en même temps qu'il expulse l'objet hors de lui ; il rompt avec un monde de présuppositions et d'implications, de significations «toujours-déjà-là», pour dominer l'étant. C'est ce que Heidegger, massivement présent (et pas toujours là où il est explicitement mentionné et critiqué) dans *Les mots et les choses*, appellera l'avènement de la subjectivité. Or Foucault montre que cette dernière se trouve comme occultée dans ses pouvoirs à l'Age classique : ce dernier manifeste un aveuglement caractéristique à l'égard des *paradoxes* de la subjectivité moderne, c'est-à-dire de son caractère incontournable et centralement problématique. Ou, pour dire les choses autrement, la représentation se déploie sur un sol apparemment solide ; plus exactement, elle ne se soucie nullement de ce sol, *exactement comme la Raison classique de l'Histoire de la folie, encore naïve et conquérante, ne pressentait pas le retour «dix-neuviémiste» du tragique*. Mais, au tournant des XVIIIe et XIXe siècles, à l'époque même de l'optimisme révolutionnaire rationaliste — au moment donc où elle peut croire avoir réussi *en aval* (c'est-à-dire dans ses applications, dans le passage de la théorie à la pratique) —, la raison manifeste *en amont* (au niveau des fondements, du «sol» constitutif) une faille décisive et incontournable. L'extrême pointe de la recherche philosophique (Hume, Kant) doit affronter la question majeure : *et si ce sol (ce fondement) n'était qu'illusoire ?* Si la représentation, dans son mouvement d'émancipation par rapport aux mythologies holistes, avait en même temps détruit tout «sol», tout enracinement, toute fondation ? Alors, dans cette situation d'inquiétude essentielle par rapport à ses possibilités propres (à l'édifice qu'elle avait cru bâtir sans se soucier de la solidité de ses fondations), *peut-être son rapport à la folie changerait-il du tout au tout*.

La question est bien celle du *sujet* de la représentation. Avant le XVIIe siècle, le «sujet» constituant de l'ordre du monde (ce que Foucault appelle, à la Renaissance, l'ordre des ressemblances — infini jeu de miroirs du macrocosme au microcosme), c'est Dieu ; ce fut avant cela le *logos*, au sens de ce «rassemblement» primordial chez les Grecs (du moins les Présocratiques), dont parle Heidegger. Ou le *cosmos*, la loi naturelle de Strauss ; ou encore, chez Arendt, l'être-ensemble, le sens commun, le «monde» de l'activité citoyenne antique. Peu importent au demeurant *pour l'instant* les divergences d'interprétations quant à *ce qui a été perdu*. Ce qui nous intéresse ici, c'est la rupture moderne inaugurée par l'Age classique. On pourrait dire que l'*epistemè* renaissante (et je dirais: tout le holisme pré-moderne) répondait à la question de l'*origine* de l'ordre de façon cohérente: l'élément constituant se trouvait «hors» de ce qu'il constituait, le fondement était *antérieur* à ce qu'il était supposé fonder. Ainsi le *cosmos* grec constituait-il une transcendance se situant au-delà du règne chaotique de la *doxa*, du sensible (on *découvrait*, par l'ascèse de la maïeutique et de la dialectique, un ordre de choses *antérieur* qui conférait, de façon «holiste», sa place à tous les éléments du «monde»). Ainsi le Dieu créateur, sous la forme qu'il avait prise dans les religions monothéistes (et, pour ce qui concerne l'histoire européenne, dans le christianisme), constituait-il le fondement transcendant de l'ordre fini, «créé». Si l'homme pouvait prendre part à l'élaboration et à la connaissance de cet ordre, c'était parce que son statut apparaissait, au sein de l'ensemble des créatures, comme privilégié: participant de la nature divine (créé à l'image de Dieu), il pouvait remonter jusqu'à la source, étant entendu que jamais *sa seule* raison non aidée *(lumen naturale)* — sa *représentation* — ne pouvait lui permettre cette ascension: le péché originel impliquait l'intervention surnaturelle de la grâce. Quels qu'aient été les rapports, variables, de la raison et de la foi dans un tel contexte, la première était sous la haute surveillance de la seconde *(ancilla theologiae)*. L'ordre se définissait comme constitué, l'élément constituant n'étant pas de ce monde.

Tout change avec l'avènement de la représentation[22]. Ou du moins le bouleversement est là immédiatement «en soi ou pour nous», comme eût dit Hegel[23], bien qu'il n'apparaisse pas, durant l'âge classique, à la conscience. La représentation se construit, croit-on, sur un sol solide; ou, plus exactement, ce travail se poursuit sans que l'on pose encore véritablement la question de son origine, de sa source, de son fondement[24]. Plus exactement, on pourrait dire que les différents grands rationalistes ont tous besoin de Dieu pour «clore» leurs systèmes. Mais ce Dieu lui-même, Dieu-des-philosophes, va bientôt se trouver emporté par l'avancée même de la raison, incapable qu'il est de fonder la représentation, de constituer les objets de la pensée, du *logos* moderne. En effet (comme l'avait déjà bien compris Pascal), ce Dieu garant de la vérité des représentations ne forme plus une transcendance substantielle (le Dieu d'Abraham, d'Isaac et de Jacob), un au-delà auquel on rapporte, pour le fonder, le fini. C'est le Dieu-des-philosophes, autrement dit *une créature de la Raison destinée à*

« *constituer* » *les pouvoirs représentatifs de cette dernière*. « En soi », à nouveau, le *cercle* est déjà là, inéluctablement, dès l'origine du projet classique. Mais il n'apparaîtra comme tel qu'à la fin du XVIIIe siècle, avec Hume et Kant.

Cassirer a bien montré ce mouvement d'accession à l'origine (impossible) de la représentation, processus à l'œuvre à l'époque des Lumières jusqu'à Hume, qui en tire les conséquences philosophiquement pessimistes : le représentation s'enracine dans l'habitude, dans la tradition. Le projet rationaliste est comme tel vain. Et dans la mesure où, comme nous le verrons, le rationalisme a détruit la croyance aux traditions (au holisme), *nul retour en arrière ne semble rigoureusement possible*. Pour reprendre la terminologie weberienne : le monde a été désenchanté, ce désenchantement a, loin d'engendrer l'ordre stable prévu, mené à la crise. *Et on ne réenchante pas délibérément — c'est-à-dire encore rationnellement — le monde : ce serait, pour l'homme, sauter sur ses propres épaules*. La question sera alors : la philosophie contemporaine ne fait-elle pas justement « cela » ? Peut-être la tentative (kantienne et post-kantienne) de sauvetage ne constitue-t-elle qu'une « installation » dans l'abîme ; peut-être le cercle constitutif de la modernité représentative devenue consciente d'elle-même entraîne-t-il la philosophie dans l'infinie spirale des doubles (exemple : le Dieu-des-philosophes n'est *pas* la raison — il est censé la « fonder » — mais c'est encore un de ses rejetons ; la raison se *redouble* indéfiniment en tentant vainement de sortir de soi pour s'arrimer à l'Autre-que-soi) ; peut-être le surgissement *de l'homme* comme question centrale constitue-t-il le symptôme d'un tel blocage (c'est lui le problème principal et obsédant : seul étant parmi les étants — constitués, re-présentés — à se trouver *en même temps* à l'origine du mouvement de déploiement de la représentation — de constitution des objets —, entité dédoublée au creux d'elle-même). Auparavant — si l'on suit cette ligne d'argumentation — l'homme n'était nullement central : certes privilégié parce que créé à l'image de Dieu, et donc[25] « animé » par son Créateur, « sujet » véritable de l'« ordre des choses »[26]. Dieu mort, l'homme apparaît comme à la fois *représentant* et *représenté*, *transcendantal* et *empirique*, obsédé par le sol se dérobant sous ses pas, et contemplant, médusé, *le fou* qui, cette fois, semble lui signifier sa vérité (qu'il ne veut sans doute en même temps pas voir : d'où l'enfermement, ou, mieux, la cure, la transformation normalisatrice, pour que cet autre, qui me montre mon noir destin, ultimement *ne soit pas*).

C. Lien de cette crise avec la réforme de Tuke et de Pinel (dans son sens «métaphysique»)

Nous pouvons dès lors en revenir à la psychiatrie, comprise par Foucault à l'exact inverse de l'optimisme rationaliste: le fou, rappelons-le, est soigné, dans cette perspective, non pas par réflexe universaliste humanitaire (au lieu de laisser croupir ce «gêneur» comme on le faisait à l'Age classique, on se montrerait désormais attentif, en lui, à l'humanité perdue, à cet accident du destin qui l'a fait chuter; *l'homme rationnel serait*, dans sa générosité curatrice, *la vérité du fou*), tout au contraire. La thérapie trouve son origine et sa signification majeure dans l'obsession nourrie par le psychiatre ou l'homme rationnel lui-même: le fou, c'est «nous-mêmes», mais un peu plus bas sur la pente; il incarne notre destin, représente notre *alter ego (le fou est la vérité de l'homme normal)*. D'où l'obsession curative[27].

Dès lors, la rencontre de l'*Histoire de la folie* et des *Mots et les choses* s'éclaire: de la même manière que la raison classique découvrait, dans la figure du fou, la remontée d'un désordre constitutif, la réémergence d'une vérité tragique et dionysienne, de la même manière la «représentation» voit sa stabilisation entièrement mise en cause. Elle ne peut en revenir au holisme sous sa forme apaisante et réconciliée (le monde a été désenchanté et tout retour en arrière, sauf recours à la *Schwärmerei* superstitieuse ou fanatique, est exclu). Condamnée à se retourner incessamment sur elle-même, elle découvre que l'homme est le problème le plus lancinant: Foucault intitule un chapitre majeur des *Mots et les choses* «L'homme et ses doubles», indiquant par là que l'apparition de l'homme comme question rectrice coïncide avec l'arrivée, au centre de la réflexion métaphysique, du «doublet empirico-transcendantal». Si la représentation cherche désespérément un «ailleurs» ou un «arrière», et que ce n'est qu'elle-même qu'elle retrouve toujours, dans un *cercle* inévitable, alors ce qui semblait la distinguer si nettement de la folie s'estompe. Le fou, c'était celui qui n'arrivait pas à enchaîner ses représentations, à «sortir de lui-même», de sa subjectivité, pour enraciner son discours dans le réel. Le fou, c'était celui qui ne pouvait pas transcender la psychologie en direction de l'épistémologie (je dirais: la folie, c'est, en dernière instance, *le psychologisme comme tel*). Il manquait au fou l'articulation rationnelle. Or cette dernière semble comme piétiner sur elle-même: elle se caractérise peut-être essentiellement par une sorte de «tourbillon» originaire et fondamental. La stabilité de sa «construction», qui la distinguait décisivement du chaos tragique des «représentations» délirantes —, cette stabilité s'effondre dans une sorte de circularité constituante. Le *Grund* était toujours déjà *Abgrund*, dès qu'avait été abandonnée la référence à une transcendance substantielle, sur-rationnelle (*epekeîna tês ousias* ou Voies insondables de la Providence). *« En soi », la représentation était toujours déjà « folle »*. Au tournant des XVIIIe et XIXe siècles, la philosophie devient consciente de ce drame. Une mince pellicule, presque irréelle (un reste d'illusion ou d'erreur-utile?), la sépare désormais du délire. L'humanisme (l'homme comme problème central), la problématique des doubles et la fascination «psychiatrique» pour le fou s'enracineraient dans une même *epistemè*. Ce sont les conséquences d'une telle position philosophique (et bien entendu la critique — au sens kantien — de sa validité) qui nous occuperont jusqu'à la fin du présent chapitre.

V. SURVEILLER ET PUNIR, OU LA TROISIEME TRIADE

On a vu que l'élément socio-politique avait disparu des *Mots et les choses*. Cette disparition est délibérée : sans doute Foucault croit-il, à l'époque, que le marxisme plus ou moins implicite d'une partie de ses analyses risque de réintroduire une téléologie : mouvement de l'histoire par lequel la raison «rusée» mène à la réconciliation, bref hegelianisme inéliminable de l'eschatologie marxiste. Mais en même temps, l'analyse de la folie en termes de tragique (affirmé/refoulé/réapparaissant), ou de la raison en termes d'in-fondation (fondement transcendant/affirmation de l'immanence représentative/crise «spiralante», indéfiniment dédoublante, de cette immanence) —, cette analyse importait massivement — jusqu'à une sorte de prophétisme de la mort de l'homme — les traits caractéristiques de la métaphysique de la présence. C'était toujours d'un mouvement d'aliénation/désaliénation qu'il s'agissait, même si, chez le «premier» Foucault (ce sera décisif pour la suite de mon raisonnement), les *termes* étaient *inversés* par rapport à la métaphysique rationaliste ou «logocentrique» : au lieu d'une raison se perdant pour mieux se retrouver à travers la médiation de son «dehors», il s'agissait d'une irraison constitutive se perdant dans son «dehors» rationaliste pour mieux se retrouver (dans une extase tragique, éclatée) au travers des expériences limites de Mallarmé, de Nietzsche, de Van Gogh, d'Artaud. Et l'on ne pouvait éviter ce que j'appellerai, usant d'une expression sartrienne que j'exploiterai plus avant par la suite, le recours à un «qui perd gagne» : cette extase, cette crise de la raison, ce retour du tragique, cette «remontée du langage», cette attention neuve à la «pensée du dehors», cet auto-rassemblement des mots dont parlent les dernières pages des *Mots et les choses* —, tout cela ne pouvait manquer d'apparaître *comme une sorte de promesse*: sous le pessimisme d'une pensée décapant impitoyablement les illusions «théologiques» de la raison moderne sourdait ce rire philosophique «en un sens silencieux» qui était le signe même de l'affirmation nietzschéenne, de ce «chaos en soi» qui «enfanterait une étoile dansante». Bref, la *perte* (échec de la raison et de ses espérances stabilisatrices, universalistes) se conjuguait avec un *gain*, celui de la libération du langage, accès, donc, à ce qui ne pouvait pas ne pas apparaître comme une liberté inouïe, dont l'avènement s'affirmait dans les éclats de rire du berger nietzschéen. Qui perd gagne dès lors: comme dans le cas du Flaubert de Sartre, une impuissance, un échec se seraient insidieusement (ultime illusion, la plus pernicieuse?) transformés en victoire, en affirmation, en *conquête* disséminatrice, «machine désirante», arpentage de la surface, etc.

Bref, tant le versant socio-politique que le versant tragico-abyssal risquaient de reconduire à l'eschatologie. La force, me semble-t-il, de Foucault, c'est qu'il s'en est rendu compte et a tenté de *pousser plus loin le «décapage» des illusions de la modernité*. Que l'on m'entende bien: je n'adhérerai nullement aux «solutions» foucaldiennes, pour des raisons qui apparaîtront au fil de la réflexion. Mais, dans son débat avec la métaphysique des «doubles», je pense qu'il a atteint — malgré les effets de mode, les faux-fuyants, l'érudition terroriste, le dogmatisme-«*Pensée-68*» — une lucidité très radicale en ce qui concerne les impasses de la philosophie contemporaine: on verra qu'en un sens, ce qu'il stigmatise dans *Les mots et les choses* comme l'échec d'une pensée «humaniste» faisant de nécessité vertu (qui perd gagne), *s'installant dans le vide constituant de la représentation pour faire de ce vide, de cette impuissance, de cette dérive du fondement, sa ressource même* (Foucault dira, dans son débat avec Derrida: cette ressource est celle d'un infini ressassement qui est celui du pouvoir des Maîtres — nous y reviendrons) —, ce qu'il stigmatise, donc, pourra lui apparaître plus tard *comme ayant encore animé souterrainement le projet même des* Mots et les choses. C'est sans doute une des raisons de la radicalisation intervenue à partir de 1969. Que celle-ci lui permette de dépasser effectivement le «qui perd gagne» dénoncé (et «involontairement» attesté) par *Les mots et les choses*, c'est un autre problème.

Mais la situation est pour l'instant claire: il faut selon moi accepter dans sa radicalité la rupture moderne. Non pas qu'il soit encore nécessaire de glorifier la modernité à l'encontre des attaques portées massivement contre elle (c'est une tâche importante, mais parfois bien trop auto-gratifiante) : mais il faut comprendre, appréhender avec le moins de faux-fuyants idéologiques possibles ce que signifie cette rupture qui a lieu (quoi qu'on en pense, et quoi que l'on veuille — si l'expression a quelque sens — en «faire»). De *ce* point de vue, il est certes possible de voir en Foucault un ennemi de la modernité et des Lumières (quoique son dernier projet sur l'*Aufklärung* selon Kant impose de nuancer cette position); mais l'intéressant pour notre propos, c'est qu'en même temps, sa critique de la métaphysique des doubles *porte au cœur des illusions majeures de la métaphysique contemporaine*. Son auto-critique de 1969 (cette façon, toute sartrienne, de «penser contre lui-même» en reconduisant les mêmes difficultés sous une forme neuve) lui permet de dénouer la complicité entre l'«installation» dans la crise de la représentation (la métaphysique des doubles) et l'extase réappropriatrice de la folie — entre le projet des *Mots et les choses* et de l'*Histoire de la folie* d'une part, l'«humanisme» tant décrié d'autre part. Autrement dit l'idée d'un réavènement du tragique relèverait *en un sens* de la même configuration «épistémique» que l'«humanisme» des doubles: dans les deux cas au moins (mais nous verrons que le rapport est infiniment plus intrinsèque et substantiel), un «vide», un échec se trouvent transformés en nouvelle promesse. Que cette dernière apparaisse sous la forme d'un douloureux déchirement ou d'une affirmation dionysiaque n'est pas *pour l'instant* pertinent: il s'agit toujours d'un «qui perd gagne» consistant à transformer l'échec de la métaphysique rationaliste moderne (le tourment de la représentation) en un nouvel avènement: conscience malheureuse ou affirmation «pure» — les deux participent d'une même problématique. Je montrerai qu'il en est rigoureusement de même de toute la problématique *hegelienne*, comprise dans son sens le plus métaphysique, et non dans sa signification «vulgaire» (mais nullement insignifiante) de raison «rusée». On peut en tout cas accepter par provision et dans une fidélité «ombrageuse» à Foucault — comme le disait Lacan de son rapport à Freud — le double rejet de la téléologie «marxiste» et de la téléologie «prophétique-tragiciste»: les deux rétablissent comme en sous-main (de façon dogmatique, non-philosophique) une sorte de finalité objective et substantielle *dont la crise de la représentation a interdit la réémergence «naïve»*. Foucault a raison de les dire «pré-critiques».

C'est dans cette perspective qu'il nous faut maintenant envisager comment Foucault peut vouloir réintroduire l'élément socio-politique, absent de la problématique «archéologique» de 1966, sans retomber dans la téléologie. Nous verrons qu'il tentera pour ce faire d'utiliser la généalogie nietzschéenne. Il faudra apprécier la validité d'une telle importation de concepts. Mais avant cela, voyons, dans une première approche, comment l'analyse de la «normalisation» moderne a fait son chemin de l'*Histoire de la folie* à *Surveiller et punir*.

A. La pénalité comme sanctionnant l'atteinte à la majesté de droit divin du roi (à sa souveraineté)

L'ouvrage établit, à propos du traitement des «délinquants», une perspective historique qui ne sera pas sans rappeler celle de 1961.

Dans la première phase, qui est celle de la peine sanctionnant l'atteinte à la souveraineté du monarque de droit divin, le délinquant doit être détruit, effacé, pulvérisé: il a porté, par sa dissidence même, atteinte à l'ordre sacré enraciné en Dieu. Cette conception du délinquant s'articule donc avec une «*épistemè*» (Foucault n'utilise plus le terme), à savoir celle de la centralisation *monarchique*, dans ce cas clairement distinguée de la centralisation *contractualiste* (en vue des intérêts de la bourgeoisie ou de ceux de l'«humanité»). Le contractualisme est maintenant devenu l'ennemi déclaré de la monarchie de droit divin, avec laquelle nous l'avons vu faire provisoirement — de façon conjoncturelle — alliance au XVIIe siècle. Maintenant, l'opposition est devenue claire: ce n'était pas la «même chose», les intérêts divergeaient «en soi»[28]. Elle se manifeste par la distinction entre *deux* conceptions de philosophie tant politique que pénale. Ce qui explique cette sorte d'*hysteresis* — d'effet de retard —, présente dans la problématique de *Surveiller et punir*: dans l'*Histoire de la folie*, on voyait le point de vue monarchique et le point de vue bourgeois (voire universel-«humaniste») coexister dans une alliance «contre nature». Ici, les enjeux sont devenus clairs, du moins entre le roi et la bourgeoisie. Entre cette dernière et les intérêts universels, c'est une autre question: ici, tout commence en un sens (le XIXe siècle sera celui de l'émergence du *socialisme*, de la dite «seconde génération des droits de l'homme»). Foucault envisage 1789 — et de ce point de vue il poursuit la critique socio-politique engagée dans l'*Histoire de la folie* — non pas comme l'émancipation, la purification du mouvement de rationalisation compris dans son sens éthico-individualiste et contractualiste[29], mais au contraire comme l'établissement d'un processus de domination-rationalisation. L'émancipation des hommes en général, proclamée par les idéaux révolutionnaires, aurait donc la même signification socio-politique que la libération, par Pinel, des enchaînés de Bicêtre (et la naissance corrélative de la psychiatrie): en lieu et place d'un avènement de l'Homme, on assisterait à la mise en place d'un processus de contrôle social dans des buts utilitaires, «bourgeois», «possessifs».

B. La pénalité du contractualisme

Dans l'idéal contractualiste propre à Beccaria et aux réformateurs «éclairés», la peine doit être exactement proportionnée au délit. Les individus appartiennent à une société librement constituée: à son origine, ils ont délibérément abandonné certaines des prérogatives qui eussent été les leurs s'ils n'avaient quitté l'«état de nature». Dès lors, tout délit constitue une atteinte portée au pacte social, c'est-à-dire une violation, par l'individu, de ses propres engagements. Le but de la peine sera, non plus d'écraser le délinquant sous la toute-puissance de la souveraineté de droit divin, de telle sorte que le scandale que son acte a incarné soit effacé de la surface de la terre, mais bien plutôt de *prévenir*, de *dissuader* en faisant miroiter à l'individu calculateur (base même du «Tout» contractualiste) l'intérêt qu'il a à se maintenir dans l'ordre: la transgression, punie, lui causerait plus de désagréments que les limitations à lui imposées par la vie limitée, respectueuse des clauses du contrat. Il faut, dit Beccaria, que la *certitude* de la peine remplace sa brutalité, sa barbarie. Dès lors, par strict calcul utilitariste, les individus respecteront l'ordre social. Le raisonnement de Beccaria est, en ce qui concerne la peine, strictement parallèle à celui de Hobbes en ce qui concerne la constitution de l'autorité politique: ici et là, c'est par intérêt bien compris que l'individu se soumet à l'autorité[30]. Bentham construira là-dessus toute une «pénologie». Mais on verra que son invention la plus spectaculaire — le «Panoptique» — ne relève nullement de la philosophie contractualiste du pouvoir et de la peine.

Cette pénalité «contractualiste», pendant juridique du rationalisme politique moderne, s'articule — il fallait s'y attendre — autour du concept de «représentation». Je l'ai dit à propos de l'Age classique dans *Les mots et les choses*: la représentation est une «spectacularisation», un déploiement du monde dans la sphère publique de l'objectivation et du communicable. Rien n'est en ce sens plus étranger à la pénologie beccarienne que le secret qui régnera, nous le verrons, dans le «carcéral» à partir du XIXe siècle. Il faut que la population puisse être éduquée par les peines, lesquelles doivent être déployées, visibilisées, *représentées* dans l'espace public. Le modèle du genre en est constitué par les travaux publics forcés, lesquels montrent à tout un chacun ce qu'il en coûte de transgresser les règles du pacte social[31]. Ici, dans le cas de la punition, le rationalisme *émancipateur* (ou à prétention telle) ne subsiste que quelques années (fin du XVIIIe siècle), et encore seulement dans l'imaginaire des théoriciens. 1789 établira, à la place de la pénalité contractualiste, la surveillance et le carcéral[32].

C. La «pénalité» du carcéral

Foucault montre que dès les commencements de l'époque contemporaine, la *prison*, devenue la peine la plus généralement infligée, met radicalement en cause l'idéal contractualiste.

1. La prison critiquée mais conservée

Partons d'un paradoxe flagrant. Depuis le début du XIXe siècle, la prison est critiquée parce que produisant un surplus de délinquance, au lieu — ce qui *semble* constituer sa vocation majeure — de la diminuer. Pourquoi, alors, l'avoir conservée, si cet échec était patent depuis si longtemps (et non tout récent, comme on le disait dans les mouvements anti-prisons des années 1970)? Parce qu'en fait, affirme Foucault, la prison contemporaine constitue paradoxalement *une réussite*. Pour comprendre une telle affirmation provocatrice, il faut abandonner avant tout ce qu'il appelle *l'hypothèse répressive* dans l'approche du phénomène.

2. L'«hypothèse répressive»

Le pouvoir, selon Foucault, n'est pas essentiellement négatif, limitatif, «répressif»: il n'a pas avant tout pour but d'interdire un certain nombre de comportements jugés incompatibles avec les exigences de la vie en commun, de l'être-ensemble. Il faut noter que cette image répressive ou négative sous-tend aussi bien la conception de droit divin que l'idéal contractualiste: dans chacun des deux cas, le pouvoir est là pour empêcher un certain nombre de comportements («empêchement» brutal et despotique dans le cas de la monarchie d'Ancien Régime, contrôlé et limité dans le cas de l'Etat de droit dont Locke et Beccaria tracent l'épure). Rappelons que la monarchie et la «bourgeoisie» (qui est à la base d'une *certaine* lecture du contractualisme) visent tous deux la centralisation. Sur le plan juridique, celle-ci s'incarne dans le *légalisme*: la centralisation a pour finalité première de substituer aux pouvoirs locaux, diffus, entrecroisés et générateurs d'insécurité (d'imprévisibilité) la souveraineté de l'«Un» (Loi du monarque de droit divin ou Loi sacralisée comme «volonté générale» — toutes deux se substituant au chaos des coutumes, jurisprudences, références au droit romain, etc.). Pour Foucault, ce «modèle» légaliste-répressif ne peut mener à dévoiler l'essentiel du pouvoir, et entraîne à coup sûr une sorte de myopie à l'endroit de phénomènes tels que la prison moderne. D'où les paradoxes énoncés plus haut.

Notons d'abord que la modèle contractualiste «libéral» est peut-être celui qui est négatif-répressif *par essence*: la *Déclaration des droits de l'homme et du citoyen* par exemple dit clairement que ce qui n'est pas interdit est permis, laissant donc à l'homme privé (l'homme de Constant — mais déjà celui de Hobbes, qui disait la même chose) une grande marge d'autonomie, seulement *limitée* par le pouvoir de l'Etat de droit (contractualiste). Or Foucault met radicalement en cause ce modèle, ce qui le conduit à *réinstruire le procès du rationalisme contractualiste*, déjà engagé dans l'*Histoire de la folie*. Un tel modèle n'est — peut-on lire sous sa plume quand une sorte de marxisme ordinaire lui redevient familier[33] — qu'un phénomène idéologique de surface, *tout comme l'était l'interprétation humaniste de la naissance de l'institution psychiatrique*.

Qu'est-ce donc que le pouvoir (et en particulier celui qui s'est affirmé ces deux derniers siècles)? Le pouvoir est — à l'opposé de son image répressive et négative — affirmatif et producteur. Il *crée* un homme normalisé, rouage parfait de l'ordre social bourgeois. Par cette création, cette «production», le pouvoir s'affirme dans sa dimension «technologique» et micro-stratégique: si le modèle contractualiste nous empêche de percevoir la signification de la prison moderne, c'est parce qu'il ne nous invite nullement à aller voir ce qui se passe *derrière les murs* de la maison d'internement. En effet, selon cette philosophie de la peine, tout devrait être public, et ici — dans le cas de cette prison qui s'est généralisée à l'aube de l'époque contemporaine, — c'est au contraire le secret qui règne. On voit bien qu'entre l'«entrée» et la «sortie» il se passe quelque chose, puisque, précisément, le résultat attendu ne se produit pas: le petit auteur de délits est bien souvent transformé en délinquant professionnel, intégré au milieu, bref, *semble-t-il*, bien plus en rupture (beaucoup plus irrécupérable) qu'il ne l'était avant de purger sa peine. Et c'est précisément *cela* qui apparaît comme l'échec, tant ressassé, de la prison. Pour le contractualisme humaniste, la peine doit éduquer, réintégrer. La prison a *en fait* l'effet inverse. D'où l'échec proclamé. Mais il n'y a jamais d'échec que par rapport à une visée, un but déterminés. C'est parce qu'on *croit* — suivant naïvement en cela les arguments contractualistes — que la prison a pour rôle de réintégrer, de réconcilier, de diminuer (voire, à l'infini, d'éliminer) la délinquance, que l'échec de celle-ci apparaît si patent. Mais si la prison jouait un autre rôle, remplissait une fonction toute différente, alors peut-être faudrait-il totalement réévaluer ce prétendu échec.

Le pouvoir est « technologique » : à la base de la société contemporaine se trouve un immense système de micro-normalisations, que Foucault appelle le *carcéral*. A l'école, à l'armée, à l'hôpital, un système disciplinaire, loin de seulement et essentiellement *réprimer* (limiter) les individus, les « forme », les crée, les normalise. Une « technologie des corps » fait de ceux-ci l'objet d'un dressage systématique, un réseau serré de micro-stratégies *engendre* l'individu normalisé, contrôlé, unidimensionalisé (pour reprendre l'expression marcusienne). Qu'en est-il alors de la prison ? Encore une fois, tâchons d'y regarder de plus près. A l'entrée, dit-on, la délinquance ; à la sortie, espère-t-on, *moins* de délinquance ; à cette même sortie, *constate-t-on en fait, plus* de délinquance. Mais sans doute un tel regard s'en tient-il au niveau macroscopique (niveau des macrostratégies) : il s'intéresse à ce que veut la société (l'application des clauses du pacte), à l'*input* et à l'*output*. Ce qui se passe entre les deux, il ne le voit pas, obsédé qu'il est par la répression (le pouvoir ne « produit » rien : il empêche, il enferme — ce qui se passe dans la prison ne pourrait être qu'« éducatif », mais comme c'est secret, que l'exemple ne peut être indiqué, rien d'important ne peut s'y passer). *Or l'essentiel est là* : à l'entrée, il n'y a pas de délinquance ; il y a des *illégalismes* (des transgressions variées, sauvages, imprévisibles — ce que craint au maximum tout ordre social). Ces illégalismes sont inéliminables puisque (versant « marxiste » de l'argumentation) la société bourgeoise, basée sur l'injustice, ne peut que susciter toujours à nouveau ressentiments et révoltes. Elle est impacifiable comme telle parce que, comme le diront ceux qui (jusqu'à et y compris Habermas) gardent un sens « marxiste » des contradictions du monde capitaliste, ses principes affichés de légitimation (contractualisme) contredisent sa réalité d'exploitation. Dès lors, une seule chose est possible pour stabiliser une société inéluctablement et périodiquement menacée par la montée des illégalités (sorte de chaos politico-dionysiaque venant « réfuter » l'arrière-monde du rationalisme politique moderne) : *transformer ces dernières*, les manipuler, les dominer. De ce point de vue, la prison n'apparaît nullement comme un échec : elle joue, à son propre niveau et avec les moyens du bord, son rôle d'instance normalisatrice. L'*output* (la délinquance), *c'est l'illégalisme* « *normalisé* ». Il n'y a pas d'approche quantitative qui vaille quand on veut analyser la réussite ou l'échec de la prison : on ne peut parler d'un moins de délinquance au départ, et d'un plus de délinquance à l'arrivée. En vérité, les phénomènes d'*input* et d'*output* sont qualitativement distincts : les illégalismes font leur entrée, la délinquance « sort ». Or *la délinquance, pour Foucault, c'est l'illégalisme normalisé.* Le délinquant fait partie du «milieu». Il s'intègre, non pas (rêve contractualiste) à l'univers du Bien, mais à celui du Mal visible, localisable, maîtrisable, «disciplinable» — bref *normalisé.* On a «prise» sur le milieu: on peut le «gérer», négocier avec lui. Il constitue certes une altérité potentiellement dangereuse. Mais c'est à maints égards *un objet.* L'illégalisme, par contre, est évanescent, imprévisible, immaîtrisable. Aucune société ne peut l'affronter comme tel. Et puisque l'injustice est inéliminable (sauf mise en cause des privilèges majeurs qui constituent le ciment d'union des «dominants»), la seule normalisation possible, conçue comme moindre mal (comme *«second best»*), c'est la transformation des illégalismes en délinquance, de l'immaîtrisable en objet manipulable [34]. La prévisibilité est, on le sait, essentielle tant pour le pouvoir bourgeois que pour les droits fondamentaux de l'individu. Même cynique, «instrumentale» — surtout instrumentale: on a face à soi quelqu'un qui agence rationnellement moyens et fins, même si celles-ci sont odieuses —, la prévisibilité paraît préférable à l'insécurité radicale de l'imprévisibilité. Et, répétons-le, si les sociétés modernes sont injustes, le débordement apparaîtra comme inévitable. La prison ne peut donc normaliser en resocialisant parfaitement, transformant le fauteur d'illégalité en bon père de famille, mais elle peut laisser agir ceux qui représentent un pis-aller quasi naturel (la délinquance), catastrophique pour l'individu (Genet en a écrit l'amère expérience), mais positif pour l'ordre social: la délinquance est perméable, prévisible, manipulable, dominable, instrumentalisable [35].

Ainsi voit-on fonctionner le processus d'*inversion* foucaldienne. L'envers de l'humanisme politique (aspect pénal: pénalité contractualiste beccarienne), c'est la discipline; la vérité de l'émancipation proclamée, c'est l'individu normalisé, contrôlé, unidimensionalisé. Dès lors, l'approche du phénomène psychiatrique dans l'*Histoire de la folie* s'éclaire d'un jour nouveau: c'est toute l'étude de la modernité par Foucault — organisée autour d'un thème recteur: le carcéral — qui soutient l'interprétation de la libération des enchaînés de Bicêtre (geste aussi hautement symbolique pour le rapport au fou que le fut la prise de la Bastille pour l'émancipation des hommes «rationnels») comme processus de normalisation. La Raison moderne — celle qui s'incarne dans les processus de rationalisation carcérale, par exemple sous la forme d'une minimalisation des effets dommageables produits par l'inévitable transgression — est *Raison du plus fort.* C'est toujours déjà au service du «système» qu'elle semble travailler, c'est-à-dire d'une certaine forme de *domination.* Que cette dernière s'identifie à celle d'une classe sur une autre (bourgeoisie/prolétariat), ou prenne les formes plus subtiles d'une aliénation de tous au «système», sorte d'immense machine cybernétique, normalisatrice et unidimensionalisante (Marcuse), n'importe pas *dans le contexte présent*. Cette question se posera peut-être de façon encore plus brûlante à propos de l'évolution de la première Ecole de Francfort. Toujours est-il que l'*inversion* semble jouer à plein : la raison contractualiste est, rappelons-le, raison du plus «faible», des gouvernés, du «bas» — raison mise en œuvre par ceux qui, soumis à un pouvoir dont ils ne pressent que trop (par expérience historique) les débordements possibles, toujours imminents, établissent des procédures de contrôle très strictes, rationalisent l'autorité politique, c'est-à-dire la font dépendre d'un respect, toujours réattesté, du contrat raisonnablement conclu. S'il apparaît dès lors que la vérité de cette raison émancipatrice réside dans la *rationalisation «carcérale»*, si l'on doit donc affirmer, à propos du problème exemplaire de la prison (traitement de ceux qui ne respectent pas le supposé pacte), que l'idéal d'une raison des gouvernés ne constitue qu'une idéologie au sens marxien (une façade honorabilisatrice masquant des pratiques de domination), alors, véritablement, la modernité aura été dévoilée dans sa signification foncièrement *négative*. Et comme Foucault veut se préserver de toute téléologie, de tout retour précipité de l'eschatologie marxiste ou marxisante, il ne peut rigoureusement fournir à ses lecteurs l'espoir toujours présent dans la perspective d'une dialectique de la réappropriation. Dans l'*Histoire de la folie*, cette réappropriation — qui n'aura jamais, on l'a compris, été classiquement rationaliste ou logocentrique — se profilait sous la double forme d'un certain marxisme «dilué» et de la promesse de l'avènement du langage.

Qui perd gagne, disions-nous, dont toute la force de Foucault avait d'abord consisté à le débusquer dans la philosophie contemporaine d'inspiration post-kantienne *(Les mots et les choses)*, puis à le retrouver agissant dans le concept même de «mort de l'Homme», ou de l'avènement d'un Tribunal de la Folie, parodie du *Weltgericht* hegelien *(Archéologie du savoir)*. Maintenant, le recours à une généalogie nietzschéenne des pouvoirs le mène à poser strictement la question : quelle force s'empare de tel phénomène, de telle institution[36]? Pour la psychiatrie et la prison, la force n'était nullement celle, émancipatrice, de la bonne volonté humaniste. C'était celle, dominatrice, des microstratégies génératrices du «carcéral». La généalogie n'est porteuse d'aucune promesse, même si, encore une fois, Nietzsche lui-même ne manquait pas de conférer à l'affirmation dionysiaque — incarnation même de la mort de l'Homme — des accents de «surhumanité» nimbant l'au-delà du Bien et du Mal d'une aura de jouissance extatique. Il ne s'agit pas encore de poser la question — ce sera en particulier celle de Habermas — d'une *inévitabilité* d'un recours au «Bien», l'au-delà du Bien et du Mal ne pouvant, ultimement, être pensé autrement que comme un «mieux» par rapport au «moins bien» de leur distinction (croyance au Bien et au Mal, caractéristique de la maladie, de l'esprit de vengeance, de la décadence). Mais simplement de prendre au sérieux la radicalité de l'exigence foucaldienne : son marxisme généalogique lui permet de découvrir, derrière la façade de l'idéologie (Marx) ou de l'«idéal» (Nietzsche), la sombre vérité de la domination exploitatrice (Marx) ou de l'«Humain, trop humain» (castration morale du dernier homme nietzschéen). Mais il lui impose de ne rien promettre, de *ne pas réintroduire en contrebande la téléologie*. Celle-ci ne possédant plus d'enracinement substantiel, elle se trouverait inévitablement entraînée dans la ressassante métaphysique des doubles, dont on verra, à propos du débat avec Derrida, combien Foucault vise à y échapper. On verra donc si tout ceci peut rapprocher le projet foucaldien d'une «dialectique négative» de style adornien. En tout cas, la dialectique de la raison est ici patente : d'émancipatrice, elle semble se retourner en son contraire, de *raison des gouvernés (du plus faible) se transformer en raison des gouvernants (du plus fort)*. Encore, avons-nous vu, cette transformation n'existe-t-elle peut-être que «pour soi», pour la conscience vécue du processus. Pour Foucault, «pour nous», pour la conscience philosophique, elle aura toujours déjà constitué la noire vérité de la modernité.

VI. DEVELOPPEMENT D'UNE «DIALECTIQUE DE LA RAISON»

A. Un discours «sur» les marges

On sait que les pôles d'intérêt fondamentaux de Foucault sont sur les «marges», comme s'il s'agissait pour lui au premier chef de parler des exclus de la raison : l'*écrivain* (Raymond Roussel — mais aussi Artaud, Nietzsche, Bataille), parce qu'il incarne un usage de la langue[37] qui dit le vrai dans le tragique, la «dépossession», vivant comme un albatros (Baudelaire) ou un «idiot» (Flaubert selon Sartre) la radicalité de sa quête, implacablement «exclu» par la normativité prosaïque et utilitariste, laquelle — au mieux — l'idéalise dans une perfection impuissante; le *fou* comme autre de la raison, de l'homme-comme-raison; le *malade* comme objet de soins destinés à le refaire «fonctionner» (fonction normalisatrice de l'hôpital dans *Surveiller et punir*) ou comme témoin d'une mutation du regard médical liée à l'objectivation, à la mort, à l'individualisation (dans *Naissance de la clinique*[38]); le *délinquant*; et enfin — dernier intérêt de Foucault — l'homme *sexualisé*.

B. Heidegger et/ou Marx?

Dès lors, la question fondamentale est désormais: *qu'*est-ce qui marginalise? Qu'est-ce qui *est* marginalisé? Quelle est la nature de ce processus de marginalisation (ou de son envers de récupération normalisante), à supposer qu'il soit d'un seul «tenant»? Dans un premier sens, «métaphysique», l'homme d'entendement ou de représentation peut être considéré comme le «maître de l'étant» (Heidegger), coupé d'un rapport originel à l'Etre — c'est-à-dire au tragique d'une présentation imprésentable, d'un monde qui se donne sans se laisser maîtriser; et effectivement, nous avons déjà remarqué combien nombreux sont les traits heideggeriens de l'analyse. Il est cependant intéressant de se demander *jusqu'où Foucault suit Heidegger* (sans oublier que, de toute façon, ceci ne concerne pas, du moins au premier chef, l'approche politico-institutionnelle). Dans un second temps, les avatars de la représentation pourraient être compris dans une perspective chrétienne: l'homme sans Dieu — désirant se délivrer des liens de la foi, de la grâce, de la révélation — se trouverait tôt ou tard déraciné. C'est d'ailleurs Kant qui, conscient de cet échec de la raison métaphysique «non aidée» et tirant les conséquences de l'expérience rationaliste tout en voulant en éviter les conséquences sceptiques, pensait avoir «limité le savoir pour faire place à la foi». Kant arrivera-t-il à dépasser le scepticisme humien? Incarnera-t-il au contraire le commencement de l'ère des doubles et de la circularité constitutive? Ce sera toute la question.

Mais comme il existe également un Kant «heideggerien», c'est-à-dire laissant advenir, dans son «impensé», l'abîme, le sans-fond, l'Etre par-delà la positivité de l'étant (de la représentation), nous pouvons maintenir ici ouverte l'alternative d'un retour aux Grecs d'avant Socrate ou d'un retour aux sources chrétiennes: dans les deux cas, c'est d'un enracinement primordial, d'une téléologie constitutive qu'il s'agit, qu'elle soit pensée comme création *ex nihilo* et Providence ou comme destin *(Geschick)* de l'Etre. Il faut bien entendu compléter, au moins temporairement, cette mise en perspective par la référence nietzschéenne: dans ce cas, ce qui est «perdu», c'est la grandeur tragique, mais dans une perspective rigoureusement anti-chrétienne (le christianisme, «platonisme pour le peuple», est le fourrier du rationalisme:

il incarne la vanité même de la quête de l'arrière-monde, inaugurée par Socrate, le «décadent»).

Ces perspectives seront essentielles par la suite, et je les développerai pour elles-mêmes. Foucault lui-même — sauf une référence, plus tard reniée, à une unité originaire du *logos* grec et de l'*hubris*, qui semblait «heideggerianiser» le projet de l'*Histoire de la folie* — ne remonte pas plus haut qu'à la Renaissance (du moins en 1961 et en 1966) : il y aurait eu une «expérience tragique» de la folie comme *savoir* de l'absurdité du monde; cette vérité se serait perdue à l'Age classique, comme on devrait le lire dans le geste d'exclusion accompli par la première *Méditation* de Descartes[39] (déjà annoncé par la conception «critique» de la folie chez Montaigne et chez Erasme); elle aurait réapparu sous le regard fasciné du psychiatre, mais aussi dans l'«absence d'œuvre» où auraient sombré Nietzsche, Artaud, Van Gogh, disant, tant qu'ils peuvent «œuvrer», le dionysiaque qui serait la noire vérité de l'homme, avant de s'y engloutir dans le mutisme final (extase de l'«éternel retour», retour du tragique et auto-dissolution de l'«erreur» rationaliste, de la stabilité illusoire, de l'arrière-monde dans la perspective nietzschéenne; destruction de la «subjectivité» dans la perspective heideggerienne, crise radicale de l'homme-se-voulant-sans-Dieu — arrogant, «clavélien»[40] — dans la perspective chrétienne). On a dit que ce côté *«métaphysique»* de l'analyse avait fait l'objet d'une sorte d'auto-critique dans l'*Archéologie du savoir*; il côtoyait dans l'*Histoire de la folie* l'aspect historico-marxiste (ce dernier se transformera — grâce à des ingrédients nietzschéens — en «généalogie des pouvoirs») et était massivement présent, comme fil directeur dominant, dans *Les mots et les choses*.

Est-il dans cette perspective possible de taxer Foucault d'«irrationaliste»? Soit d'abord le point de vue de sa «modernité» délibérée. Oui, l'extase «mystique» du langage (part de l'*Histoire de la folie*; totalité des *Mots et les choses*) semble constituer une «réfutation» radicale de l'exigence rationaliste. Le tribunal de la raison se renverse ironiquement en nécessité, pour cette dernière, de se «justifier devant la folie». Encore ne s'agit-il cependant «que» de la raison considérée comme principe de fondation ultime de la «bonne vie» (rationalité substantielle). Comme chez Nietzsche, le pouvoir de la raison critique, décapante, «désenchanteuse» (Weber) est attesté par Foucault lui-même. Tout le *contexte* semble pointer vers un irrationalisme, puisque seule l'accession au tragique, accession elle-même hors de prise de la raison «objectivante», apparaît porteuse de Vérité sur l'homme et ses possibles. Mais rien n'exclut, en toute rigueur, un *autre* usage de la

, raison, sur lequel le « dernier » Foucault, par exemple, tente de donner quelques lumières. Et si des *prétentions* à la fondation rationnelle, qui se sont fait jour aux XIXᵉ et XXᵉ siècles, sont impitoyablement dénoncées comme participant du ressassement de la métaphysique des doubles (séjournant dans l'impossible lieu du cercle anthropologique pour le transformer en illusoire victoire — psalmodie du « rien fondateur », *qui perd gagne*), cela peut également être compris dans le cadre d'une exigence plus haute de la raison (et certes, tout ceci n'excuse nullement les effets de mode et l'hystrionisme foucaldien, en ce sens tout à fait adapté à l'esprit du temps, à la *Pensée-68*, et par conséquent anti-nietzschéen en proportion même de son caractère infiniment peu « intempestif »).

On pourrait traiter de la même manière l'espèce d'affirmation joyeuse de dégagement — d'*epochè* — post-phénoménologique qui se fait jour dans l'*Archéologie du savoir*: Foucault tente ici de mettre entre parenthèses tout le sérieux des références mondaines pour isoler l'« énoncé » et les « pratiques discursives ». Il ironise sur les « promesses » d'un pseudo-savoir téléologique que lui-même se refuse, et s'affirme « positiviste heureux ». Mais outre que l'*Archéologie* constitue un projet avorté (elle rassemble méthodologiquement — pour les réajuster de façon critique — les réflexions de l'*Histoire de la folie* et des *Mots et les choses*, mais sera peu après « remplacée » par la perspective substantiellement différente d'une « généalogie des pouvoirs »), rien n'empêche de considérer le niveau de l'énoncé comme n'excluant nullement d'autres approches. On ne sait jamais très bien, chez Foucault, s'il décape impitoyablement la raison dans son usage *illégitime*, s'il défend les Lumières en « châtiant » d'autant plus sévèrement leur caricature, ou si son projet se situe « au-delà », avec tous les paradoxes que cette attitude suscitera[41].

Quant à la généalogie des pouvoirs telle que nous l'avons vue agissante dans *Surveiller et punir*, elle a pour caractéristique majeure le rejet « nietzschéen » de la notion de Vérité. Mais ici encore, une précision est nécessaire: Nietzsche lui-même fait massivement usage de l'idée de vérité factuelle quand, par exemple dans *Humain, trop humain*, il confronte la « réalité » avec les prétentions de l'« idéal ». Mais il s'agit d'une vérité « critique », « positiviste », « négative » (destructrice de toutes les illusions, des arrière-mondes *dont la quête rationaliste de la bonne vie (platonicienne ou moderne) constitue l'une des incarnations les plus pernicieuses*. Bref, la vérité et la raison sont critiquées dans leur usage « substantiel », mais nécessairement invoquées dans *cette critique même* (croire à la raison substantielle est une erreur, ne correspond pas à la vérité qui *est* volonté de puissance, etc.). On sait tous les paradoxes d'une telle position, et que Nietzsche a sans doute voulu aller plus loin encore, voulant ne plus «croire à la grammaire», sachant que l'*articulation* rationnelle elle-même, fût-elle formelle et négative, reconduit un rapport au monde en termes de stabilisation, bref d'arrière-monde. Et dès lors, Nietzsche se trouvait confronté à une pensée dont l'alternative était la suivante: soit l'aphasie dont parle Klossowski (ou l'«absence d'œuvre» dont parle Foucault), soit l'enfermement dans une circularité *vicieuse* (encore Klossowski), la volonté d'articuler l'inarticulable, de dire (donc d'«apolliniser») le dionysiaque, de communiquer le singulier, etc. Bref, d'un point de vue foucaldien, le destin du nietzschéisme est soit celui du silence, de la folie, soit celui de la métaphysique des doubles.

Or Foucault, lui, parle, tout en refusant le point de vue de la métaphysique des doubles. Tout se passe dès lors comme s'il avait conservé le point de vue d'*Humain, trop humain* ou de la *Généalogie de la morale* (rationalité seulement critique). *Et pourtant*, à maints égards, il défend *aussi* une position radicalement anti-rationnelle, ce qui signe son appartenance à un nietzschéisme confortable d'universitaire (et, on le verra, fait *aussi*, de lui ce qu'il récuse dans le chef de Derrida: le perpétuateur de la parole des Maîtres)[42].

On sait par ailleurs qu'il existe chez Foucault un «versant» plus classique, comme tel thématiquement refoulé parce que téléologique: soit au sens du «retour» du langage et du tragique, soit au sens de la réappropriation hegeliano-marxiste. Jamais, bien entendu, il ne s'agit d'une téléologie métaphysique «classique». Mais on peut dire que tant le point de vue archéologique (1969) que le point de vue généalogique mettent en cause cette *double téléologie*, encore trop agissante pour Foucault dans ses précédents travaux (extase de la folie; analyse institutionnelle d'inspiration marxiste), comme *virant à la limite à* une téléologie — une onto-théologie — de type classique (de même que, selon Foucault, la problématique kantienne des doubles). Dans *Les mots et les choses*, le «retour du langage» forme le point de vue — quatrième *epistemè* — à partir duquel se trouve peut-être «dépassée» l'impasse des doubles (troisième *epistemè*). Mais pour *L'archéologie du savoir*, il y a sans doute encore trop de proximité entre ces deux dernières *epistemès*, toutes deux liées à une *expérience tragique*. Foucault abandonnera définitivement dans *Surveiller et punir* — et déjà dans *L'archéologie*, qui joue le «bonheur» affirmatif-«deleuzien» à la fois contre le prophétisme précédent et *en un sens contre l'«engagement» ultérieur* — le ton lyrique et «annonciateur» qui avait fait la beauté (mais aussi le caractère rhétorique, voire carrément sophistique) de certains passages-clé de l'*Histoire de la folie* et des *Mots et les choses*.

Mais l'«Archéologie du savoir» visait déjà à expurger ces éléments ou «restes» métaphysico-téléologiques, ce ressassement à propos du refoulement-et-réavènement d'une «expérience», ou ces emprunts, très «chargés» de sens onto-théologique, au marxisme, utilisé plusieurs fois dans l'*Histoire de la folie* comme théorie explicative, déjà dénoncé comme tel dans les *Mots et les choses* (complicité avec l'«humanisme», rides au bassin des enfants), et plus radicalement dans l'*Archéologie*, Foucault se rapprochant alors d'un *marxisme althussérien (c'est-à-dire anti-humaniste), voire plus tard nietzschéen*, caractéristique de *Surveiller et punir*. Alors, la métaphysique irrationaliste (*telos* de la folie-jugeant-la-raison, de la «mort de l'homme», de l'avènement mallarméen du langage décrit dans «La folie, l'absence d'œuvre») sera dépassée *parce que métaphysique*, recherche d'une réappropriation du sens, quête restant hegelienne — pour les *Mots et les choses*, Hegel appartient par excellence à l'univers des doubles —, même si la synthèse est celle qu'«opère» la folie ou le «langage», et non la *Vernunft* spéculative. Mais un *autre* irrationalisme poindra : celui du positivisme heureux, des pratiques et discours référés à la contingence de modes de formation ou de figures du pouvoir. Derrida incarnera le tragique de l'in-fondation, mais sans le pathos de l'«avènement» (réconciliation-par-la-différence), et sans *non plus* virer au «positivisme» : peut-être — nous en discuterons — la plus radicalement *nihiliste* des pensées d'aujourd'hui, en tout cas la plus *cohérente* (et cette cohérence, qui s'articule inévitablement sur la «théologie de la grammaire», posera l'ultime problème du *qui perd gagne*). Les doubles marqueront la quasi totalité des métaphysiques post-kantiennes, y compris — et peut-être surtout — les plus avant-gardistes.

VII. FOUCAULT ET DERRIDA : DESTIN DE LA «RATIO»

A. Problèmes de la raison : néo-scolastique derridienne

On sait que l'activité de la pensée, de la raison, du *logos*, se trouve confrontée en tant que telle à des problèmes et à des paradoxes. Toute la difficulté consiste en ceci que de tels problèmes ne doivent sans doute pas se voir hâtivement rassemblés sous le label «métaphysique», sans quoi — je tâcherai de le montrer — on risque de les dissoudre dans une néo-scolastique qui sera justement, comme il apparaîtra, celle de Derrida. Plusieurs exemples doivent ici être développés pour qu'on commence à saisir la complexité de la question.

Il est de sens commun de dire qu'une fête ne se prépare pas, ou mal; qu'en tout cas, ce qui fait peut-être pour l'essentiel sa qualité propre se perd dès qu'on cherche à la répéter, la prévoir, la maîtriser. Que la surprise, la grâce, le don du ciel en constituent sans doute les ingrédients majeurs, et qu'à vouloir l'objectiver, lui arracher ses secrets, la démonter comme un mécanisme pour pouvoir, tel l'enfant dans le jeu freudien du « *Fort-Da* », la faire réapparaître à volonté, ne laisse en nos mains appropriatrices qu'une dépouille. Or nous sommes au rouet, en ce qui concerne cet exemple, plus général qu'il ne paraît au premier abord, puisqu'il relève de la jouissance, but substantiel privilégié entre tous. L'impasse est la suivante : soit on refuse de penser (prévoir, organiser), on accepte la contradiction existant entre la volonté de maîtrise d'une part, l'expérience « gracieuse » de la fête d'autre part, et on se trouve dès lors condamné à *attendre*, peut-être vainement, puisque le monde ne s'organise pas de lui-même autour de nos désirs. Soit on « pense », et l'objet (la jouissance) disparaît à jamais dans sa grâce souveraine et spontanée : « le mot est le meurtre de la chose » (Hegel).

Annie, amie du Roquentin de la *Nausée*, se barricade dans sa chambre : elle ne veut plus du monde parce que tout n'est plus comme au commencement, dans la fraîcheur et la fête de leur première rencontre. Mais il sait, lui, que l'on ne remonte pas le cours dégradé du temps, que la spontanéité est comme un bel oiseau qui ne se laisse pas capturer à l'aide du sel de la raison : l'esprit de finesse est requis, et non les grosses chaînes de la raison « géométrique » (Pascal), la théologie comme grammaire (Nietzsche), l'objectivation comme « obnubilation ontique » (Heidegger), les vérités « simplement possibles » (Proust).

Orphée doit ramener Eurydice à l'air, à la lumière, mais il ne peut se retourner, vouloir la maîtriser (s'assurer de ce qu'elle est toujours occupée à le suivre; la rattraper — l'« arraisonner » — si ce n'est pas le cas) sans la perdre irrémédiablement. Ne reste à sa disposition que l'art de sa lyre, appel indirect, latéral, risqué comme tel, sans assurance, attitude du « berger » et non du « maître ».

B. La raison tue les buts

Dans ces trois exemples, on voit se profiler une difficulté majeure, caractérisant *l'acte de penser* comme tel : penser suppose une attitude de base, un travail sur soi, une « constitution de soi », et ce mouvement même semble emporter décisivement l'expérience à contre-courant de la fin recherchée. D'où l'idée, très courante aujourd'hui (mais approchée par des biais divers), d'une *impuissance de la pensée* à capter l'essentiel. L'alternative *serait* : soit l'on pense, soit l'on vit ; et : si l'on « choisit » (à supposer qu'il s'agisse en toute rigueur d'une décision) la « vie » — la spontanéité, le fait de « laisser-être » les choses, de ne pas les « violer », les manipuler, les objectiver (les réifier) —, cet abandon au monde ne garantit évidemment nullement l'« extase ». La jouissance serait refusée à qui penserait ; elle ne s'offrirait pas de façon assurée (garantie) à qui « déciderait » (ultime acte négatif, auto-destructeur, de la pensée, de la liberté) de ne pas penser (Mallarmé : la renonciation au « coup de dés » de la pensée ne fait surgir *que peut-être* une « constellation »). La raison tue le but ultime, elle écrase sous ses grosses chaînes d'arguments (à l'opposé de l'esprit pascalien de finesse) l'objet « substantiel » désiré. Mais à supposer qu'on y renonce, on se trouverait aussitôt voué à l'absurde de la grâce, à l'espérance comme vertu théologale, à la position d'un « malgré tout » (jeune Lukács). La raison, dans l'horizon de réflexion présent, serait dite instrumentale *parce qu'elle tuerait les buts : il semblerait illusoire de vouloir, par son exercice, rechercher quelque chose qu'elle exclurait* a priori, *dans sa « constitution » même.*

C. Le « jeune Foucault » : la raison mutilatrice

Nous retrouvons évidemment ici le premier versant de l'attitude foucaldienne, consistant, dans sa « jeunesse » philosophique (on sait qu'il s'« auto-critiquera » par la suite), à tenir sur la raison (mais Derrida demandera, à juste titre : peut-on tenir un discours *sur* la raison ?) un discours « nietzschéen », qui l'assimile à une *mutilation fondamentale.*

Il s'agirait en effet, dans le cas de la psychiatrie, telle que la comprend Foucault (du moins sur le plan de l'approche « métaphysique »), de montrer comment, par-devers elle-même, ses procédures indiqueraient une fascination du « soignant » par la folie du « soigné » — la folie constituerait la vérité de la raison.

Et si la folie constituait la vérité de la raison, le fou ne serait pas un homme rationnel amputé : c'est l'homme de raison qui devrait être considéré comme un «fou» mutilé, ou, plus exactement, comme ayant abandonné une part nocture de lui-même qui constituerait l'essentiel d'un rapport au monde tragique, authentique et affirmateur. Non pas que la folie constitue la promesse d'un bonheur au-delà de la raison (Marcuse : du «principe de réalité»), mais parce qu'elle renverrait à une expérience du monde (Apollon/Dionysos; nécessité de penser/impossibilité de penser; organe/obstacle) décrite plus haut à propos de la fête, et exemplifiée dans l'*Histoire de la folie* par l'expérience de la Renaissance. Clavel a, dans son commentaire de Foucault[43], privilégié le sens chrétien de ce tragique, dans son opposition à une petite raison orgueilleuse, celle de l'homme se voulant maître, grâce à l'usage du libre arbitre, de son destin. Mais Clavel assimile la grandeur tragique au christianisme (comme le fera Girard); or ce christianisme, Nietzsche (et sans doute également Foucault) le place du côté de l'arrière-monde (tous deux valorisent surtout la Renaissance, le sens du tragique et, pour Nietzsche, du «grand égoïsme»). Quoi qu'il en soit, *la raison apparaîtrait ici comme «instrumentale»*, au sens où elle empêcherait de se livrer au But non-objectivable et constituerait comme un «rejeton» du refoulement, en nous, du surhumain et du tragique, — bref un symptôme de maladie et de décadence.

D. Où le néo-humanisme rationaliste et Derrida se rencontrent dans la critique de la «naïveté» foucaldienne

Quand Foucault tient un tel discours, symétriquement anti-psychiatrique (la raison doit se justifier devant la folie qui constitue le tribunal de son «crime» — avoir tué la vérité tragique de l'homme), il se heurte inévitablement à une série de difficultés que pointeront des rationalistes «modérés» comme Aron ou Habermas. Comment, en effet, parler rationnellement de ce que la raison «tue» tout aussi certainement ? Comment tenir un discours visant à expliquer, à cerner la folie, par exemple à l'Age classique, sans mettre en œuvre la Raison, et dès lors sans faire *volens nolens* ce que la *première* préface de l'*Histoire de la folie* s'interdisait de faire : tenir le discours *de* la raison *sur* la folie ? De *ce* point de vue d'ailleurs, Derrida, critiquant les «importations» métaphysiques de Foucault (rendre présente, maîtriser la folie de telle époque), fera les mêmes critiques, lancera la même accusation de naïveté positiviste.

Certes, Foucault a plus tard critiqué cette symétrie (raison comme tribunal de la folie/folie comme tribunal de la raison), et dénoncé le lyrisme anti-psychiatrique, l'exaltation de la folie comme «promesse» (fût-elle noire) qui en découlaient rigoureusement. Et certes également, la première préface parlait d'un «dialogue» d'avant le partage, et non d'un primat «irrationaliste» de la folie (en ce sens, la dernière page de l'*Histoire de la folie* signifierait que la raison doit se justifier devant une folie dont elle a refoulé la part de vérité, mais ne devrait pas pour autant s'*abolir* devant elle). Surtout, Foucault a, en particulier dans les dernières années de sa vie, réévalué son attitude à l'égard des Lumières, projetant d'écrire un essai sur l'opuscule de Kant: *Was ist Aufklärung?*[45].

E. Foucault, Derrida, Heidegger: à humaniste, humaniste et demi

Il reste que la déconstruction de la raison apparaît comme l'exigence philosophique d'une époque de la pensée (que je ramènerai loin à l'enfermement, produit d'un «qui perd gagne», dans la circularité des «doubles»), et que de ce point de vue, Derrida se situe sur le même plan. Or justement, comme on le verra, Foucault lui reprochera précisément de cultiver la «souveraineté sans limite»[46] des maîtres en s'installant dans le vide de la «marge», du non-dit du texte, bref signant son appartenance à l'anthropologie, à l'*epistemè* de l'Homme par le fait de maintenir la tension indépassable entre empirique et transcendantal, cet entre-deux qu'il appelle, lui Derrida, «diffé*r*ance» ou dissémination. Foucault dirait, comme on le sait: l'Homme (et les philosophies qui s'y articulent) constitue encore une ultime illusion par rapport à la folie: philosophes, encore un effort (on notera l'aspect «quantitativiste» de cet appel) si vous voulez être radicaux, à la hauteur du rire philosophique, c'est-à-dire «en un sens silencieux» (le silence de l'«absence d'œuvre»), ne maintenez pas cette mince et ultime pellicule entre vous-mêmes et le fou, ne cultivez pas cette dernière illusion — *qui perd gagne* — consistant à vous installer dans un vide que vous voudriez constitutif, rien engendrant l'apparence, «production» disséminante, *Ereignis*. Ultime sauvetage de l'humanisme: faire de l'échec une gloire douloureuse, du vide un plein, du néant l'Etre, ou du moins son «voile» (Heidegger, *Was ist Metaphysik?*).

Ainsi — nous y insisterons —, Foucault veut se distinguer radicalement de Derrida, dans la mesure où il prétend le réduire à la position de «l'homme et ses doubles» décrite dans l'«Analytique de la finitude» des Mots et les choses. (Notons que Derrida travaille lui-même Heidegger sur la «marge»: il le qualifie lui-même d'humaniste dans son texte sur «Les fins de l'homme»[47], et lui reproche, dans *De la grammatologie*, de faire ultimement retour au signifié transcendantal en évoquant la voix [logocentrique] de l'Etre[48]). Mais il n'empêche qu'en un sens — c'est l'argument de Habermas et de Ferry-Renaut — *tous trois rendent hyper-problématique la référence éthique à la raison*. A la limite donc, il n'y aurait pour Foucault, Derrida et Heidegger que de la *rationalité instrumentale* (de la cohérence formelle) pour des buts illusoires, *dans la mesure même où ces fins indiqueraient la volonté «nihiliste» (au sens nietzschéen: refus de l'affirmation, du «sens de la terre»)* de mettre une cohérence dans le monde (rationalité d'entendement — Hegel —, «croire à la grammaire», maîtrise de l'étant, *«système»* au sens de la métaphysique moderne). Mais nous devrons mettre à l'épreuve le kantisme cassirerien, qui inspire encore la pensée de Ferry et Renaut, et nous demander *si, ayant raison contre Foucault dans leur refus de l'irrationalisme, ils n'auraient pas «tort» du point de vue de la critique, menée par ce dernier, de la métaphysique humaniste des doubles (et donc peut-être de tout kantisme)*. Quant à Habermas, il faudra étudier sa propre version de la «circularité».

F. Abolition de la raison? Dialogue raison/folie? Critique de la raison «bourgeoise»

Il s'agit ici, comme on le voit, des paradoxes de la raison *comme telle*, et j'ai montré plus haut, sur quelques exemples (fête, rencontre, Orphée)[49], en quoi ils sont tout à fait fondamentaux. Mais ces difficultés philosophiques exigent *une Critique de la raison* au sens rigoureux du terme, une attention aux différents niveaux d'«impuissance» (au moins relative) de l'approche rationnelle, une réflexion sensible aux «petites différences» appartenant à la constitution de la pensée, et bien entendu également au fait de la difficulté consistant à parler *de* la constitution de la raison dans un langage qui ne devrait pas, du coup, s'affirmer naïvement... *«rationnel»*. Cette question est celle de la *Selbstreflexion*, au sens habermasien du terme. Elle mérite mieux que la confusion des niveaux (leur absorption dans une grandiose téléologie cosmique ou historico-ontologique), qui apparaît *aussi bien chez Foucault que chez Derrida*: chez le premier parce qu'il mêle la critique de la raison comme telle (et, à l'intérieur de ce propos, il «mélange» encore *dialogue avec* la folie et *Avènement de* la folie) et (pour dire les choses rapidement) la critique de la raison «bourgeoise»;

chez le second, parce qu'il ramène toute la polyvocité de cette question à la « métaphysique de la présence » et à sa subversion, sa « différance ». Le « dialogue avec la folie » apparaît évidemment comme le plus prometteur, d'autant qu'il peut être couplé, chez Foucault, avec le versant historico-marxiste, à condition toutefois qu'on ne les mêle pas sans méthode, ce qui est malheureusement souvent le cas dans l'*Histoire de la folie* (de ce point de vue, Derrida a raison de critiquer cet espèce de côte-à-côte de la Première Méditation et du Grand Renfermement : l'un « fonde »-t-il l'autre ? Lequel ? De quelle manière ?[50]).

G. Derrida et l'abolition (fût-elle conçue comme tâche inépuisable) de la raison : « encore un effort » sur une voie sans issue

Derrida s'intéresse au premier cas (folie jugeant la raison; irrationalisme prophétique et tragiciste) du premier versant (approche « métaphysique »), *c'est-à-dire au plus faible*. Il reproche à Foucault de ne pas *bien* frayer une voie *qui me semble illusoire*. Il lui demande « encore un effort » — de cohérence ? — sur le chemin de l'anti-métaphysique (en notant bien que ce *« anti- »* ne peut être « pur », sans quoi on reconduirait la métaphysique par référence à une présence pleine alternative. Comme le dit bien Heidegger, la différence entre l'Etre et l'étant — *die ontologische Differenz* — est *nécessairement impure*). Que dit en substance Derrida ? Pour le savoir, il nous faut tout d'abord présenter quelques éléments de la problématique heideggerienne qui se trouvent à la base de cette « gigantomachie » (selon l'expression reprise par Granel).

Derrida veut affronter le drame *constitutif* (et non dérivé, localisable) de la *ratio* occidentale. Brièvement dit : celle-ci n'assumerait pas son altérité constitutive, son enracinement dans une instance (mais — différence « impure » — ce n'en serait pas une à proprement parler : d'où sa critique du « salut », tant foucaldien — promesse de la folie comme grande affirmation tragico-intense — que levinasien — référence à l'instance divine du Tout-Autre, du Très-Haut), en particulier dans son époque d'acmé, c'est-à-dire durant la phase rationaliste triomphante de l'époque classique (Derrida reprochera à Foucault de considérer la répression par la *ratio* au XVIIe siècle comme le cas particulier d'une époque — XVIIe et XVIIIe siècles européens — « hors » de laquelle on pourrait donc se « tenir »; mais c'est en un sens exactement ce que fait Heidegger, du moins dans la perspective d'une aggravation de l'obnubilation par la subjectivité « techniciste » moderne).

H. Les trois moments de l'histoire occidentale selon Heidegger

Dans sa préface à la traduction qu'il a donnée de *Qu'appelle-t-on penser?*[51], Granel divise l'histoire heideggerienne de la pensée occidentale en trois «étapes».

a) *Les présocratiques ou les tragiques*

On sait que, selon Nietzsche et Heidegger, Socrate et Platon inaugurent le refoulement de la vérité présocratique. Répression partielle sans doute, toujours à la merci d'un «impensé», c'est-à-dire d'une reprise, au moins latérale, dans le travail de l'œuvre (Lefort), de l'affirmation ou de l'approche de l'Etre. Leurs derniers feux se manifestent peut-être à la Renaissance, dans le dialogue mourant avec la folie, et avant le verrouillage cartésien de la Raison: bonheur fulgurant de ce qui ne se répète pas, mais s'affirme dans une générosité dans «réserve» (Bataille). On pourrait donc dire, dans la perspective de Nietzsche, que c'est *seulement* à la Renaissance et au Ve siècle grec (dans les époques de grande santé) que le rapport à la folie, au tragique, existe vraiment. Chez Foucault, dans la première préface de l'*Histoire de la folie*, l'*hubris* signifie l'accueil risqué, courageux, «grand», de l'altérité.

Heidegger suit en ceci le renversement nietzschéen (qu'il critiquera par la suite *comme Derrida critique Foucault* — problématique des doubles: le renversement est encore métaphysique — différence «pure», l'altérité est positive, c'est encore un «ailleurs», et non *l'infini dé-doublement de ce qui ne peut pas ne pas sortir de soi et reste en même temps toujours «en» soi*). Socrate et l'avènement du *logos* ne signifient pas un progrès, mais un déclin, une perte du sens tragique de l'existence (de la «grandeur»). Il y a donc un parallèle avec la Renaissance foucaldienne, d'autant qu'on sait que la situation s'aggrave pour Heidegger à partir de Descartes, ce qui s'accorde bien avec une image des derniers feux de la «non-raison» au XVIe siècle. A l'aube présocratique, les objets baignent dans une lumière dont l'origine n'est pas encore présente (le soleil n'est pas levé, mais le monde est déjà illuminé). Si l'origine, le fondement, la source de la lumière, de cette pensée miraculeusement heureuse, sont encore voilés, au moins n'aura-t-on pas la tentation de les maîtriser (de les «ontifier») pour, comme dans le cas de la fête, *répéter* artificiellement (instrumentalement) le bonheur, ou plus précisément le créer en temporalisant — paradoxalement: en éternisant — la jouissance. La pensée présocratique est non-réflexive, c'est un rassemblement «poétique», fulgurant

(comme dans la rencontre amoureuse où, sans qu'on sache d'*où* cela
«vient», ou comme chez les premiers *homo erectus*, ayant découvert
le feu sans être encore capables de le «reproduire»), sans la tentation
de maîtriser l'événement (*Fort-Da* de l'enfant freudien), puisque le
phénomène de cette *pensée heureuse* («sauvage»?) ne livre pas encore
son intelligibilité (la tentation de l'«étant suprême» n'a pas encore
émergé).

Dès lors, la *tentation-de-la-pensée*, pourrait-on dire, consistera à
répéter artificiellement, «techniquement», cette coïncidence, ce but
touché, atteint dans un «rassemblement» (un *«logos»*, au sens pré-socratique du terme) heureux, c'est-à-dire *l'irrépétable comme tel*. Et du
même coup, il s'agit du péché majeur («originel») de la pensée,
puisqu'il est en l'occurrence question d'entrer dans la phase d'«errance» de la philosophie occidentale (par opposition à cette attitude,
Nietzsche dirait que la Renaissance retrouve la *grâce de l'affirmation*).

b) L'«errance»: répétition par maîtrise objectivante et pauvre dépouille

Ici le soleil, image sensible du Bien platonicien et divinité «patriarcale», s'est levé et le principe, la source, le fondement de la pensée-heureuse, du lieu-trouvé, de la «substance», semble là, à portée,
Eurydice captable (mais c'est une illusion), maîtrisable, éternisable,
prisonnière proustienne cette fois maîtrisée. Mais ici aussi — dans
l'espace de temps où domine la «métaphysique» —, c'est l'illusion qui
règne: la métaphysique est, comme le dit Derrida (reprochant à Heidegger d'en être parfois lui aussi prisonnier: «voix de l'Etre»), métaphysique *de la présence*, tentative de captation de l'Etre par objectivation (se l'approprier pour faire de la «fête» un être-disponible en
permanence). C'est Annie revenant sans plus de problème aux moments primaux (elle pourrait les répéter à *volonté*) de son amour avec
Roquentin, comme le libertin de Pascal priant et implorant, faisant
techniquement les gestes — sommet du «salut par les œuvres»: est-ce
bien «janséniste»? — lui permettant de (re)trouver la naïveté (et le
bonheur) de la foi. Mais *on ne revient pas du désenchantement weberien*, on ne rationalise pas l'enchantement, l'étant suprême ne livre
(comme la fête fabriquée parce qu'on croit en avoir maîtrisé la source,
le principe) que la dépouille de l'Etre, Eurydice s'évanouit aux yeux
d'Orphée retourné, la vérité de la folie échappe aux entreprises psychiatrisantes de la raison (ne laissant derrière elle que la dépouille de
la «maladie mentale»).

Tout ceci nous permet de mieux comprendre ce que signifie la
métaphysique de la présence, et en quoi Derrida peut poursuivre sur

la voie frayée par Heidegger, tout en le critiquant (pour s'être arrêté en chemin). La différance implique que la constitution de l'objet, son apparition (le phènomène) sur fond de «monde», son identification par différenciations, — que tout cela ne soit pas (ou plus) référé à une identité, une présence, un étant suprême (fût-il incarné par la «voix de l'Etre») ou à la subjectivité fondatrice (comme chez Descartes et dans l'*epistemè*, non consciente de soi, de la représentation, conçue par Foucault comme autre moment heureux présageant le drame des doubles, peut-être comme les présocratiques annonçaient le déclin socratique), mais à une différance sans sujet, un mouvement qui excéderait la métaphysique occidentale, y compris le *Denken* heideggerien. Ainsi le passage à la *troisième* phase s'indique-t-il clairement.

c) *Le déclin de l'Occident et la «nouvelle aurore»: pour une répétition «artiste»*

La métaphysique, insiste Heidegger, n'est pas une erreur. Elle possède sa nécessité, l'errance perd et sauve «hölderliniennement», et le crépuscule permet peut-être, dans et par le rassemblement détourné, respectueux, «donnant» (généreux) plutôt que «prenant» (maîtrisant), de synthétiser les deux moments précédents, celui de la pensée-heureuse-donnée, et celui de la quête — jusqu'ici vouée à l'échec par précipitation «étantifiante» — du fondement, donc d'une *certaine* répétabilité, d'un *certain* salut possible.

I. Au vif du débat

Abstraction faite — pour l'instant — des accents irrationalistes (*Nur ein Gott kann uns retten*[52]) d'une telle entreprise telle qu'elle se formule chez Heidegger, il est possible de l'articuler comme suit avec la critique derridienne de la pensée de Foucault.

Derrida reproche tout d'abord à ce dernier, non pas — on l'a vu — de survaloriser l'Autre de la raison, mais de le concevoir comme une altérité «pure», dans laquelle on pourrait «sauter», que l'on pourrait présentifier (dogmatiquement, métaphysiquement, précritiquement), alors que pour lui l'autre est Autre *de* la Raison au sens fort: c'est la Raison en tant qu'autre, l'impensé qui, chez les «Grands», excède toujours la clôture métaphysique à laquelle ils appartiennent pourtant, et qui se manifeste en particulier chez Descartes dans la folie-*de*-la-raison en laquelle consiste, selon Derrida, le doute hyperbolique[53]. Certes, les *Méditations* constituent bien un texte stratégique, puisque la métaphysique de la subjectivité, la *ratio* moderne, *aggravent* — comme chez Adorno et Horkheimer — l'«aliénation» *(la raison «aliénation» de la folie, du Tragique, du Retour, du surhumain)*. Mais Descartes, pour Derrida, accueille (certes, sans doute en tant qu'«impensé», comme Kant accueillera le «temps» et la finitude dans l'imagination transcendantale) la folie, considérée dès lors comme *interne (et non externe) à la raison*.

On sait que Foucault répond, sur le fond : une telle attitude renforce l'infini pouvoir des Maîtres, appelés dès lors à lire dans les *marges* de la philosophie l'échec nécessaire de la volonté de clôture métaphysique. Cet échec signifie tout aussi bien le passage, décrit dans *Les mots et les choses*, de la Représentation à l'Homme, c'est-à-dire du «rationalisme» (lequel s'illusionne au maximum, fait de façon paroxystique de l'Etre un étant objectivable) à la conscience de la circularité vicieuse, «*anthropomorphique*» en un sens métaphysique foucaldien (mais aussi *en un sens plus classique*, «*mythologique*», sur lequel j'insisterai par la suite), par laquelle on pense le fondement à partir du fondé, le Créateur à partir de la créature, l'être à partir de l'étant, la constitution de la chose à partir de la chose constituée, la diffé*ra*nce à partir du «différé». Foucault n'est donc nullement aveugle à ce travail des marges : il l'a situé dans l'enchaînement de ses *epistemès*, comme un moment qui sera dépassé (Derrida : *d'où* parler de ce dépassement ? Ce sera toute la question). Pour Foucault, *Derrida est encore «humaniste», au sens où il préserve la tension entre la raison et elle-même en tant qu'autre*, bref où il sauve ultimement la mise, s'installe dans la circularité des doubles, ressasse indéfiniment le «qui perd gagne» de la métaphysique postmoderne, poursuit la théologie négative du rien constituant (mais à jamais objectivable, bien entendu). Infini pouvoir des maîtres *qui ne cessent pas d'exercer leur pouvoir quand, pourtant, le mouvement même de leur pensée les y incite décisivement*. Certes, par rapport à cela, le «silence philosophique» de Foucault (son rire en un sens silencieux) ne constitue nullement une «alternative» : il lui permet de parler de façon positiviste et de se taire métaphysiquement, de décrire des *epistemès* sans réenchanter, d'évacuer le rationalisme grâce à une raison *au fond nietzschéenne*, désenchantante, décapante *(Humain, trop humain)*, généalogique *(Généalogie de la morale)* — «raison» dont je dénouerai plus loin les paradoxes propres.

Il reste que Derrida prend au sérieux ce qu'il y a selon moi de plus discutable chez Foucault : l'aspect «dur» de son premier versant (critique de la raison comme telle, et visée d'une abolition dans la «folie»).

En effet, il ne vise pas une sorte de tension, peut-être féconde (à condition qu'on ne la livre pas à la stérilité du *qui perd gagne*, à la pauvre *litanie* — Nietzsche — de l'entre-deux-qui-toujours-échappe) entre raison et déraison, une réflexion multiple, risquée, sur les tensions et difficultés internes à l'acte de penser (à la «raison»), mais plutôt une déconstruction *in-finie* de la raison (les «Maîtres» n'en auront jamais terminé: leur silence, l'abandon de leur pouvoir, de leur surprivilège, ne sont pas pour demain: la métaphysique doit «encore errer vers le sens de sa mort»[54]). Derrida est aussi anti-rationaliste que Foucault: simplement, il pense son anti-rationalisme comme l'ultime et inachevable travail de la métaphysique, alors que Foucault tente une «sortie» que *lui* veut plus radicale et que *Derrida* dénoncera comme plus naïve. Derrida ne réhabilite pas la raison: *il veut mieux la déconstruire*, et c'est pourquoi je répète ce que j'ai dit plus haut: sur la «voie» — une destruction de la *ratio* occidentale, du «logocentrisme» —, ils sont d'accord (du moins si l'on se limite au Foucault «versant métaphysique»). Sur les moyens, l'un critique l'autre comme Heidegger *a critiqué* Nietzsche (Derrida dénonçant la naïveté foucaldienne) ou comme Nietzsche *aurait pu critiquer* Heidegger (Foucault épinglant l'infini pouvoir des Maîtres, jamais hors d'eux-mêmes — de leur maîtrise —, dans le moment même où ils en portent, en célèbrent éternellement le deuil). Mais fondamentalement, je montrerai que Foucault a raison de ramener Derrida à l'infini ressassement des doubles dont il annonce pourtant la «mort», alors que ce dernier n'a pas tort de dénoncer la fascination (à envers positiviste) de Foucault pour le «purement Autre». En fait, la double piste féconde n'est frayée *par aucun des deux*: soit le premier versant foucaldien dans la mesure où il s'agit de s'interroger sur les apories de la Raison comme telle sans verser dans l'extase de la Folie comme salut «noir», soit le second, historico-marxiste (critique d'*une certaine* raison, au double sens des moyens agencés pour centraliser au profit du monarque d'une part, de l'homme-normalisé-discipliné nécessaire à l'établissement de la bourgeoisie, ou à celui, anonyme, non délibéré comme tel, de l'unidimensionalité et des «micro-stratégies» d'autre part).

Dans cette perspective, il faut bien dire qu'une certaine voie foucaldienne apparaît plus féconde pour la philosophie que le derridisme. Ce dernier, héritier du Heidegger d'après la *Kehre, fuit dans la philosophie première*, et fait perdre l'essentiel de la vocation philosophique classique: l'éclairement du réel, de la «vie», par la pensée («philosophie seconde»). Néo-scolastique, métaphysique se survivant dans l'infini ressassement autour du rien «constituant», lequel ressassement ne se trouve dépassé que dans une promesse illégitime (il ne peut évidemment l'engendrer rigoureusement) à laquelle les connotations religieuses sont essentielles (Heidegger dans le *Spiegel*, Levinas, Hermann Cohen, Clavel, Girard, voire le «*cosmos*» des «néo-aristotéliciens»), ou dans l'assomption du nihilisme (le vrai est le «rien»). Et les bricolages «libéraux» (l'indéterminé, son accueil, celui de l'«événementialité», la modestie du non-savoir comme gage de «pluralisme») n'y changeront rien.

Derrida critique donc l'*Histoire de la folie* en sélectionnant ce que j'ai appelé l'aspect «métaphysique» de l'entreprise, pour lui seul pertinent. Non qu'il n'ait raison de souligner que le lien entre la première *Méditation* et le «Grand Renfermement», entre l'approche philosophique de la folie et la folie comme phénomène social, n'est comme tel nullement élucidé par Foucault. Mais une fois qu'il a critiqué ce «dogmatisme», ce lien non justifié entre les deux «moments», entre l'aspect *métaphysique* de la folie et le versant historico-institutionnel, Derrida s'en tient au *premier* moment de l'entreprise.

Rappelons que, pour Foucault, la folie se trouve tout d'abord approchée dans sa dimension «effective» ou historico-institutionnelle : les déments, la déraison (fous, criminels, prostituées, vagabonds, libertins), les diverses sortes de psychose; la façon dont l'«objet» change dans l'histoire (Foucault use des termes vagues de folie ou de déraison pour éviter de se laisser enfermer *a priori* dans les catégories psychiatriques, c'est-à-dire d'entériner un *certain* regard sur la démence); la manière dont cet objet est approché et dévié par le regard d'une époque, dont cette approche engendre, par action institutionnelle, une folie réelle-«produite» (selon le mode de la normalisation «créatrice» dans *Surveiller et punir*); ce que signifie le «traitement» (libre circulation relative, enfermement, libération, psychiatrisation, récupération ou radicalisation «littéraires»); en quoi cette signification est localisée (centralisation française au XVIIᵉ siècle, besoin de main-d'œuvre à la fin du XVIIIᵉ), ou au contraire en quoi elle témoigne d'une époque, voire (ce que récuserait Foucault) de l'Homme lui-même, dans sa dimension «pérenne»; ou bien encore en quoi cette signification peut apparaître comme surdéterminée, mouvante, en un sens immaîtrisable, fût-ce par l'archéologie du savoir *(epistemès)*.

Ensuite, dans un deuxième temps, dont la charnière avec le premier se situe dans cette dernière considération, l'aspect *métaphysique* : c'est ici que Derrida noue le débat. Ma thèse consistera à soutenir qu'il accentue le caractère «mythologique» du foucaldisme.

Première attaque: Foucault serait positiviste. Ce que l'*Histoire de la folie* attribuerait à l'Age classique, Derrida l'attribue au *logos* comme tel. Il jette le soupçon sur le passé moins «enfermant» de la raison grecque, laquelle, selon la première préface, «n'aurait pas de dehors», mais se rapporterait, de façon plus — disons — «dialectique» (encore Hegel) à son Autre, à l'*hubris*. Se trouve également soupçonné et sollicité le futur de libération incarné par ce qui pourrait apparaître comme une «récupération» par Foucault lui-même: Derrida n'hésite pas à parler d'un «geste cartésien pour le XXᵉ siècle»[55], voulant souligner par là que, plus (prétendument) proche de la folie se trouve le langage objectivant, plus pervers il sera, inéluctablement. Tentant de délimiter, d'objectiver la raison classique (de parler d'ailleurs sur elle), Foucault croirait pouvoir se tenir «hors» de cette rationalité, utilisant une raison non «renfermante». Or toute l'entreprise de Derrida vise à déconstruire les discours prétendant se situer au dehors, en suplomb (différence pure, et non différ*a*nce), bref les métalangages: ainsi fait-il à Levinas le même genre de procès qu'il intente à Foucault, récusant l'altérité judaïque par rapport au *logos* grec, à ce que Levinas appelle la «totalité», le «neutre»[56].

Pour Derrida, il n'y a en effet de salut nulle part: ni *dans* la raison (elle fait violence à l'Etre ou à la différ*a*nce), ni *hors* d'elle (elle n'a pas de dehors). Au lieu de *penser* cette tension entre mots et choses dans ses diverses dimensions, Derrida la *réduit* à une sorte d'impossibilité primordiale, qui n'explique rien et engloutit tout, «trou noir» de la philosophie. Mystique ou théologie négative, peu importe ici, mais seulement la façon dont Derrida — et Heidegger — perçoivent des éléments de l'aventure occidentale tout en les *mythologisant*, c'est-à-dire en les «perdant». Des difficultés internes à la *ratio*, ils font un phénomène primordial (Etre, différ*a*nce), puis ressassent à l'infini l'impossibilité de le *dire*. Encore Heidegger fait-il le saut vers l'attente d'un Dieu (en un sens Levinas fait de même). Derrida s'interdit tout saut, il *séjourne dans l'impossibilité du rapport mots/choses*: ou bien les «mots» violentent l'Autre, qui *devient* folie (le même type d'argumentation est développé chez Adorno-Horkheimer), ou bien le fait de se livrer aux «choses» nous livre sans défenses (erreurs-utiles) à l'Autre, nous *rendant* dès lors fous. Mais il n'y a nulle nécessité à tout cela, ces problèmes résultant d'une unilatéralisation, d'une simplification, d'une rhétorisation et d'une mythologisation de l'aventure occidentale et «humaine» en général.

La question décisive est celle de la folie comme crise-de-représentation, et sur ce point Descartes, *une part de* Foucault et Derrida appartiennent au même horizon. Dans la première *Méditation*, le fous sont ceux qui « assurent constamment qu'il sont des rois, lorsqu'ils sont très pauvres, qu'ils sont vêtus d'or et de pourpre, lorsqu'ils sont tout nus, ou s'imaginent être des cruches ou avoir un corps de verre ». Une telle « folie », Derrida montre que Descartes, loin, comme le voudrait Foucault, de l'exclure, l'accueille, jusqu'à assumer dans la pensée même (et avant de quand même l'évacuer dans un second temps) le risque de la folie, et cela à travers le *cogito*. Même si je suis fou, je pense, dit Derrida. Il traite donc Descartes comme Heidegger traite Kant : il y cherche un moment d'ouverture, de lucidité disséminatrice, vite recouvert par le triomphe du *logos* « renfermant » (Dieu cartésien, deuxième édition de la *Critique*). Pour Derrida, cette tension, perçue dans le *fading* de lucidité par quoi l'impensé de la métaphysique se manifeste en s'y celant, constitue le rapport de complicité/antagonisme entre la raison et son Autre : Autre qui n'est « qu' »elle-même en son origine : non-sens au cœur de la production du sens, mais qui ne peut, comme l'Etre de Heidegger dans l'étant, s'y dire sans s'y perdre. Folie de la raison comme historicité, possibilité de l'histoire, non pas au sens de la philosophie pérenne, mais au sens de ce que Derrida appelle ailleurs un « envoi » dont *toute* raison serait « comptable ». Tout cela empêcherait Foucault de tenir un discours naïvement historien sur une folie qui, quoi qu'il veuille, serait dès lors inéluctablement objectivée, perdue comme Eurydice maîtrisée par le regard d'Orphée ; il pourrait tout aussi peu croire pouvoir sélectionner la raison classique en se plaçant du point de vue d'un « discours » de la folie sur « soi ». Discours qui n'aurait de sens que comme assomption du tout de l'Occident, comme *Ereignis* de l'être comme tel.

Quel est le sens de tout cela ? Quel statut accorder à cette réflexion sur la raison dans son rapport de tension avec son autre-interne, avec *sa* « folie » ? D'abord, Foucault participe également de cette réflexion quand, dans les *Mots et les choses*, il place la crise — kantienne cette fois — de la représentation à la même époque que la naissance de la psychiatrie, qui signe en un sens l'abîmement de la raison dans la folie. De Descartes à Kant, il y a l'histoire d'un renfermement « représentatif » — l'Age classique est l'âge de la représentation — qui aboutit (même processus analysé par Cassirer — et par Hesse dans le *Glasperlenspiel*) à une crise. La raison ne peut se fermer à son autre, *qui est elle-même*. Derrida, les néo-phénoménologues et Foucault (voire également les néo-sartriens) pourront se disputer à l'infini sur la façon de séjourner dans l'impossible lieu des « doubles » et sur l'avènement du langage, sur la circularité être/étant d'avant la *Kehre* (quelle qu'elle soit), sur la production-de-l'Etre ; ils pourront y voir une nouvelle raison, une religiosité, le nihilisme, l'aventure inouïe du sens enfin imbibé de son non-sens (place vide deleuzienne) constitutif, apollinisme au plus près du dionysiaque (sans le récupérer: berger à bergère répondant, Derrida faisant de Foucault le cartésien du XXe siècle, et ce dernier voyant en celui-là l'incarnation de l'infini pouvoir «heideggerien» — marges, rature — des Maîtres).

Il reste pourtant ceci: le problème *fondamental* des limites de la raison, de ce qu'elle (si elle est unique) «perd» en faisant pourtant fond sur lui (sensibilité, passion, spontanéité, fête, souveraineté et érotisme, «moments parfaits», grâce, art, traditions *völkisch*, etc.) se trouve *mythologisé* en un ressassement de l'Origine-qui-se-dérobe. Alors la folie comme telle (il n'y a bien sûr pas de *comme tel* pour un derridien) se trouve volatilisée, la puissance d'analyse de la philosophie seconde évacuée, la forteresse néo-métaphysique et post-moderniste bâtie. Alors, tout ce que Foucault avait recherché dans son histoire de la folie (et certes, c'était très problématiquement articulé) risque de se perdre, la philosophie ne pourra décisivement plus être une éthique ou une politique.

Il faut ici dire quelques mots d'une tentative — celle de Ferry et Renaut[57] — de dépasser le débat Foucault-Derrida, de leur donner tort à tous deux; non pas dans leur argumentation explicite sur ce point précis (Foucault et Derrida se tromperaient tous deux sur le *sens* de la folie chez Descartes[58]), mais dans leur tentative de construire une alternative néo-kantienne, laquelle subirait inévitablement les attaques décapantes (et à maints égards légitimes) des *Mots et les choses* («l'Homme et ses doubles»).

Pour Heidegger et Derrida, Foucault est encore «humaniste» au sens où il «ontifie» (tente de maîtriser) l'Autre (purification de la différence, nécessairement impure, de l'être et de l'étant), ce qui le définit comme positiviste, dans la mesure où il accomplirait, au travers de cette prétendue- «connaissance» (raturée) de la folie, l'essence de l'arraisonnement subjectiviste et technicien.

Pour Foucault, Heidegger et Derrida sont «humanistes» parce qu'ils incarnent parfaitement les avatars de la métaphysique des doubles, c'est-à-dire la circularité ressassante du «qui perd gagne» et de la théologie négative.

Pour Ferry et Renaut, les trois sont anti-humanistes et s'interdisent dès lors de penser l'émancipation (sous la forme d'un humanisme — néo-kantien — non métaphysique[59]). Mais ceux-ci répondraient avec quelque raison que le kantisme de Ferry et Renault *soit* appartient d'évidence à la problématique des doubles (réponse de Foucault), *soit* est un kantisme positiviste, cassirérien, dénoncé dans le *Kantbuch* de Heidegger, et par ce dernier lors des entretiens de Davos[60].

Et *je* dirais que les problèmes se situent ailleurs : de Derrida je ne retiendrais rien, si ce n'est l'infinie subtilité, les sommes de talent, de virtuosité, de séduction dépensées à «rien» (c'est le cas de le dire). De Foucault, je retiendrais la face «tensionnelle» (qu'il n'assume que tardivement) du premier versant (historico-institutionnel), et l'inspiration du second («métaphysique»), qui ouvrent des perspectives intéressantes (même si elles sont discutables) pour la philosophie «seconde». A l'opposé, Derrida et Heidegger ont *fui* dans la philosophie première — dans le ressassement de son impossibilité —, abandonnant dès lors inéluctablement, et quoi qu'ils veuillent, les problèmes éthiques et les autres questions essentielles au pragmatisme et au positivisme. Ils ont isolé le philosophe, déserté la réflexion, en particulier sur la «bonne vie». De Ferry et Renaut, je reprendrais l'exigence universaliste, la réévaluation de la raison et de l'éthique, mais rejetterais la volonté (qui les rapproche, cette fois, de Foucault, Heidegger, et Derrida pris ensemble) consistant à trouver une *bonne* «métaphysique» (fût-ce l'humanisme non-métaphysique kantien) pour la modernité. Echapperont-ils aux doubles, c'est-à-dire à un certain ressassement, de la même manière peut-être, comme on le verra, que le Habermas «apelien» a ressassé pendant quelques années sa volonté de *dénoncer le décisionnisme de l'intérieur de la raison* ? Double entreprise, à vanité peut-être similaire : vouloir annexer la raison à son «Autre» (la folie); vouloir annexer son Autre (la Décision) à la raison. Vanité de la «fondation ultime», futilité de l'*infondation* (de la mise en abîme, de la «déconstruction») radicale.

Mais de quoi s'agit-il ultimement, au-delà des facilités de la rhétorique mythologisante ? «Etre rationnel», cela peut sans doute apparaître comme une possibilité humaine essentielle, ou, dans un sens biologique-adaptateur, comme une «nécessité de l'espèce». Qu'une telle attitude rationnelle se paye quelque part d'une perte par rapport à d'autres possibilités de relation au monde, soit. Que l'époque moderne ait accentué la dimension de maîtrise rationnelle de l'homme sur soi, sur les autres et sur le monde, c'est vraisemblable. Que cela se solde par une certaine déshumanisation, une perte de la «nature» (ou du rapport traditionnel, «enchanté» — au sens weberien — aux cultures particulières), les romantiques l'ont bien vu. Que la religion, les traditions aient charrié — sous un voile mythologique — des approches sophistiquées du monde (approches que l'on détruirait hâtivement, et sans possibilité de « remplacement », en acceptant le rationalisme évolutionniste), l'ethnologie et la littérature nous en ont convaincus. Mais toutes ces questions concernent l'histoire de l'espèce, la connaissance du cerveau, l'immense question de l'acculturation, ou celle de l'aventure spécifique de l'Occident (et il est évidemment intéressant, comme le fait Needham, de faire des comparaisons avec l'« Orient »), l'articulation très complexe entre le buissonnement d'expériences, d'analyses littéraires et artistiques d'une part, les tentatives de réflexion générale d'autre part. Bref, je ne nierais pas l'exigence d'une fondation, au sens d'une compréhension maximale de ce que nous sommes, des enjeux, des possibilités « humaines ». Ce que je contesterais, c'est que la *généralisation* derridienne soit féconde. Certes, on peut lire entre les lignes et voir combien *L'écriture de la différence*, par exemple, se rattache en un sens à la philosophie seconde en arpentant divers domaines (fût-ce en les réduisant ultimement à la monotonie de ce qui dévoile-sans-se-dévoiler), un peu comme le fait Foucault lui-même. Mais si c'est ultimement pour, comme dans « Cogito et histoire de la folie », effacer la philosophie seconde au profit d'un ressassement de l'absence d'origine, cela n'a plus aucun sens : au lieu d'éclairer, on obscurcit. Au lieu d'assumer la fin de la théologie (comme on le prétend) et de penser « positivement » un monde sans dieux protecteurs, on *s'installe* (comme disait Lukács) dans l'attente d'un Dieu ou on psalmodie et ressasse interminablement son (leur) absence. On pense toujours théologiquement, mais en négatif. Si penser c'est objectiver, amener à la lumière, alors on s'attachera à l'impossibilité d'en penser (objectiver) le fondement. Or cette impossibilité possède *au moins un double statut*. D'abord, elle signifie simplement la mort de Dieu, c'est-à-dire, au sens de Kant, l'inaccessibilité du fondement. Mais de cela, il est sans doute possible de se défaire : après tout, il pourrait ne s'agir que de la nostalgie des anciens croyants. En un second sens, cette impossibilité se relie — et c'est là ce qui fait sa séduction pour les esprits modernes — à une expérience quotidienne qui est celle, essentielle, de l'inadéquation des mots et des choses (analyse des *Ménines* au début des *Mots et les choses*; fin du *Raymond Roussel*). Expérience philosophiquement passionnante en tant que telle, et qu'il ne faut justement *surtout pas ontologiser* en se laissant aller à ce qu'il faut bien appeler une débauche de majuscules et d'évocations lyrico-rhétoriques (« Retour des langues », *« die Sprache spricht »*, etc.). Expérience qu'il est urgent de *penser*, parce qu'il y va des conditions mêmes de la raison. Et, encore une fois, il faudrait éviter de réduire à un dénominateur commun (*hâte* du concept[61]) ce qui résiste à la conceptualisation (le singulier, le sentiment, la passion, le silence, la musique, l'instant, Dieu, l'apparence, le paysage, l'irrépétable, le visible, l'angoisse et la souffrance, la joie, les «langages privés», les cultures particulières, la solitude, l'inconscient, l'infirmité du langage — et tout ce qui *ne peut se dire*, non pas *a priori*, si cela a un sens, mais à cause de situations historico-sociales déterminées, le danger, ici aussi, consistant à tout mêler, comme le font par exemple les néo-marxistes). Foucault est ainsi l'un des premiers à vouloir préserver la multiplicité des sens d'un phénomène (par exemple: le Grand Renfermement). Il n'évite pourtant pas, du moins dans sa première période, le rabattement sur le point de vue unique du Langage-dédoublé.

VIII. NOTE SUR LA *«DIALEKTIK DER AUFKLÄRUNG»*

L'Ecole de Francfort concerne directement notre propos, puisque ce sont Adorno et Horkheimer qui ont publié en 1944 un ouvrage, intitulé *Dialektik der Aufklärung* («Dialectique de la Raison»), se centrant sur le phénomène de renversement que nous avons déjà vu à l'œuvre dans notre analyse de Strauss et de Foucault. L'Ecole a été créée, on le sait, dans les années vingt pour redonner au marxisme, stérilisé à la fois par le léninisme (puis par le stalinisme) et par la social-démocratie «conformiste», une vigueur critique dont il avait porté la promesse, mais qui s'était pour l'essentiel évanouie à cette époque.

Il faut rappeler que le marxisme avait pu constituer, dans sa période de «créativité», l'espoir d'une réalisation de la philosophie (allemande: Hegel et Feuerbach), dans la mesure où il unissait à une analyse «empirico-nomologique» des contradictions du présent la visée anticipatrice d'une réconciliation reliée à l'ambition politico-philosophique telle que, par exemple, Strauss l'a définie plus tard. En effet, j'ai montré dans l'*Ontologie de Marx*[62] en quoi l'idéal de société communiste était pensé, du moins par le jeune Marx (mais en filigrane par le Marx de maturité également), comme un *ultra-hegelianisme*, c'est-à-dire comme un dépassement sans reste de l'«égoïsme». En les termes du présent ouvrage, le problème se reformulerait de la façon suivante: la *Selbstsucht*, ce sont les fins pré-philosophiques. La visée anticipatrice du communisme implique bien plus qu'une notion «vulgaire» (critiquée dans les *Manuscrits de 1844*) de ce dernier, c'est-à-dire un égoïsme *égalitairement satisfait*. Elle suppose une transformation intérieure, une conversion, une *«metanoïa»*, la genèse d'un autre homme, d'un être «générique». En *ce* sens, Marx dépasserait la rationalité instrumentale (c'est-à-dire la description du donné et l'agencement des moyens techniques au profit de buts non critiqués comme tels, comme c'était le cas, on s'en rappelle, chez Hobbes). Il viserait un homme autre, qualitativement différent, dans ses fins, de l'homme de la «préhistoire de l'humanité». Et cela, Marx le ferait plus radicalement que Hegel, puisqu'il éliminerait les dernières traces de «réalisme», *réaliserait* la philosophie de façon radicale. Il s'agirait en l'occurrence d'une nouvelle rationalité, «dialectique», à la fois immanente (descriptive, instrumentale) et transcendante (normative, substantielle). C'est évidemment cet «à la fois» qui porte tout le poids de la difficulté. Marx, après Hegel, cherche à faire d'une pierre deux coups, à échapper à l'idéalisme (pendant exact, pour Strauss, Villey et le *jeune* Marx, du matérialisme) en développant une histoire téléologique qui se substitue au *cosmos téléologique* et qui, échouant (mais la philosophie classique n'a-t-elle pas *tout autant* «échoué»?), mène au relativisme, à l'historicisme, bref s'en retourne à Hume, ou à Kant, si l'on croit qu'il ne fait que *redoubler* la difficulté, au sens profond de la problématique des doubles dans les *Mots et les Choses*. Mais «re-doubler», pourquoi? Parce que le «cosmos», la substance, doivent être engendrés par — *posés par* — l'histoire «décrite», c'est-à-dire par l'immanence. De nouveau, l'empirique devrait sauter par-dessus son ombre, s'autofonder sans appui transcendant. Strauss, dans ce contexte, a raison de souligner qu'une telle attitude mène sans doute nécessairement à l'historicisme. Autant que Foucault, il est opposé à la solution kantienne et aux «doubles» (immanence se redoublant perpétuellement sans jamais pouvoir vraiment sortir de soi en direction d'une véritable transcendance — différence *impure* qui est celle de l'historicisme, c'est-à-dire d'une histoire incapable de se transcender vers quelque normativité que ce soit), ainsi qu'à l'héritage hegelien, incarnation par excellence du cercle historiciste[63].

Pour Hegel et Marx, la rationalité «descriptive» mènerait d'elle-même à la position, à l'avènement de la «substance». Un tel avènement signerait effectivement la *victoire* de la «subjectivité» au sens où la conçoit Heidegger: celle-ci, comble de l'illusion pour ce dernier (d'où sa critique de Hegel), prétendrait — vainement — pouvoir se transcender vers la Norme. Ce serait le triomphe de l'idéalisme absolu au sens de *1984* — où l'impossibilité d'une telle synthèse prestidigitatrice s'efface par la maîtrise absolue du langage, du temps, par la «vaporisation» du réel: au nom d'une substance toujours promise, on interprète à loisir les événements historiques. Au lieu que, comme chez Strauss («standard» classique) ou dans la philosophie des droits de l'homme (universalisme des principes, abstraction faite de l'épineux problème de leur fondation), des critères permettent de sélectionner Bien et Mal, c'est l'*a*-critère qui régnerait. Cette absence de critère participerait en un sens (selon moi, non selon Foucault) de la même *epistemè* que l'immanentisme nietzschéen. Encore une fois, le ver aurait toujours déjà résidé dans le fruit: de Descartes (on ne *voit pas* les doubles, la place vide du «Roi» est encore inapparente) à Hegel-Marx-Orwell (arbitraire absolu, substance *totalement subjectivisée*), en passant par Kant (assumer les doubles *et* se livrer à l'héroïque tentative, sans doute vaine comme telle, de retrouver un fondement stable de la morale). Et peut-être le ver était-il déjà dans le fruit du *thomisme*: cette *tentative de conciliation de l'Ancien (Substantiel) et du Moderne (rationnel, c'est-à-dire ultimement désenchanté, donc instrumental)* serait vouée aux difficultés qui furent celles mêmes de saint Thomas, c'est-à-dire celles d'un sauvetage ultime et désespéré: en l'occurrence, il fallait donner libre champ à la raison tout en présupposant son *harmonie préétablie* avec l'illumination augustinienne, alors que dans le cas de la philosophie post-kantienne des doubles, il s'agit de laisser être la raison descriptive pour retrouver, non pas — comme cela semble inévitable à Strauss ou à Heidegger — le relativisme et l'historicisme[64], mais les fins normatives, la «substance» atteinte, comme, pour Thomas tentant de sauver la mise de Dieu dans un monde de rationalisation croissante (première Renaissance aux XIIe-XIIIe siècles), la raison aristotélicienne *devait* aboutir à Dieu.

C'est tout ceci — la vieille ambition philosophique réalisée avec des moyens *uniquement modernes* — qui semble, au moins provisoirement, compromis dans l'Allemagne des années vingt. Et ceci pour plusieurs raisons:

- Le marxisme s'est rigidifié, abâtardi, tant dans sa version social-démocrate que dans son idéologisation bolchevique. Déjà Lukács, en 1923, avait tenté de dénoncer le scientisme «réifiant», c'est-à-dire un usage de la raison non «dialectique», interdisant l'émancipation effective. Propos déjà apparentés à la *seconde* vague de la *première* génération francfortoise, comme on le verra.

- La société s'est transformée: le politique acquiert une importance à la mesure de l'interventionnisme lié à la seconde génération des droits de l'homme, à la réponse que tentent (vainement) de donner le «capitalisme monopoliste d'Etat» et l'impérialisme (Lénine) à la crise décrétée inéluctable. L'«administration totale» se profile, d'autant que le stalinisme et le fascisme vont en donner une version caricaturale. L'unidimensionalité, comme dira plus tard Marcuse, semble en voie de se réaliser.

La première tentative francfortoise vise à réinjecter au marxisme (comme le tentera plus tard Sartre) une dimension critique qu'il avait perdue : il s'agit de multiplier les médiations entre le niveau historico-économique, toujours jugé fondamental, et les superstructures psychologiques, religieuses, politiques. Ainsi la psychologie sociale de Fromm se développe-t-elle, et les études d'Adorno sur la personnalité autoritaire permettent-elles de prendre la mesure des effets du capitalisme sur les mentalités (effets, en l'occurrence, de conformisation). Et surtout, l'«industrie culturelle» se voit démontée et critiquée par Benjamin, Marcuse et Adorno, qui y voient l'élément crucial d'annulation au moins potentielle (le pessimisme n'est pas encore radical) de la critique. La «bidimensionalité», la transcendance de l'alternative, reposaient sur la possibilité, fournie par la culture, d'une «distanciation». Si la culture elle-même se trouve maintenant instrumentalisée par le capital, *c'est tout l'univers critique qui risque d'être récupéré*. Bref, tant le *gonflement du politique* que *l'instrumentalisation de la culture*, ainsi bien évidemment que l'*intégration économique du prolétariat industriel*, peuvent frayer la voie à l'«administration totale». Mais la revitalisation du marxisme et la vigilance quant aux dangers de récupération ou d'abâtardissement doivent encore permettre la lutte. Cependant, la guerre et Auschwitz achèveront de donner de l'horizon une image irrémédiablement bouchée : c'est l'origine historico-psychologique du tournant majeur, de la seconde phase d'Adorno et d'Horkheimer.

La *Dialektik der Aufklärung* se situe dans ce contexte, et marque une transformation fondamentale dans l'esprit même de l'Ecole. Alors qu'auparavant, il s'agissait «seulement» de poursuivre sur la voie ouverte par le marxisme (même si l'évolution économique, politique et culturelle conduisait à un pessimisme croissant quant aux possibilités de l'alternative), il est cette fois question de mettre en cause *la raison elle-même*. Ou, plus précisément, la raison «instrumentale» domine tellement l'histoire occidentale que l'*autre* raison, vaguement esquissée comme une alternative, ou plus exactement présupposée par le dépassement marxien du «humisme», ne subsiste qu'à titre d'utopie négative. Il faut noter à ce propos que Marx pouvait donner *plus d'éléments permettant de croire* à la réalisation de la raison substantielle. J'ai montré, dans la conclusion de l'*Ontologie de Marx*, que même ces éléments ne permettaient pas d'«engendrer» le communisme générique[65]. Leur effacement dans les années trente ne signe donc pas la crise d'un modèle qui eût « marché » sans ces transformations économico-politico-culturelles : il n'avait jamais fonctionné, ou, autrement dit : on lui avait toujours déjà *trop demandé*. Adorno et Horkheimer vont rester attachés à l'analyse marxienne du capitalisme sans plus pouvoir croire (c'était déjà intellectuellement « en soi » impossible chez Marx) à l'alternative se dessinant. Ou plutôt, loin de faire comme les sociaux-démocrates, qui voyaient *plus* de possibilités d'émancipation que Marx dans le présent (pas besoin de révolution, la réforme suffit), ils en voient *moins* (la révolution est impossible, le capitalisme est administration totale).

A ce propos, il faut donc distinguer quatre niveaux.

1. On croit à la raison, à la promesse, aux conditions empirico-concrètes (prolétariat, non-blocage politique, bidimensionalité culturelle) (Marx);

2. On ne croit plus aux conditions telles que décrites par Marx (on est conscient des blocages du projet révolutionnaire « hegelien »), mais encore à la raison et à la promesse (première génération francfortoise dans sa phase encore « optimiste »), contre le « positivisme », l'absence de *Selbstreflexion*.

3. On ne croit plus à aucun des trois (même génération dans sa phase « pessimiste »). Le « positivisme » triomphe de la promesse et de la raison « critique ».

4. On ne croit plus à la promesse (marxienne), mais ce n'est pas pour cela qu'on ne croit plus à la raison, sous la double forme, « laïque », de la « communication » habermasienne *(rule of law)* et de la recherche « privée » (mais non nécessairement refermée sur soi ni — *non*-recherche — résignée aux *wants* nivelés) de la bonne vie (on peut, de ce point de vue, être straussien quant à la « philosophie seconde » : nécessité d'une constitution mixte).

Bref, Adorno et Horkheimer ont raison de chercher au-delà des conditions empiriques transformées : c'est *dans la promesse elle-même* qu'il y avait problème (elle était inengendrable à partir des conditions concrètes, pourtant *super-optimistes*, de Marx). Et ils approchent justement la question de la rationalité instrumentale : on ne peut réintroduire le substantiel comme le fait Marx.

Pour comprendre la référence décisive faite à la « rationalité instrumentale », il est intéressant de réfléchir à partir de l'interprétation de l'*Odyssée* que donnent Adorno et Horkheimer. A l'aube de l'histoire occidentale, Ulysse[66] incarne en effet l'apparition de la raison[67] : il ruse avec tous ceux qui veulent le retenir, il les *instrumentalise*, les traite en moyens de son unique projet — revenir chez lui. S'il gagne, c'est qu'il témoigne d'un progrès de la Raison, du moins dans un sens défini. Ruser avec quelqu'un consiste à lui faire croire quelque chose pour qu'il fasse ce que vous voulez qu'il accomplisse, bref pour que vous ayez sur lui un *pouvoir*, pour que vous puissiez le *dominer*. Vous ne vous *adressez* pas à lui pour tenter de le convaincre, de faire appel à sa raison, à des valeurs supérieures ou à son sens de l'intérêt bien compris. Vous le «tournez» comme vous tournez une difficulté naturelle. C'est en ce sens que l'on peut parler d'une relation «je-il», ramenant le rapport à l'autre homme à un rapport «moi-cela», c'est-à-dire à la dissymétrie d'une relation avec les choses. A l'opposé se situerait la symétrie de l'intersubjectivité (qu'elle soit considérée sous sa forme classique, «straussienne», de rationalité des fins, ou en tant que «raison communicationnelle», c'est-à-dire en tant que libre débat où ne règne que la force du meilleur argument, abstraction faite de la référence à une objectivité substantielle).

On voit donc qu'Ulysse n'est nullement «subversif»: il ne met pas en cause l'ordre substantiel (en l'occurrence mythologique) des fins; il veut simplement rentrer chez lui, retrouver sa femme et l'ordre naturel des tâches traditionnelles. Mais, «en soi», eût dit Hegel, il inaugure un développement qui, indirectement, sapera les fins substantielles: l'exercice de la raison instrumentale, d'abord localisé, ne peut en effet manquer de créer, entre l'homme et les choses, un certain rapport, qui est de technique et de contrôle: pour écarter les obstacles, le savoir appliqué se doit d'être correct, sans quoi la ruse, basée sur une information insuffisante, échouera. Mais du coup, rien n'empêchera que ce rapport au monde ne s'applique également aux fins elles-mêmes: dès lors (et c'est l'épisode socratique), les buts traditionnels, confrontés à l'exigence de preuve du *logos* (au *didonaï logon*), s'effondreront. Et l'instrumentalisation progressera, en particulier à l'époque moderne, qui lui donnera sa chance maximale, sur les ruines des fins *désenchantées*. La rationalisation au sens de Weber aura tué les buts, et l'instrumentalisation profitera aux plus puissants. *Raison du plus fort* dès lors, culminant dans les totalitarismes contemporains et l'extermination scientifique d'un peuple à Auschwitz. Dialectique de la raison, renversement d'un pouvoir émancipateur *en son contraire absolu*.

Comment pourrait être établie la *symétrie* communicationnelle, la relation réciproque, interactive des subjectivités respectueuses l'une de l'autre ? Lévinas voudra montrer que ceci ne peut être rendu possible qu'en instaurant une *autre dissymétrie* : s'il me faut respecter autrui, le « prendre comme fin » (Kant), je dois voir en lui un Visage irréductible, incarnation du Très-Haut, transcendance réelle. Alors, *la dissymétrie s'inverse* puisque, dans le cas de la raison instrumentale, le sujet autre était objectivé, dominé, maîtrisé, manipulé[68].

Toujours est-il que Hobbes met, nous le savons, en jeu la raison instrumentale (chacun continue à poursuivre ses fins propres, non critiquées par le philosophe politique), mais *sur le mode de la communication*, de la conviction, puisque l'intérêt bien compris commande l'institution du « Léviathan ». La « généralisation des intérêts », inaugurée par Hobbes, et dont parle Habermas, ne serait donc pas incompatible avec le « droit naturel moderne », tout au contraire : c'est ce que tentera de montrer Rawls. Mais toute la difficulté d'un néo-contractualisme « procédural » et *want-regarding* consistera à *produire* l'intérêt général *sans référence holiste*, sans garantie (Descartes), sans assise transcendante. Il faut vraiment, comme chez Hobbes, que la crainte l'emporte pour que la discussion aboutisse : sans cela, intérêt *(wants)* et communication se dissocieront inéluctablement au profit d'une domination de style « Ulysse » (chez Machiavel, la domination est au départ — dans les circonstances dégradées de l'Italie du début du *Cinquecento* —, et la communication, le consensus, la réciprocité sont produits par l'intelligence, la *virtù* du Prince, par sa compréhension de la rationalité politique). Et Kant, qui (de ce point de vue, Rawls a tort de se réclamer de lui) veut faire triompher des fins transcendant les intérêts « pathologiques », ne peut — on l'a vu — qu'appuyer celles-ci sur des postulats, des *hypothèses* (sans doute au sens rigoureusement *newtonien* du terme). Hermann Cohen, Girard et Levinas lui « imposeraient » de s'appuyer sur Dieu, et Strauss sur le « cosmos » philosophique.

Il existe donc une différence importante entre Ulysse et l'homme hobbesien concluant le pacte social : le premier manipule « cyniquement », « thématiquement », raisonne de façon *monologique* en tenant compte de la résistance d'autrui assimilée à une résistance des choses, de la « matière » (comme l'entrepreneur moderne, acquis au taylorisme et au *« scientific management »*, assimile les hommes aux machines sous le concept de facteurs de production, comme tels substituables l'un à l'autre) ; le second raisonne correctement, s'« entend » avec autrui, *communique* sans, semble-t-il, faire intervenir la domination. Certes, ne visant que son intérêt propre (non mis en question dans l'épreuve de la discussion, contrairement à ce qui se passe pour le *logos* classique), il instrumentalise aussi les autres, puisqu'il ne conclut les pactes que contraint et forcé par sa fin égoïste rationnellement comprise. Mais il n'empêche qu'il fait appel, sans distorsion, sans *ruse*, à la raison d'autrui, tentant de faire du «Tout» *l'effet* des intérêts particuliers «scientifiquement» appréciés (la question straussienne étant: *est-ce possible?*).

La ruse d'Ulysse apparaît donc comme «plus grave» que le raisonnement hobbesien. Elle s'apparente sans doute plus au taylorisme ou à la sociologie fonctionnaliste: dans ces deux cas, il s'agit de faire en sorte que l'individu se transforme en rouage d'un mécanisme voulu par l'organisateur, en fonction d'un organisme considéré comme «bon» par le sociologue (Parsons, Luhmann) ou le psychologue social (Skinner), voire l'*ego psychologist* (Hartmann, Kris, Löwenstein). S'il s'agit de conditionner l'individu (Skinner, Huxley), le parallèle avec Ulysse est net, même s'il faut encore distinguer entre l'intérêt particulier de l'entrepreneur «taylorien» et le sens de l'intérêt général développé par les autres (y compris Platon quand il se rapporte au non-philosophe). Et évidemment, infiniment plus «grave» que la réification du travailleur (et du consommateur avalant la «publicité») par le capitaliste apparaît l'«administration totale» culminant dans l'atrocité d'Auschwitz.

Bref, Ulysse, Machiavel et le «taylorisme» manipulent pour l'intérêt privé (mais il peut servir aussi, chez Machiavel ou dans l'idéologie libérale, l'intérêt public); Skinner et Platon manipulent pour l'intérêt public (mais le problème essentiel concerne ici la possibilité de *contrôle* de cette référence à l'intérêt général: Milgram a fait sur ce point une expérience célèbre et terrifiante; rappelons-nous également la question de la *normalisation* de l'individu, devenu non-critique, chez Foucault). Dans le cas de Hobbes, il y a dialogue mais concernant uniquement les *wants*. Quand il y a de l'*idéal*, du substantiel (holiste ou individualiste), il y a dialogue, mais toujours avec référence à une forme de «sacré».

Il faut donc bien considérer ces niveaux différenciés de rationalité instrumentale sans les identifier hâtivement sous l'étiquette de «pragmatisme» ou de «positivisme». *Tous* peuvent être considérés comme positivistes au sens où, chaque fois, ils acceptent comme un donné *positif* les fins *self-interested* de l'homme. Hobbes seul admet que ces fins doivent s'éprouver à celles d'autrui, *mais c'est seulement parce qu'une attitude plus «free-rider» du type de celle d'Ulysse lui semble catastrophique*. C'est (abstraction faite de toutes les différences soulignées plus haut) la même chose pour le Prince machiavélien, qui ne se rallie au consensus que contraint par la force des choses. Il peut d'ailleurs se contenter de manipuler les besoins, de ruser, de «subtiliser» sa violence (ce qui constitue *déjà* un progrès). Les autres dominent en manipulant. Mais leur attitude est-elle l'effet de la «conception» scientifique, instrumentaliste, de la raison ? Elle en constitue une possibilité, l'élargissement des possibilités de maîtrise de la nature à la maîtrise des hommes, bref un accroissement, un meilleur «rendement», de la domination.

C'est pour cela qu'Habermas développera une critique, au sens kantien, de la raison instrumentale, et se refusera dès lors à considérer la raison «scientifique» comme «coupable». Même s'il est évident — ce sera tout le problème — qu'une extension de la manipulation des choses à celle des hommes *(réification)* apparaît éminemment dangereuse (je dirais que Habermas critique l'usage *transcendant* de la raison instrumentale, de la *Zweckrationalität* weberienne). Il reste qu'il faut dire contre Adorno-Horkheimer et contre Strauss qu'il existe une rationalité communicationnelle chez Hobbes, certes insuffisante, mais qu'elle inaugure, sur la ruine des fins substantielles (des causes finales, de la religion, de l'aristotélisme), le contractualisme habermasien, rawlsien, voire l'*espace public* arendtien. C'est cette rationalité procédurale qu'il faut éprouver, quitte à dénoncer la conclusion hâtivement tirée, suivant laquelle, sans rationalité substantielle (ce sont les arguments thomistes de Verdross, liés aux difficultés suivantes : fonder les décisions de Nuremberg, asseoir l'universalité des droits de l'homme), la stabilité et la justice seraient décidément impraticables. Et, plus radicalement : la bonne vie sombrerait avec l'instauration, spécifiquement moderne, des prémisses *want-regarding*.

NOTES

[1] On pourrait prendre, dans une chronologie au développement «inégal», comme disent les marxistes, 1688 en Angleterre ou 1776 aux Etats-Unis.

[2] Cf. M. Villey, *La formation de la pensée juridique moderne*, Paris, Montchrestien, 1968, pp. 341-396.

[3] «... afin que cette déclaration, constamment présente à tous les membres du corps social, leur rappelle sans cesse leurs droits et leurs devoirs; afin que les actes du pouvoir législatif et ceux du pouvoir exécutif, pouvant être à chaque instant comparés avec le but de toute institution politique, en soient plus respectés...» (*Déclaration des droits de l'Homme et du Citoyen*, 26 août 1789 [placée en tête de la Constitution de 1791], Préambule).

[4] A la fin de sa vie, Foucault a adopté une attitude plus positive vis-à-vis des Lumières. Cf., sur ce point, D.C. Hoy (ed.), *Foucault: a critical reader*, Oxford, Basil Blackwell, 1986, Introd., pp. 21 sq.

[5] Sur ce point: *Histoire de la folie à l'âge classique*, Paris, Gallimard, 1961, p. 579. Dorénavant: *HF*.

[6] Ainsi, le texte suivant peut être compris tout autant dans le sens d'une *défense* des Lumières, mettant seulement en cause une application infidèle de «bons» principes, une trahison des idéaux révolutionnaires, que dans un sens *anti*-Lumières: «Historiquement, le processus par lequel la bourgeoisie s'est devenue au cours du XVIIIe siècle la classe politiquement dominante s'est abrité derrière la mise en place d'un cadre juridique explicite, codé, formellement égalitaire... Mais le développement et la généralisation des dispositifs disciplinaires ont constitué l'autre versant, obscur, de ces processus. La forme juridique générale qui garantissait un système de droits en principe égalitaires était sous-tendue par ces mécanismes menus, quotidiens et physiques, par tous ces systèmes de micro-pouvoir essentiellement inégalitaires et dissymétriques que constituent les disciplines... Le contrat pouvait bien être imaginé comme fondement idéal du droit et du pouvoir politique; le panoptisme constituait le procédé technique, universellement répandu, de la coercition.» (M. Foucault, *Surveiller et punir*, Paris, Gallimard, 1975, p. 240). Des textes comme celui-ci peuvent être interprétés dans un sens classiquement marxiste, c'est-à-dire comme l'exigence d'une incarnation réelle, concrète, de l'idéal rationaliste et contractualiste. On verra toute une strate du discours de Foucault s'oppose à cette lecture, et qu'il s'agit chez lui à maints égards d'une mise en cause *bien plus radicale*, concernant la raison «comme telle».

[7] Cf. *HF*, p. 557. On pourra penser à d'autres exemples, tout aussi significatifs: le discours libérateur «marcusien» sur le sexe (on ne sait s'il promet une nouvelle rationalité ou l'abolition de la raison dans une «extase» proche de la folie foucaldienne, considérée comme «vérité-ou-tribunal-de-la-raison»); ou encore la référence à l'Homme, dont Foucault proclame la «mort», alors que par ailleurs tout un aspect marxiste-critique de sa pensée ne peut éviter la référence universaliste et humaniste, par exemple à propos de la défense des homosexuels, qui constituent (comme les Noirs américains réduits à l'esclavage, les ouvriers du XIXe siècle pour Marx, etc.) un groupe pour lequel on réclame une protection dont doit bénéficier tout homme quant à ses choix existentiels privés.

[8] Cf. M. Foucault, *Les mots et les choses*, Paris, Gallimard, 1966, p. 354: «... un rire philosophique — c'est-à-dire, pour une certaine part, silencieux». Dorénavant: *MC*.

[9] *Les mots et les choses* seront définis comme une histoire «directe» du Même. Cf. *MC*, p. 15: «L'histoire de la folie serait l'histoire de l'Autre, — de ce qui, pour une culture, est à la fois intérieur et étranger, donc à exclure (pour en conjurer le péril intérieur) mais en l'enfermant (pour en réduire l'atérité); l'histoire de l'ordre des choses serait

l'histoire du Même, — de ce qui pour une culture est à la fois dispersé et apparenté, donc à distinguer par des marques et à recueillir dans des identités.»
[10] Ces considérations se trouvent dans la préface à la première édition (1961) de l'*Histoire de la folie*. Foucault a par la suite supprimé cette préface. Il y disait notamment: «Mais le *logos* grec n'avait pas de contraire». C'est à ce propos même que, dans un article retentissant, initiateur d'un débat dont nous parlerons longuement par la suite, Derrida l'«accrochera».
[11] Que l'on pense également à la «Nef des Fous», ou plus banalement à la figure de l'idiot du village, en un sens intégré à la communauté (il existe encore dans les campagnes, survivance du «holisme» traditionnel).
[12] On pourrait même (contre la lecture de Foucault) inclure Descartes lui-même — symbole même du rationalisme pour l'*Histoire de la folie* — dans cette perspective, puisqu'il a «encore» besoin de Dieu (c'est certes le Dieu-des-philosophes) pour clore son système (lequel, en particulier pour cette raison, apparaîtra encore trop «mythologique» à l'empirisme dix-huitiémiste). Il s'agirait ici d'une objection générale adressée à Foucault, consistant à placer Descartes dans la tradition holiste théologique, ce qui empêche qu'on le caractérise comme un penseur plaçant la raison moderne au centre de son système, et par conséquent comme considérant le fou comme l'Autre-de-l'homme. Dès que Dieu se trouve présent, le dialogue avec la folie est *en un sens* possible. Nous verrons que l'objection derridienne, plus «serrée», consiste au contraire à isoler chez Descartes un moment de proximité maximale de la pensée *(cogito)* et de la folie, puis à insister sur la retombée théologique-rationaliste. Mais c'est que Derrida, nous le verrons, récuse la partition chronologique foucaldienne et vise un «procès de la Raison» *comme telle*. C'est sur *ce* point que, sans pour autant retrouver la position de Foucault, je le critiquerai moi-même.
[13] Dont, au XVIIIe siècle, la réaction nobiliaire qui expulsera les bourgeois des fonctions politiques, produisant l'épure de l'opposition marxienne entre forces productives (pouvoir économique de la bourgeoisie) et rapports de production (primat politique du roi et de ses alliés «féodaux»).
[14] B. De Jouvenel (*Du pouvoir*, Paris, Hachette, 1972 — Livre de Poche, coll. «Pluriel», p. ex. pp. 356 sq.) y voit plutôt (en particulier dans le cas de la France) une continuité centralisatrice, et non pas essentiellement la victoire de l'Etat «limité» sur l'Etat absolutiste: la rupture des vieilles solidarités et la disparition des «corps intermédiaires» serviraient l'individualisme, tout en faisant le lit de la seule totalité subsistante, à savoir l'Etat — atomisme à partir duquel Arendt diagnostique la complicité philosophique de l'individualisme «privé» moderne et du totalitarisme. Cette ligne de réflexion, toute tocquevillienne, est aussi en un sens celle de Strauss.
[15] D'après le titre d'un essai célèbre de J. Ziegler.
[16] Evidemment, il ne s'agit au mieux ici que d'une égalisation juridique *nationale*, c'est-à-dire dans le cadre «païen», particulier, de l'Etat. Mais on sait que le mouvement de débordement est inévitable, à condition du moins que la «*virtù* des gouvernés», dans le sens machiavélien de l'expression, se manifeste. La Révolution anglaise de 1688 fut explicitement, dans ses proclamations idéologiques et dans les textes théoriques eux-mêmes, l'affirmation des droits *des Anglais*. Mais au XVIIIe siècle, les Révolutions française et américaine se sont caractérisées par une dimension universaliste, quelle qu'ait été son ambiguïté au départ. Ambiguïté d'ailleurs rigoureusement articulée avec (pour ce qui concerne l'opposition des intérêts bourgeois et «humains») celle, dont j'ai parlé précédemment, des *deux* individualismes. Cf. également les thèses de Macpherson, *op. cit.* Par ailleurs, pour le lien entre intérêts monarchique et universel-humain, on lira Blandine Barret-Kriegel, *L'Etat et les esclaves*, Paris, Calmann-Lévy, 1979 (en particulier contre les thèses de Glucksmann, cf. p. 11).

[17] On la dirait analogue, par ce caractère affirmatif, à la morale nietzschéenne des maîtres, si Nietzsche n'avait vu dans le rationalisme moderne l'incarnation même du ressentiment, de l'arrière-monde, bref de la morale des esclaves. Foucault suit Nietzsche en ce qui concerne l'aspect *métaphysique* — que nous allons traiter — de son analyse de la folie: l'optimisme rationalisme constitue une fuite — un «arrière-monde» — par rapport à l'expérience tragique de la folie à la Renaissance.

[18] Cette interprétation, que Foucault dénonce comme idéologique, sera revalorisée, dans une ligne d'argumentation tocquevillienne, par M. Gauchet et Gl. Swain, *La pratique de l'esprit humain. L'institution asilaire et la révolution démocratique*, Paris, Gallimard, 1980; cf. aussi, sur ce point, L. Ferry et A. Renaut, *La Pensée-68*, Paris, Gallimard, 1985, pp. 108-138.

[19] La question de la maîtrise des populations jouera un rôle dans le grand projet foucaldien d'une *Histoire de la sexualité*.

[20] Comme le notent Dreyfus et Rabinow dans *Michel Foucault, un parcours philosophique*, Paris, Gallimard, 1984, pp. 17-34.

[21] Que l'on m'entende bien: Foucault récuserait l'appellation «métaphysique», bien qu'il puisse accepter, du point de vue de l'autocritique qu'il développera en 1969 *(Archéologie du savoir)*, que des restes de métaphysique classique hantent encore les livres de 1961 et 1966. En particulier, l'idée d'une expérience de la folie, conçue comme proximité tragique / refoulement classique / retour du refoulé, peut bien apparaître comme une *réappropriation*, fût-ce celle — j'y insisterai beaucoup — d'un «rien», c'est-à-dire de la non-substance tragique. Ce qui serait «récupéré» — mais le mot serait ici inadéquat — ne s'identifierait pas à une présence positive, mais au sens de la grandeur tragique (nietzschéenne). Il n'empêche, comme on le verra, que cette parousie extatique et «éclatée» n'en constitue pas moins une sorte de «téléologie». C'est bien d'une métaphysique qu'il s'agit. Quant à l'autocritique ultérieure — la tentative de dépasser ce prophétisme lyrique par un «positivisme heureux» —, nous l'évaluerons ultérieurement. Une telle rupture positiviste se marque déjà dans *Les mots et les choses* en ceci que Foucault dénie maintenant de façon explicite toute intelligibilité au passage d'une *epistemè* à l'autre, alors que souvent dans l'*Histoire de la folie*, soit un discours plus ou moins marxiste en fournit une (Grand Renfermement pour les nécessités bourgeoises de la centralisation, humanisation psychiatrique pour récupérer des forces de travail dans une période de crise démographique et économique), soit cette expérience métaphysique dont je viens de parler introduit une continuité, bref une rationalité des transitions.

[22] Avènement bien marqué par Grotius quand il indiquait: «De la même manière que Dieu lui-même ne pourrait faire que deux plus deux ne fassent pas quatre, de la même manière il ne peut faire que ce qui est intrinsèquement mauvais ne soit pas mauvais.» (*Droit de la guerre et de la paix*, 1625, Livre I, Chap. i, Sect. X, 5).

[23] J'ai dit plus haut que la référence hegelienne n'était (quoi qu'en dise Foucault) pas innocente: le bouleversement «épistémique» caractérisant le passage de l'Age classique à l'«humanisme» doit se lire, *dans le texte même* des *Mots et les choses*, comme le mouvement de l'en-soi au pour-soi. La représentation était «toujours déjà» en crise (c'est-à-dire sans fondement substantiel). Mais les classiques (la «conscience phénoménale» des classiques, selon la terminologie de l'introduction à la *Phénoménologie de l'esprit*) ne le savaient pas encore. «Nous» («conscience philosophique») l'avions toujours déjà su. On voit donc bien en quoi l'enchaînement des *epistemès* est plus hegelien que radicalement «discontinu» (comme le proclamait *L'archéologie du savoir* et l'indiquait l'avant-propos des *Mots et les choses*).

[24] Ce fondement absent est décrit par Foucault comme la «place du roi» — invisible lieu d'origine de la visibilité (de la représentation) — dans le premier chapitre, magistral,

des *Mots et les choses* (*MC*, pp. 19-31), ainsi que dans le chapitre, extrêmement important pour mon propos, «L'homme et ses doubles» (*MC*, pp. 318-322).

[25] Egalement, on l'a vu, à l'époque de la représentation non encore consciente d'elle-même, de ses limites, de la finitude. L'exemple cartésien est à cet égard le plus caractéristique: les idées innées sont «implantées» en l'homme par Dieu, ce qui permet d'éviter — véritable hantise de la métaphysique post-kantienne — le psychologisme. La *psychologie* (les représentations subjectives) est d'emblée *épistémologie* (Dieu garantit aux représentations une valeur d'objectivité, une «réalité formelle», comme dit Descartes).

[26] *The order of things* est le titre de la traduction anglaise des *Mots et les choses*. Il est sans doute plus adéquat, comme Foucault lui-même l'a reconnu.

[27] Il ne faut pas oublier l'interprétation plus ou moins marxiste-classique de la naissance de la psychiatrie dans l'*Histoire de la folie*: main-d'œuvre à mettre au travail, à «rentabiliser». Mais j'ai dit que *Les mots et les choses* était étranger à toute approche historico-institutionnelle.

[28] B. Barret-Kriegel (*op. cit.*) a de ce point de vue raison contre Glucksmann.

[29] Marx dirait: «encore un effort» vers le socialisme, et Sade (l'expression lui est évidemment empruntée) ou Stirner: vers l'hédonisme individualiste accompli. J'ai critiqué ce «quantitativisme» dans la conclusion de *Philosophie des droits de l'homme, op. cit.*, p. 114.

[30] Ce qui donne beaucoup à penser: pour que le contractualisme fonctionne, il faut *soit* que l'individu soit «dressé» au Bien, à la morale (sans trop perdre ce qu'a de «dissidente» la libre pensée, ni trop séparer les deux plans comme le fait Montaigne — qui pense librement mais se soumet en pratique aux autorités de son temps), *soit* que le délinquant s'identifie à l'homme du *petit égoïsme, et non du grand*. Il faut, en d'autres termes, qu'il *craigne la sanction*. Mais Nietzsche et Machiavel diraient sans doute que seul l'homme du grand égoïsme est capable de «générosité», et qu'en tout cas son intelligence *«virtueuse»* le mènera nécessairement au sens du «service public». Bref, gagnerait-on en un certain sens sur les *trois* plans?

[31] «Cette lisible leçon, ce recodage rituel, il faut les répéter aussi souvent que possible; que les châtiments soient une école plutôt qu'une fête; un livre toujours ouvert plutôt qu'une cérémonie...» (*Surveiller et punir, op. cit.*, p. 113). Et aussi: «Voici donc comment il faut imaginer la cité punitive. Aux carrefours, dans les jardins, au bord des routes qu'on refait ou des ponts qu'on construit, dans des ateliers ouverts à tous, au fond des mines qu'on va visiter, mille petits théâtres de châtiments... que chaque châtiment soit un apologue. Et qu'en contrepoint de tous les exemples directs de vertu, on puisse à chaque instant rencontrer, comme une scène vivante, les malheurs du vice.» (*Ibid.*, p. 115 — on notera l'inversion de la formule sadienne).

[32] On voit dans ces dernières lignes apparaître différents niveaux d'«utilitarisme», auxquels correspondent rigoureusement des niveaux d'individualisme:
- celui, radical et égocentrique, de Sade et de Stirner. Sans doute se relie-t-il au «grand égoïsme», prenant ses risques, de Machiavel et, plus tard, de Nietzsche;
- celui de la bourgeoisie à son propre profit (l'autre homme n'est qu'un instrument, il est utile de le normaliser, de le carcéraliser);
- celui de l'homme moderne automutilé en général, même à supposer qu'il n'y ait ni domination ni exploitation (unidimensionalité, «sens de l'avoir» chez le jeune Marx des *Manuscrits de 1844*);
- celui du contrat social: garantir les intérêts de l'individu comme tel en instrumentalisant le pouvoir, en éloignant, régulant et légitimant la violence.

[33] Cf. *supra*, la note 6 de ce chapitre.

[34] Dans les récentes affaires de terrorisme, chacun sait qu'il est plus aisé pour un gouvernement de traiter avec des puissances comme l'URSS ou la Syrie (l'équivalent du «milieu» pour cet exemple) qu'avec des terroristes individuels, intégristes, peut-être plus «désintéressés», mais pour cette raison imprévisibles, fanatisés, n'ayant rien à perdre. Le «milieu» a des intérêts à défendre. Cela le rend certes moins «pur» que le solitaire qui vit dans l'illégalité. Mais il en devient infiniment plus «gérable», pour la bonne cause (libérer des prisonniers) ou la mauvaise (maintenir l'injustice).

[35] On pourrait d'ailleurs mettre tout ceci en parallèle avec le problème de la sélection à l'université: si elle est totale, l'université se transforme en école professionnelle, fournit des rouages spécialisés, normalisés, pour la société (les demandes du marché, les exigences du «statu quo»). Elle devient dès lors *l'instrument de la société, alors que par ailleurs elle devrait former une conscience critique qui puisse la juger. D'où le paradoxe.*

[36] Sur ce point, cf. G. Deleuze, *Nietzsche et la philosophie*, Paris, PUF, 1962, p. 4.

[37] Roussel incarne pour Foucault (*Raymond Roussel*, Paris, Gallimard, 1963) la fascination pour le langage, l'«angoisse du signifiant» (*ibid.*, p. 210), qu'il ne faut pas trop immédiatement psychologiser (Roussel fut traité par Janet); il est question de l'emprise, sur l'écrivain moderne, des pouvoirs d'infini dédoublement (dissémination, *Differenz, Entzweiung*) du langage. L'expérience suivant laquelle le langage, impuissant à se clore dans un signifié stable ou «transcendantal» (J. Derrida, *De la grammatologie*, Paris, Editions de Minuit, 1967, *passim*), se dédoublant toujours lui-même au lieu de pouvoir se dépasser en direction d'un objet, d'une identité, d'une *représentation* — cette expérience indique peut-être de la façon la plus nette le recroisement de la dimension métaphysique (être du langage) et de la dimension politico-institutionnelle (Roussel malade, intervention de Janet, etc.). Toujours les doubles, mais alors que les sciences humaines les attestent dans le mouvement même où elles les dénient (positivisme), la littérature d'avant-garde s'y livre, s'y ouvre sans les «obnubiler», au risque de la folie, que Foucault définit précisément (*HF*, pp. 575-582) comme *l'absence d'œuvre* (l'écrivain n'œuvre pas pour *dénier* le tragique, comme le font les «rationalistes» et en général tous ceux qui prétendent asseoir la représentation sur des bases solides; il œuvre pour dire tant qu'il le peut le tragique, lequel à un moment dissout nécessairement l'œuvre comme ultime identité, dernier arrière-monde).

[38] Une importante dualité de perspectives apparaît dans *La naissance de la clinique* (Paris, PUF, 1963). Ici, c'est la naissance de la médecine (de la clinique, de l'anatomie) à la fin du XVIIIe siècle qui est en cause. Le point de départ est toujours le même: la critique de l'idée suivant laquelle il s'agirait, en l'occurrence, seulement du passage de l'illusion à la science, des préjugés à l'objectivité de l'observation. Non, il est question pour Foucault d'une mutation du regard, d'un changement de socle épistémologique, sans que, du moins en intention, il n'introduise de jugement de valeur. Il thématisera plus tard cette mise entre parenthèses — d'allure post-phénoménologique — des enjeux «mondains», dans l'*Archéologie du savoir*. Aux «doubles» des *Mots et les choses*, au «cercle anthropologique» qui joue un rôle identique dans l'*Histoire de la folie*, s'articule ici le statut privilégié de la médecine pour les sciences de l'homme: la mort perd sa transcendance, sa référence au Mal, au mystère cosmique, elle ne constitue plus la limite des pouvoirs du médecin, mais leur condition de possibilité. «Ouvrez quelques cadavres», dit Bichat. Et c'est la dualité dont je parlais, entre l'expérience lyrique de la mort (Hölderlin, Rilke) et la technique médicale. L'homme s'objective, se maîtrise (face techniciste), mais se perd puisque cette maîtrise est impossible (perte de la transcendance substantielle, face de «dualité», phénoménologie, avènement du Langage). La «mutation du regard médical» s'interprète donc à la fois dans un sens politico-institutionnel (mise en œuvre de nouvelles procédures de maîtrise) et «métaphysique» (crise interne de la représentation).

[39] Cf. *HF*, pp. 56-59 et *infra*.

[40] Cf. M. Clavel, *Qui est aliéné?*, Paris, Flammarion, 1970.

[41] En particulier: qu'est-ce que cet anti-rationalisme qui utilise «naïvement» les procédures de recherche et de vérification propres à l'historien (objection de Derrida)? Nous verrons, dans l'analyse de leur débat, que Foucault n'abandonne pas ce que l'on peut appeler une *rationalité critique sans promesse*, ce qui relierait — en mettant entre parenthèses leur usage rigoureusement inversé du terme «positivisme» — son projet à celui d'Adorno (mais l'absence de promesse chez Foucault est précisément *heureuse*: quel bonheur *promet*-elle par-devers elle?). Un tel manque de référence et de fondation du projet critique sera dénoncé, dans le chef des deux auteurs, par Habermas, qui leur opposera la perspective d'une «rationalité communicationnelle» ou procédurale (cf. J. Habermas, *Der philosophische Diskurs der Moderne, op. cit.*, pp. 130-157 et 279-343).

[42] On l'a aussi critiqué pour le caractère insaisissable des pouvoirs qu'il décrit (dissolution de la résistance à l'oppression dans la multiplicité des micro-pouvoirs, et critique explicite du modèle contractualiste juridico-répressif, base des libertés modernes — *mais ce sera précisément tout le problème du présent livre*). Pour le refus de la catégorie de vérité, cf., dans une fidélité caricaturale à ce que le projet a de plus outrancier, P. Veyne, *Comment on écrit l'Histoire*, suivi de *Foucault révolutionne l'histoire*, Paris Seuil-«Points», 1979 (cf. pp. 201-242).

[43] Cf. M. Clavel, *Qui est aliéné?, op. cit.*

[44] «Ruse et nouveau triomphe de la folie: ce monde qui croit la mesurer, la justifier par la psychologie, c'est devant elle qu'il doit se justifier, puisque dans son effort et ses débats, il se mesure à la démesure d'œuvres comme celle de Nietzsche, de Van Gogh, d'Artaud. Et rien en lui, surtout pas ce qu'il peut connaître de la folie, ne l'assure que ces œuvres de folie le justifient.» (*HF*, p. 557).

[45] Cf., sur ce point, D.C. Hoy, Introduction à *Foucault, a critical reader, op. cit.*, pp. 21 sq.

[46] *HF*, p. 602 («Mon corps, ce papier, ce feu»).

[47] Cf. J. Derrida, *Marges de la philosophie*, Paris, Editions de Minuit, 1972, pp. 129-164.

[48] Paris, Editions de Minuit, pp. 33-34.

[49] On pourrait ajouter: présence de l'inconscient; enracinement historique du langage; paradoxes observateur/observé dans la mécanique quantique; statut superficiel des généralités vraies en sociologie, démographie, etc., au profit de la profondeur singulière dans l'expérience littéraire — cf. G. Deleuze, *Proust et les signes*, Paris, PUF, 1971; vérités «abstraites» et vérités «qui force[nt] à penser» — pp. 22-23 —, c'est-à-dire, dans le langage du présent livre, *instrument et «substance»*.

[50] Cf. «Cogito et Histoire de la folie», in J. Derrida, *L'écriture et la différence*, Paris, Le Seuil, 1967, pp. 53 sq.

[51] Cf. G. Granel, Introduction à: M. Heidegger, *Qu'appelle-t-on penser?*, Paris, PUF, 1967, pp. 1-19.

[52] Expression célèbre de l'interview posthume au *Spiegel*.

[53] «L'audace hyperbolique de Cogito cartésien, son audace folle... consiste donc à faire retour vers un point originaire qui n'appartient plus au couple d'une déraison *déterminées*, à leur opposition ou à leur alternative. Que je sois fou ou non, *Cogito, sum*. A tous les sens de ce mot, la folie n'est donc qu'un *cas* de la pensée (*dans* la pensée).» («Cogito et histoire de la folie», *op. cit.*, p. 86). Derrida parle encore d'«un excès inouï et singulier, d'un excès débordant la totalité de ce que l'on peut penser, la totalité de l'étantité et du sens déterminés...» (*Ibid.*, p. 87).

[54] J. Derrida, «Violence et métaphysique», in *L'écriture et la différence, op. cit.*, p. 117 (il s'agit du long texte consacré à Levinas).

[55] «... je serais tenté de considérer le livre de Foucault comme un puissant geste de protection *et de renfermement* [*sic*, je souligne - G.H.]. Un geste cartésien pour le XXe siècle. Une récupération de la négativité. En apparence, c'est la raison qu'il renferme à son tour, mais, comme le fit Descartes, c'est la raison d'hier qu'il choisit pour cible, *et non la possibilité du sens en général* [je souligne - G.H.].» («Cogito et histoire de la folie», p. 85).

[56] Cf. «Violence et métaphysique», *op. cit.*, pp. 117-228.

[57] In *La Pensée-68, op. cit.*, pp. 122-129.

[58] *Ibid.*, p. 126.

[59] *Ibid.*, pp. 263 sq.; cf. également L. Ferry, *Philosophie politique I* et *II, op. cit., passim.*

[60] Belle défense du point de vue cassirerien à Davos dans *La Pensée-68, op. cit.*, pp. 270 sq.

[61] Par opposition à la «patience» hegelienne du concept, qui a fourni à G. Lebrun le titre d'un de ses ouvrages.

[62] Cf. G. Haarscher, *L'ontologie de Marx, op. cit.*

[63] Il ne faut évidemment pas négliger le fait que l'ambition critique du marxisme était également liée à d'autres dimensions, fécondes ou «dangereuses», mais en tout cas échappant aux stérilité des doubles: il y a chez Marx — et ceci est lié à son refus de la philosophie, que j'ai en ce sens eu tort de dénoncer *purement et simplement* dans l'*Ontologie de Marx* — une tentative d'élucidation concrète des rapports de forces, des causes et solutions possibles du problème de la «misère», l'idée d'un combat historique, un souffle de prométhéisme émancipateur, bref *de la «philosophie seconde» (en ce sens,* Foucault est son héritier, alors que Derrida continue l'impossible tradition métaphysique: pour lui, la philosophie doit *indéfiniment* — pouvoir des Maîtres — errer vers le sens de sa mort).

[64] Notons que, pour Strauss, Heidegger lui-même n'échappe pas à l'historicisme, puisqu'il ne rétablit pas comme telle l'exigence substantielle. Je dirais: Heidegger incarne par excellence la problématique (l'impasse faite grandeur) des doubles. Son non-relativisme (sa dés-immanentisation) est illusoire, le «positivisme» est sa vérité. Mais je rétorquerais à Strauss que son exigence substantielle, pour sa part, relève d'une *autre* illusion: celle d'un *réenchantement* possible du monde. Il faudra penser sans ces deux béquilles philosophiques: les doubles ou l'impossible substance faite grandeur du «rien» constituant; la nostalgie de la Grèce (et du christianisme, «platonisme pour le peuple» selon Nietzsche) ou l'impossible remythologisation de la substance. Illusion d'une transformation du négatif en positivité; illusion parallèle d'un Retour du positif «cosmico-substantiel». Parfois d'ailleurs, Strauss se situe du côté des doubles, parlant de l'accession impossible aux réponses, de l'insistance de la Question, etc.

[65] Cf. *L'ontologie de Marx, op. cit.*

[66] Cf. T. Adorno et M. Horkheimer, *Dialectique de la raison*, Paris, Gallimard, 1974, pp. 58-91.

[67] Postérieurement toutefois au phénomène, déjà rationnel-instrumental pour Adorno et Horkheimer, de la magie. *Ibid.*, pp. 21 sq.

[68] Cf., sur tout ceci, *Emmanuel Levinas*, textes rassemblés par J. Rolland, in *Cahiers de la nuit surveillée*, n° 3, Paris, Verdier, 1984.

Chapitre III
Qui perd gagne

I. RAISON INSTRUMENTALE ET DESTRUCTION DES FINS

Reprenons l'argument en son essence : il concerne la rationalité dite instrumentale. Quand Strauss décrit — et déplore — le renversement hobbesien, c'est pour montrer que plus rien, chez Hobbes, ne transcende l'intérêt individuel égoïste. Cet individualisme possessif est accepté comme un donné, comme une finalité que la raison n'entame pas, ne *critique* pas. Dès lors, cette dernière ne constitue qu'un instrument au service de buts donnés du dehors (de la nature humaine, de la «passion»). L'Etat se constitue dans la seule mesure où il est supposé mieux garantir les intérêts privés, et essentiellement, dans le contexte de l'anthropologie hobbesienne, la sécurité, le «droit à la vie». Strauss n'a nulle difficulté à montrer que cet Etat n'en est pas véritablement un, autrement dit que, les vertus publiques se trouvant désormais désacralisées, dépourvues de fondement et de motivation, personne ne se battra pour le défendre au risque de sa vie — ce qui contredirait la raison même de l'entrée en société politique. J'ajoute que cette fragilité constitutive ne se trouve nullement, selon moi, en contradiction avec le caractère despotique de l'Etat hobbesien : c'est justement parce que Hobbes est parfaitement conscient de cette précarité qu'il en rajoute sur l'indivisibilité de la souveraineté, jusqu'à refuser, quasi obsessionnellement — mais sans doute en vain —, la liberté d'expression, l'indépendance de la vie spirituelle et la résistance à l'oppression.

Mais Hobbes est-il représentatif de la modernité politico-philosophique en tant que telle? C'est toute la question. S'il l'était, si ses thèses constituaient les prémisses, fussent-elles voilées, de la philosophie des Etats de droit contemporains, bref le rempart intellectuel de nos libertés, alors une telle muraille protectrice apparaîtrait certes bien fragile, ce qui aurait de quoi nous alarmer. C'est pour le coup que nous prendrions au sérieux la revitalisation, tentée par Strauss, du droit naturel classique: si toute critique du pouvoir, toute volonté de le justifier (de distinguer entre autorité légitime et tyrannie arbitraire), suppose un critère objectif, alors il faut avouer que les Grecs *visaient* un ordre objectif, une harmonie du cosmos, bref une «loi naturelle» transhistorique, c'est-à-dire transcendant les régimes positifs qui apparaissent dans l'espace et dans le temps. Ce standard n'appartenait pas à l'histoire et permettait donc de mesurer, d'évaluer les pouvoirs effectifs. S'il avait appartenu à l'histoire, il eût été immanquablement considéré comme une préférence parmi d'autres, comme une manifestation de la «volonté», et non comme l'expression de la raison. La loi naturelle est découverte — puis «déclarée» — grâce à l'exercice de la raison, du *logos*. La loi positive intrahistorique est posée — puis «promulguée» — par l'effet d'un acte de volonté, d'une «décision». Si le critère — le «cosmos» — vient à manquer, si la visée classique échoue, le mouvement de transcendance en direction de l'ordre objectif retombera sur l'histoire: il n'y aura plus qu'événement historique contre événement historique, positivité contre positivité, volonté et décision contre volonté et décision. Le *décisionnisme* et l'*historicisme* seront dès lors inévitables.

Or, analysant l'œuvre de Hobbes — qu'il assimile à la base même du droit naturel moderne —, Strauss ne nie pas, selon moi, la *visée* d'un critère objectif. Après tout, les intérêts individuels transcendent effectivement les exigences de l'autorité positive, puisqu'ils la précèdent et la fondent. Autrement dit, le pouvoir semble se trouver, ici comme dans la version classique, référé à plus haut que lui. Certes, nous avons bien vu que ce critère supérieur possède un *contenu* tout différent dans le droit naturel moderne: la Cité juste — le pouvoir légitime — n'est plus celle ou celui qui doit être calqué(e) sur l'ordre du cosmos (fût-ce, plus modestement, par l'intermédiaire du *second best* de la constitution mixte), mais celle ou celui qui garantit les droits individuels. Strauss a lumineusement rassemblé, nous l'avons dit, les traits marquants de cette inversion de perspective. Il n'empêche qu'à première vue, il ne s'agit que d'un changement radical de signification — de contenu — du critère, et non d'une abolition de ce dernier, d'une dérive historiciste. Or c'est ici que l'interprétation straussienne pèse de tout son poids: l'inversion n'est pas, malgré les apparences, une *simple* inversion; elle implique, quelle que soit la bonne volonté des auteurs jusnaturalistes modernes, une *destruction* du critère de jugement (de légitimation).

Comment expliquer cela? L'argument de Strauss ne me semble pas suffisant en lui-même: pour clarifier la situation, il nous faut faire un détour «weberien». Chez Hobbes, l'Etat constitue l'instrument des intérêts égoïstes; dans le droit naturel classique, il reflète imparfaitement l'ordre du cosmos, c'est-à-dire la hiérarchie des fins: il est plus proche des buts authentiques que l'individu isolé, produit de la dégradation, de la dissonance. Hobbes, dit Strauss, tente de coupler un hédonisme épicurien à un «idéalisme» politique. Mais, dit-il, *cet idéalisme n'a plus les moyens de ses prétentions*. L'idéal de l'Etat ne constitue en effet plus qu'un moyen des buts individuels: il ne se stabilise qu'à condition qu'il apparaisse comme le meilleur instrument de leur réalisation. Il ne possède nulle substance intrinsèque, nul statut sacré. Or ce qu'il faut comprendre, c'est que tout ceci implique une autorité politique éminemment fragile, que les individus déserteront au moindre danger, et qui sera dès lors à la merci de la moindre déstabilisation, bref de la tyrannie ou du retour à la guerre de tous contre tous. L'intérêt individuel — le désir de sécurité, la peur de la mort — ne constitue qu'en apparence un critère transcendant les intérêts du pouvoir. En réalité, il ne pèse d'aucun poids, puisqu'il ne forme pas un pôle de *résistance* (c'est-à-dire de sacrifice, voire de risque de mort possible). Le strict calcul d'intérêts peut autant mener à la constitution de l'autorité politique qu'à la désagrégation — par fuite et désertion des parties concernées — du Léviathan.

Le concept de raison instrumentale est ici déterminant. Alors que la raison classique, substantielle, (re)découvrait des buts et impliquait donc un bouleversement des finalités individuelles (bouleversement qui entraînait lui-même les ruses et prudences de l'*art of writing*), la raison moderne (du moins, à ce stade de l'argumentation, celle de Hobbes) les accepte telles quelles, ne les critique pas, ne vise aucunement à les transformer. Elle agence les meilleurs moyens au profit de buts sur lesquels elle n'a pas prise: ils lui sont indifférents, ce sont des *wants* (des «demandes», des désirs, des préférences), et elle ne les oppose pas à des *ideals* (une hiérarchie objective des fins). On voit donc que, comme l'avait déjà indiqué Platon dans la *République* quand il faisait de la justice dans l'âme le microcosme de la justice dans la Cité, le critère d'appréciation concerne autant l'individu que l'Etat: c'est dans l'exacte mesure où les fins individuelles se trouvent nivelées (on ne les mesure plus à l'aune d'un idéal transcendant) que l'Etat lui-même se voit historicisé et immanentisé. Si tout se vaut et tout est *a priori* permis (comme le craint et le prévoit douloureusement Ivan Karamazov; comme le déclare Hobbes dans sa description de l'état de nature, où la limite de mon droit est celle de mon pouvoir), il apparaît désormais impossible de bâtir un Etat en le modelant sur un ordre objectif *qui serait celui même de l'âme ordonnée, en accord avec elle-même, satisfaite*. Il faut en effet méditer la vieille sentence socratique — « Nul n'est méchant volontairement » — bien au-delà de son contexte d'apparition : l'homme grec vertueux est heureux au sens d'un bonheur *sublimé* — et il faut prendre ce dernier adjectif dans sa signification freudienne. La vertu rend heureux, accompli, harmonieux, et ceci même permet la constitution d'un Etat idéal. Certes, comme tout le monde ne peut devenir philosophe et remonter de ce fait la pente de dégradation et de désorganisation de l'âme, l'Etat est toujours nécessaire pour contraindre ceux qui ne seraient pas sauvés par la contemplation de l'Ordre. Il reste que cette Cité possède un fondement solide, de par son articulation avec des vertus publiques, elles-mêmes génératrices, non pas de la seule satisfaction véritable (c'est, pour Platon et Aristote, celle de la contemplation pure), mais de sa meilleure approximation dans l'activité publique, c'est-à-dire dans la réalisation approchée, « mimétique », d'un ordre calqué (certes imparfaitement) sur celui que contemple le philosophe. L'aristocratie de la vie politique constitue le *second best* de l'impossible magistrature philosophique. Et comme le réalisme exige de l'équilibrer par un recours au principe du consensus — c'est-à-dire à la démocratie —, la « constitution mixte » (du vieux Platon, d'Aristote, de Polybe) apparaît comme le régime idéal. Strauss et Allan Bloom s'y réfèrent comme à *la fondation du libéralisme moderne qu'il faut, de façon urgente, substituer à la fondation hobbesienne.*

Chez Hobbes en effet, le nivellement *want-regarding* des fins n'implique plus aucune restriction à l'hédonisme égoïste. Dès lors, on peut dire que la vérité de sa position, quoi qu'il veuille, réside dans une sorte d'anarchisme généralisé (le Léviathan ne sera pas défendu et se « défera » inéluctablement, à supposer qu'il puisse survivre à l'instant même de sa constitution), c'est-à-dire dans un machiavélisme considéré en son sens courant (Strauss : *« a teacher of evil »*) : celui qui se montrera le plus fort et le plus intelligent l'emportera. Dans l'anarchie atomistique des désirs nivelés (c'est-à-dire tous acceptés, tous légitimes — aussi bien tous illégitimes), Hobbes est — malgré lui — le fourrier du Prince, c'est-à-dire de Calliclès, *l'ennemi par excellence de la philosophie.*

Maintenant, la question est : comment en est-on arrivé là ? Pourquoi ce passage du cosmos à l'atomisme, du holisme à l'individualisme, du substantiel à l'instrumental, de l'*ideal* au *want* ? Weber disait : la raison (comprise dans son sens instrumental, *zweckrational, purposive-rational*) *désenchante* le monde. Au départ, on peut naïvement croire que les instruments, les techniques sont neutres : ils consolident des fins pour eux externes. C'est le point de vue de l'expert : donnez-moi vos fins — je ne les critiquerai pas —, et je vous fournirai les moyens les plus adéquats. La raison instrumentale est *hypothétique* au sens de Kant : *si* vous voulez cela, *alors* agencez les moyens de façon rationnelle (cohérente, inventive, efficace). Or l'essentiel de l'idée de « désenchantement » telle que je la reconstruis à partir de Weber et de l'Ecole de Francfort, c'est que, paradoxalement, *la raison instrumentale « tue » les buts*. Et ce « meurtre » possédera, nous le verrons, des significations multiples, qu'il ne faudra pas confondre hâtivement. L'exemple d'Ulysse, évoqué dans la *Dialektik der Aufklärung*, est à cet égard lumineux : rien de plus conservateur, en un sens, que son désir de retrouver femme et foyer. Rien de subversif, d'attentatoire aux valeurs traditionnelles et « mythologiques », dans son entreprise. Et pourtant, les moyens — les instruments — mis en œuvre pour atteindre ce but possèdent une signification indirectement — mais inéluctablement — destructrice, subversive. Ulysse ruse : il analyse la situation et, seul, par l'unique usage de sa raison individuelle, il affronte le monde. Il « expérimente », et si ses conceptions sont erronées, il en payera le prix : ce sera l'échec, dû à une analyse insuffisante de la situation.

L'*Odyssée* nous confronte à une sorte de dualité potentiellement explosive : des moyens « modernes » pour des fins traditionnelles ; une raison technicienne au profit d'un retour conservateur au foyer. Une telle dualité ne peut rester équilibrée : si les conditions d'une extension de la raison instrumentale sont données, si les fins mythologiques se trouvent fragilisées par quelque événement que ce soit, la victoire du « logos » sera assurée. Rien n'empêche en effet que la « mentalité » inaugurée — légendairement, cela va de soi — par Ulysse ne se propage à la définition des fins elles-mêmes : si l'on a été habitué à jauger les situations en termes rationalistes et expérimentaux, rien n'exclut (au contraire : tout y tend) que cette attitude se reporte sur les fins elles-mêmes : elles ne supporteront évidemment pas l'épreuve du *didonaï logon*. Elles apparaîtront comme des « histoires », des superstitions. Le monde sera « désenchanté ». Cet effet-boomerang constitue l'une des raisons majeures des procès d'impiété (il est vrai rares et exceptionnels, si on les compare à ceux du christianisme médiéval) qui ont eu lieu à Athènes au Ve siècle. Socrate en fut la victime la plus célèbre.

Mais il faut remonter à Thalès (autre héros philosophique légendaire) pour en saisir toute la portée.

«Tout est eau». Premier énoncé philosophique, à l'abord bien innocent. Enoncé par essence non politique, c'est-à-dire ne concernant nullement les fins de la Cité (intimement entrelacées, chez les Grecs, avec celles de l'individu). Thalès contemple la nature; il «expérimente» et raisonne, certes de façon balbutiante: la rosée, le gel, la vaporisation et d'autres phénomènes lui font croire que l'eau constitue l'élément — *stoïcheon* — fondamental. Quoi de plus innocent? Et pourtant, comme dans le cas d'Ulysse, on peut dire que cette activité rationnelle, *apparemment tout à fait éloignée d'une mise en cause des fins traditionnelles*, les fragilisera par contrecoup. En effet, le contexte mythologique apparaît toujours comme à la fois descriptif et normatif: descriptif dans la mesure où le polythéisme anthropomorphique constitue une vue, une conception de la «nature»; normatif puisque cette approche religieuse privilégie, dans l'exercice du pouvoir, ceux qui peuvent se prévaloir d'une ascendance généalogique les faisant remonter aux dieux et les distinguant dès lors «ontologiquement» du *vulgum pecus*. Dès lors, la désanthropomorphisation de la nature qu'inaugure Thalès — désenchantement philosophique «localisé», touchant «seulement» la nature — concerne par contrecoup l'élément normatif, c'est-à-dire le principe traditionnel de légitimation du pouvoir: si l'univers mythologique apparaît comme un mythe au sens moderne du terme, autrement dit comme une affabulation, c'est l'assise même de l'autorité «de l'éternel hier» (comme disait Weber) qui s'en trouvera inéluctablement ébranlée. On prendra l'habitude de raisonner en termes rationnels à propos du pouvoir lui-même. Le pouvoir hérité entrera en crise. On sait pourtant que, pour dire les choses rapidement, le désenchantement grec n'est pas radical: la croyance en un ordre «cosmique», en une harmonie objective, subsiste *dans la philosophie même*. Or le *logos* (au sens d'accord originaire) possède à son tour un caractère à la fois descriptif et normatif: c'est le monde tel que le philosophe est supposé le décrire (le retrouver, se le réapproprier par réminiscence), *et* c'est un idéal (l'ordre, l'harmonie où chaque être est à sa place et conspire à l'agencement total). L'harmonie est holiste par définition: elle indique l'accord collectif, total, des étants. La raison la re-découvre, la contemple et s'y soumet: elle ne la «produit» pas — l'Ordre n'apparaît nullement comme un effet des pouvoirs de la subjectivité ou de la volonté. C'est pourquoi, comme le dit Strauss, le critère transcendant (qui est référence à la fois pour l'ordre naturel et pour l'ordre politique) peut prévaloir, à l'encontre du conventionalisme (selon lequel toute loi, tout *nomos*, est pure convention relative) ou de ce que l'on appellera plus tard soit le positivisme (il n'y a que des règles posées par la volonté changeante des hommes), soit l'historicisme (rien, au-delà du temps historique, ne permet d'hiérarchiser les régimes et les modes de vie).

Mais voici la difficulté : ce cosmos auquel se réfère Strauss, peut-être a-t-il constitué comme un reste, une «rémanence» d'enchantement du monde (de mythologie). Peut-être la situation et l'«esprit» grecs ont-ils arraisonné et limité la raison en subordonnant la technique à la contemplation d'un ordre objectif, dont la présupposition reconduisait celle du vieil ordonnancement hésiodique et théogonique. Le christianisme a d'ailleurs renforcé un tel bridage de la raison, puisque, cette fois, elle s'est trouvée subordonnée à un cosmos, à un Ordre monothéiste, enracinée dans une transcendance qui était celle du Dieu créateur. La raison humaine — quelle que fût sa liberté relative — était toujours sous haute surveillance : seule la grâce lui permettait de s'accomplir en se limitant, puisque l'Ordre surnaturel la transcendait, elle humaine trop humaine, absolument. Bref, le christianisme médiéval a sans doute perpétué le bridage de la raison, *c'est-à-dire la remise à plus tard — le «différer» — de ses effets destructeurs les plus radicaux*. La modernité, caractérisée par un mouvement semble-t-il irréversible de sécularisation, réenclenche le désenchantement du monde : cette fois, la rationalité instrumentale (les savoirs et les techniques) progresse démesurément. Et cette progression, comme toujours, se paye par des effets indirects : même si l'on peut discuter longuement sur le platonisme de Galilée ou sur l'augustinisme de Descartes, il reste que la science moderne crée un état d'esprit, un rapport aux choses, une «considération de l'étant en totalité» qui, bientôt, s'appliquera inévitablement aux fins elles-mêmes. Le vieux cosmos grec apparaîtra comme un reste mythologique, de même que la surnature chrétienne. Petit à petit, les buts transcendants, l'ordre et l'harmonie objectifs — *bref le critère classique de Strauss* — s'écrouleront sous les assauts démystificateurs et infiniment décapants du *logos* moderne. Alors, les effets ultimes de la *rationalisation* (Weber) deviendront décisivement visibles : au départ, Ulysse n'avait agencé que des instruments en vue d'accomplir des fins traditionnelles; l'état d'esprit créé (demander des justifications, exiger des arguments, des preuves, des «bonnes raisons») s'était rapidement étendu au mode de validation des fins elles-mêmes, et la mythologie était apparue, dès Xénophane, pour ce qu'elle est : une approche du monde qui ne soutient pas l'épreuve critique et négative de la raison. *Mais le cosmos*, harmonie descriptive-normative, *avait formé*, aidé en cela, si l'on peut dire, par la christianisation de l'Occident, *l'ultime cran d'arrêt* : le redémarrage moderne allait lui donner le coup de grâce. Ce qui n'avait pas été vu — sauf par ceux, peut-être les plus lucides, qui, tel Aristophane, avaient scandaleusement identifié Socrate et les sophistes, la raison et le relativisme conventionaliste —, c'était que l'Ordre *ne reposait peut-être que sur une croyance*, miraculeusement protégée par la différance chrétienne. Un jour, la raison devait questionner cet Ordre lui-même, garant de la légitimation trans-historique du politique, et le renvoyer, comme elle l'avait fait pour les dieux grecs, à la mythologie. Les buts disparaîtraient dans leur caractère holiste, collectif, total et ordonné, ne laissant sur leurs ruines que l'herbe folle du *bellum omnium contra omnes*. C'est sans doute d'un même mouvement — qu'il s'agit de penser dans ses implications les plus déstabilisatrices — que la subjectivité s'émancipe de la référence «cosmique», cran d'arrêt pour la liberté (*mais aussi* — Strauss l'a bien vu — *frein à sa barbarie potentielle*), et que des moyens redoutablement efficaces lui sont fournis. Ou plutôt: le mouvement ascendant de la science moderne décuple les instruments disponibles tout en dévastant l'ordre holiste qui les avait, toujours déjà, comme par un pressentiment horrifié, bridés. *La solitude de la subjectivité et son infini pouvoir vont de pair. Elles font partie d'un même horizon philosophique.* C'est pourquoi Adorno et Horkheimer peuvent parler d'une dialectique de la raison: les pouvoirs émancipateurs de cette dernière semblent avoir appartenu à un moment daté de l'histoire intellectuelle occidentale, puisque le cosmos grec apparaît rétrospectivement comme mythologique. La raison se serait transformée en son contraire: de raison des gouvernés (chez les Grecs, le cosmos contemplé par le philosophe limite l'intérêt «thrasymachien» des gouvernants), elle se serait révélée comme «raison du plus fort» (les instruments les plus efficaces au profit de celui qui possède la volonté la plus puissante, au sens nietzschéen). D'une raison conçue comme recours critique ultime contre les tendances tyranniques, toujours imminentes, du pouvoir, on en serait passé à une raison comprise comme maximisation des intérêts égoïstes, c'est-à-dire de la domination d'autrui. Dans le chaos de l'état de nature hobbesien, le plus fort et celui qui possède les instruments les plus efficaces l'emporteront. Rien ne limitera plus cet «arraisonnement du monde» (Heidegger), puisque toutes les fins auront été nivelées. La fin ayant pour elle les meilleurs instruments (le plus de force) l'emportera. La victoire de la rationalité instrumentale sera complète: ayant tué l'ordre objectif, mythologique, des buts (fût-ce le cosmos platonicien ou le dix-septiémiste Dieu-des-philosophes), elle régnera au profit de n'importe quelle fin, c'est-à-dire d'elle-même. En effet, la fin n'importera plus, seuls les moyens agencés lui permettant de vaincre. Encore faudra-t-il, ajoutera Machiavel, que l'individu soit à même de se saisir de ces moyens : il lui faudra de la *virtù*, du courage, de l'intelligence, le sens du risque. Mais tout cela, c'est toujours la force (ou la faiblesse) de l'individu : plus aucune référence transcendante ou sacrée ne le borne. Il n'est limité que par ses propres insuffisances dans le combat sans pitié du *bellum omnium contra omnes*. Et du coup, l'illusion hobbesienne semble s'éclairer d'un jour nouveau : son Etat, c'est un holisme de pacotille, le fantasme suivant lequel *cet* instrument sera toujours le seul et unique choisi par des individus calculant leurs intérêts, c'est-à-dire raisonnant instrumentalement. Or la croix du hobbesisme est dans la contradiction suivante : ou bien l'individu est par essence peureux, craint la mort, déteste le risque ; dans ce cas, il instaurera probablement le Léviathan, *mais jamais il n'osera prendre les risques attachés à sa défense*. Ou bien il est égoïste au sens du grand égoïsme machiavélien ou nietzschéen : dès lors, il ne conclura jamais ce pacte social, fondé uniquement sur la peur (qu'il n'éprouve nullement) d'avoir quelque jour le dessous. Bref, le petit égoïsme garantit l'« entrée en Léviathan », mais interdit la survie de l'Etat ; le grand égoïsme exclut *a priori* la constitution du Léviathan. La vérité de Hobbes, c'est soit le retour à l'état de nature (à supposer qu'on l'ait un jour « quitté »), soit la prise de pouvoir par un Prince machiavélien.

Dans cette ligne d'argumentation et jusqu'au point présent, je peux sembler m'accorder avec Strauss, dont j'aurais en quelque sorte reconstruit les positions à partir d'une « philosophie de l'histoire » d'inspiration weberienne et adorno-horkheimerienne (Strauss n'utilise pas lui-même le concept de raison instrumentale). En particulier, on pourrait trouver ici un fondement pour l'équation straussienne Hobbes = Machiavel, ou en tout cas pour la thèse de Strauss suivant laquelle ils appartiennent à un même horizon intellectuel. Le machiavélisme constituerait une branche de l'alternative imposée par l'idée d'un univers atomistique et *want-regarding*, à l'opposé d'un univers holiste-cosmique et *ideal-regarding*. Et à supposer que les instruments soient inégalement répartis, que le plus cynique (celui qui serait le moins contaminé par des restes d'imaginaire holiste) s'en empare, on pourrait soutenir que Machiavel constitue l'origine intellectuelle du totalitarisme contemporain. Les straussiens ne seraient pas loin d'adopter ce point de vue.

II. INVERSION ET DESENCHANTEMENT

Or voici la limitation du propos straussien. On peut en effet soutenir que la référence au droit naturel classique relève d'un impossible réenchantement du monde: la hiérarchie naturelle des fins (l'ordre *ideal-regarding*) ayant été dénoncée comme mythologique, il est impossible d'y revenir sans «fanatisme», c'est-à-dire sans revitalisation artificielle de la croyance. Il faut noter, pour défendre Strauss, qu'il est lui-même parfaitement conscient de ce danger d'obscurantisme, et que c'est justement pour l'éviter qu'il propose la voie de la «bonne vie» philosophique. En d'autres termes, le cosmos *philosophique* constituerait la seule issue possible, pour éviter la double impasse du cosmos religieux (donc potentiellement dogmatique, «persécuteur») et de l'acosmisme hobbesien (machiavélien si l'on suit la lecture straussienne de la modernité). Mais il n'empêche que cette hiérarchie naturelle des fins, visée par le seul *logos* philosophique, constitue un acte de croyance: la raison seule est incapable de la produire. Et, bien entendu, on peut très légitimement, comme le fait aujourd'hui Bloom, *préférer* l'exigence philosophique au nivellement relativiste de l'*openness*. Il reste qu'il s'agit précisément d'une *préférence*, et qu'en l'état actuel des choses, sa position n'échappe pas à l'historicisme. Une chose consiste à dire qu'il est «mieux» de se modeler sur Platon et Aristote que sur Hobbes; une autre est de rapporter cette préférence classique à un critère objectif, lequel a justement été ébranlé par la crise moderne. La quête rationnelle et dialogante de l'essentiel, la tentative d'élaborer entre les fins et les exigences une hiérarchie, fût-elle précaire et toujours à revoir (Strauss a toujours insisté sur le caractère ouvert et aporétique de la quête philosophique), apparaît éminemment respectable, et le bon sens la fera préférer soit au fanatisme absolutiste, soit au nivellement relativiste. Mais c'est le *statut de cette préférence* qui fait problème, puisque le projet même de Strauss consiste à tenter de dépasser l'historicisme, et qu'en l'état des choses il n'y parvient pas plus que Hobbes.

Soit. Il reste que les valeurs sont différentes, et qu'une éducation straussienne ou bloomienne prendrait une forme tout à fait opposée à une éducation hobbesienne. Mais encore une fois, il s'agit d'éducation, et ce processus peut très bien être compris en termes historicistes de dressage et de conditionnement. L'objectivité du critère ne s'en trouve pas renforcée pour autant. Rappelons en effet que toute la force de l'argumentation straussienne résidait en ceci que l'inversion moderne (le critère était holiste et cosmique; il est maintenant individualiste) n'en était pas véritablement une. En effet, le désenchantement du monde « agit » dans le passage d'un point de vue à l'autre, ce qui empêche le second (le « moderne ») de prendre une consistance, d'acquérir une transcendance. Quelques mots d'explication sont nécessaires pour rendre ceci intelligible. La force de Hobbes, c'est qu'il « mange le morceau » : il tente véritablement d'engendrer — de « déduire » — l'Etat à partir du strict intérêt égoïste, et, qui plus est, de l'égoïsme le plus vil et le plus lâche, non critiqué comme tel; Hobbes se montre radicalement fidèle à la présupposition *want-regarding*, c'est-à-dire à la rationalité strictement instrumentale: *même l'égoïsme ne contient aucune hiérarchie, puisque c'est le « pire », le plus mesquin qui se trouve accepté comme sentiment le plus commun, à partir duquel est bâtie la philosophie politique*. L'échec du *Léviathan*, envers de l'obsession d'une indivisibilité fantomatique de la souveraineté, est patent parce que Hobbes ne triche pas avec les prémisses: *ce sont strictement les prémisses « désenchantées » de la modernité*. Il ne s'illusionne pas en mettant en avant une hiérarchie des égoïsmes — ce sera le cas de Nietzsche —, ni en *dédoublant* l'individualisme — en ajoutant à l'individualisme possessif l'individualisme universaliste éthico-juridique. *Il trace l'épure du drame moderne.*

Qu'est-ce que l'individualisme universaliste éthico-juridique? C'est la philosophie des droits de l'homme, autrement dit l'idée suivant laquelle le principe de légitimation de tout pouvoir, présent et à venir, consiste en le respect des droits fondamentaux de *tout* individu (hormis bien entendu les atteintes *réglées* à ces droits rendues nécessaires par l'institution du pacte social). J'ai indiqué dans un chapitre précédent que cet idéal en constituait bien un, au sens classique du terme: le respect de la dignité individuelle forme une valeur *voulue* transcendante, un critère objectif et universel de légitimation du pouvoir. En d'autres termes, le *mot* individualisme ne doit pas ici faire illusion: il s'agit *toujours d'un holisme*. En effet, c'est l'universalité du genre humain qui constitue, pour tout individu agissant, le critère éthique ultime, et chacun sait que le respect, en tout homme, en tout « prochain », en tout *alter ego*, d'une telle valeur peut réclamer autant de sacrifices que l'idéal de la Cité antique ou les exigences de la foi chrétienne. Les deux individualismes — possessif et éthico-juridique — le sont sous des aspects distincts: le premier parce que seul compte *mon* intérêt, tant dans l'état de nature qu'au moment de la constitution de l'autorité politique et — c'est bien là sa fragilité — une fois qu'elle se trouve instaurée; le second parce que la valeur ultime est l'individu, et non le *cosmos* (ou Dieu, la Nation, etc.). Il est donc clair que l'individualisme possessif se manifestera, en cas de conflit, au détriment de l'individualisme universaliste. L'inverse est vrai.

Maintenant, une précision s'impose. Le seul vrai renversement moderne possible — *s'il s'agissait d'un simple renversement* —, ç'eût été le passage de l'*idéal* communautaire classique et chrétien à l'*idéal* des droits individuels. Dans ce cas, le critère transcendant de légitimation du pouvoir aurait été préservé, seul son contenu changeant radicalement : le pouvoir se trouve *en apparence* tout autant limité par l'éthique des droits de l'homme que par l'éthique chrétienne ou classique. *Il l'est même en droit infiniment plus*, puisqu'on peut dire que c'est seulement dans le cadre de l'individualisme universaliste que l'idée d'un pouvoir limité prend véritablement sens. Certes, la conception prémoderne du pouvoir n'était nullement d'un seul tenant : la démocratie grecque a pu favoriser certaines libertés individuelles (mais en écraser d'autres au nom du principe holiste et «politique» de la Liberté des Anciens); et la lutte médiévale du Sacerdoce et de l'Empire a engendré des théories — et des pratiques — parfois très limitatives du pouvoir temporel. Il faut également rappeler que l'individualisme universaliste a été «préparé» par le christianisme, même si, ultimement, les exigences mondaines de la communauté chrétienne devaient prévaloir, en particulier sur la liberté de conscience de l'individu. Mais il n'empêche qu'à l'époque moderne émerge un modèle individualiste en quelque sorte purifié. Or c'est cette purification même qui fait problème : si on l'envisage dans le sens éthico-universaliste, il s'agit véritablement d'un idéal alternatif; si c'est de l'individualisme possessif qu'il est question, la métaphore du renversement devient non-pertinente, dans la mesure où il ne s'agit plus d'une *inversion d'idéaux*, mais d'une *mise à l'écart de l'idéal comme tel*.

La question est alors : certes, l'individualisme universaliste est «préférable» au cynisme égoïste sécuritaire et «pleutre». Mais le premier a-t-il vraiment les moyens de ses prétentions? Le désenchantement moderne permet-il de penser en termes d'inversion d'idéaux, alors que la «montée» de la raison instrumentale et le «meurtre» des buts objectifs atteignent le statut même de l'idéal en son cœur? De nouveau, le cynisme apparent de Hobbes constituerait la vérité du discours honorabilisateur sur les droits de l'homme. Ce dernier se ramènerait à l'illusion masquant le caractère insoutenable du premier. *Encore une fois, Hobbes s'avancerait sans masque, sans idéologie, dévoilerait la modernité sans faux-fuyants «mythologiques».* Car c'est effectivement de cela qu'il s'agit : si la modernité tue l'idéal, l'*idéal* des droits de l'homme constitue en tant que tel une mystification. Où situer —

comment fonder — la transcendance du recours néo-jusnaturaliste ? Sur quoi « appuyer » ce combat ? *Comment continuer à parler le langage du trans-historique quand la raison instrumentale l'a « tué » ?* Qu'on comprenne bien le problème. Locke, à la différence de Hobbes, articule l'un avec l'autre les deux individualismes : j'ai montré dans un chapitre précédent que la passion de la liberté politique, l'exigence de la lutte contre l'arbitraire, pointaient chez lui en direction d'un universalisme qu'actualiseront les Déclarations françaises et américaines de la fin du XVIIIe siècle. En d'autres termes, Locke ne dessine nullement l'épure « possessive » de Hobbes : chez lui, la référence à l'individualisme universaliste est au moins potentiellement présente ; et en tout cas, c'est cette dernière qui formera, un siècle plus tard, la base de la philosophie des droits de l'homme : on parlera « des » hommes libres et égaux (et non plus des Anglais, ou des Français, ou des Américains), on déclarera des droits valables pour tout individu en tant que tel. Certes également, les révolutions de l'époque seront « bourgeoises », aideront à établir des relations basées sur les lois du marché — bref favoriseront *aussi* l'individualisme possessif (comme l'avait d'ailleurs fait Locke). Et l'ambivalence subsistera jusqu'à aujourd'hui.

Or voici le problème soulevé, dans la ligne straussienne, par Bloom. Les deux individualismes se trouvent à la base de la contestation moderne du holisme « mythologique » : face à l'individu (à *mes* intérêts ou aux droits de tout homme comme tel), le collectif, l'ordre harmonieux, la dimension politique, apparaissent comme de simples instruments ; démystifiés, rabaissés du rang de fin sacrée et catégorique à celui de moyen relatif et hypothétique, ils sont au service de l'individu. Mais de *quel* individu ? Moi-même dans mes intérêts ou l'Homme incarné en tout individu, le plus faible, le plus innocent, le plus persécuté ? Le fondement du premier individualisme est dans l'intérêt bien compris, « éclairé » par le calcul, par le raisonnement instrumental lui indiquant qu'il doit maximiser son désir, et par conséquent parfois sacrifier l'immédiat au médiat (au futur). Cet intérêt ne se trouve nullement mis en cause par le désenchantement du monde : au contraire, il apparaît maintenant sans masques et sans phrases (du moins chez Hobbes). Le fondement du second individualisme est devenu hyper-problématique à l'époque moderne : comme il s'agit, on l'a vu plus haut, d'un holisme (le royaume kantien des fins), ce dernier se trouve *atteint de plein fouet par le désenchantement*. Historiquement parlant, le holisme universaliste pouvait s'appuyer sur le christianisme, ou sur le monothéisme en général : tous les hommes fils d'un même Dieu. Mais ce point d'appui devait inéluctablement s'effriter avec l'avènement de la modernité (le « redémarrage » de la raison instrumentale) : sans croyance à la transcendance, sans statut ontologiquement privilégié de la personne humaine, seule créature faite à l'image de Dieu, la défense intransigeante et catégorique de la dignité individuelle manque de fondement. Et l'individualisme possessif est comme tel éminemment fragile : dans certains cas, il peut coïncider avec l'exigence universaliste (défendre autrui *me* sert), mais dans d'autres il s'en écarte décisivement (c'est souvent «dangereux»). Bref, tant que le désenchantement n'était pas radical, l'individualisme universaliste possédait un fondement religieux (l'éducation religieuse — le *dressage* universaliste — se poursuivaient). Mais l'accomplissement du désenchantement engendre une crise religieuse, la sécularisation tue le dernier but «holiste».

III. DRAME DES DOUBLES ET «QUI PERD GAGNE»

Plus précisément, on peut dire à ce stade de l'argumentation que le remplacement du holisme classique par un prétendu holisme moderne faisait philosophiquement problème : le mouvement de la modernité a démythologisé la «substance», et en même temps il a mis au premier plan *le cercle carré de la substance-sujet*. Les droits de l'homme sont tout aussi «sacrés» (en tant que devoir et engagement de tous les autres hommes) que l'étaient les «droits» du Tout cosmique. Mais le désenchantement du monde les prive d'assise quant à ce sacré — cette catégoricité — même. Kant verra bien que l'universalisme ne peut plus être fondé du point de vue du contenu : la *Critique de la raison pure* constitue, après Hume, comme *le manifeste du désenchantement* (l'en-soi — la substance, le «cosmos» — est inconnaissable). Et certes, par ce mouvement de limitation du savoir, Kant voulait faire place à la foi. Mais nous verrons que celle-ci, astreinte aux limites de la «simple raison», sera impuissante à fonder l'universalisme et s'enfermera dans une circularité vicieuse. Pour comprendre cet élément, il nous faut un instant revenir à la problématique des *Mots et les choses*.

Foucault indique bien le mouvement de la modernité : la représentation, c'est l'arrachement au fondement extérieur, au «cosmos», lequel se manifestait encore dans le jeu d'infinis renvois caractéristique de la «ressemblance» à la Renaissance. Re-présenter, c'est déployer le monde, l'objectiver, l'articuler, le classifier. Mais ce déploiement est purement humain : c'est la raison non aidée qui le produit. Auparavant, la raison se trouvait englobée et transcendée par la grâce, laquelle l'enracinait dans un ordre surnaturel objectif. Cette fois, la raison est seule, autonome. D'où la question épistémologique fondamentale, laquelle rappelle en écho la question jusnaturaliste straussienne : de quel point de vue se placer pour déployer objectivement le monde ? Il faut bien, pour ce faire, que l'on puisse gagner une position hors du décrit, de l'«empirique», du «mondain». Cette question, qui hantera aussi bien Kant que Husserl, est celle même du *psychologisme* : comment distinguer une représentation délirante («folle»), ou simplement subjective, d'une représentation correspondant à du réel dans le monde ? Comment, dans la masse des représentations psychiques, sélectionner celles qui ont rang de connaissance ? Comment séparer l'épistémologie de la psychologie ? En écho, cette autre question : comment distinguer une règle (une représentation comme produit de la volonté) simplement subjective ou «culturelle» d'une règle correspondant à l'ordre objectif ? Comment, dans la masse des règles et droits «positifs», sélectionner celles qui ont rang de lois naturelles ? Bref, le relativisme épistémologique (psychologisme) correspond rigoureusement, semble-t-il, au relativisme éthico-juridique (historicisme). Or la représentation *est le produit du désenchantement*. Elle constitue un élément purement humain, et relève d'un état d'esprit qui, tôt ou tard, tuera le monde de la «grâce». Rien alors ne permettra d'attester un point de vue de survol transcendant : la représentation ne pourra résister au scepticisme humien (en parallèle : le droit naturel ne pourra résister à l'historicisme savignien). Le mouvement semble irréversible : *on ne remonte pas la pente de la désillusion*. C'est pourquoi la solution straussienne (réenchantement du monde) semble illusoire, tandis que l'universalisme éthico-juridique apparaît pour sa part basé sur un reste précaire de holisme sécularisé, et que le hobbesisme ouvre immédiatement sur l'immanentisme *want-regarding*, c'est-à-dire sur un relativisme anarchique encore plus dissolvant que l'historicisme ordinaire, lequel laisse encore subsister les entités étatiques «nationales».

Mais qu'en est-il du kantisme ? C'est ici que s'ouvre la perspective, essentielle pour mon propos, des doubles ou du cercle anthropologique. L'homme, c'est ce doublet empirico-transcendantal qui appartient au règne de l'immanence et à un règne *qui n'en est pas véritablement un* : le transcendantal n'est pas la positivité transcendante ; l'en-soi n'est que postulé, ou visé sur un mode régulateur. Tout se passe comme si l'immanence tentait de se transcender vers autre chose, mais n'arrivait, dans les conditions d'un monde désenchanté, qu'à se «dédoubler». En effet, de part et d'autre il y a l'Homme : c'est un objet de représentation (aspect phénoménal, appartenance mondaine) et le sujet de la représentation qui, comme tel, constituant le monde (la représentation, le phénomène), se doit de lui être antérieur ou extérieur. Mais comme les conditions d'accession — «intuition intellectuelle» — à cet extérieur sont radicalement exclues, c'est du même au même que s'opère la transition : la circularité est évidente, et assumée comme telle dans le kantisme. Ce sur quoi la moralité doit s'appuyer, c'est elle-même qui le pose (le postule). Si un acte moral doit être autre chose que le produit d'un bon dressage, il faut qu'il s'enracine dans plus haut que l'intérêt. Or Kant exclut l'accès à ce «plus haut» : il le postule, c'est-à-dire que le sujet produit *ce sur quoi il devrait s'appuyer pour fonder la moralité*. Le «cosmos» kantien se trouve pris dans une circularité qu'il ne faut pas hésiter à appeler vicieuse. Kant veut reconstruire la morale holiste — sous la forme de l'idéal universaliste de la dignité humaine — sans recours transcendant. Il accepte le verdict humien mais en refuse les conséquences. Sa métaphysique est immanentiste d'un point de vue «constitutif», mais «transcendantiste» d'un point de vue régulateur. La perte de la transcendance se trouve magiquement transmutée en gain d'une morale. *Qui perd gagne.*

Cette dernière expression a été utilisée à plusieurs reprises par Sartre pour caractériser un processus de transformation de l'échec en victoire. Il en est en particulier de la sorte chez Flaubert, puisque *L'idiot de la famille* tend à montrer que c'est d'un échec familial (en particulier en ce qui concerne l'apprentissage du langage) que le futur auteur de *Madame Bovary* tire les ressources de son écriture. D'un point de vue subjectif en effet, le double échec psychologique (il se trouve écrasé par son frère aîné) et «linguistique» (les mots ont pour lui une étrangeté, une consistance qui les rend difficilement *utilisables*) engendre une sorte de victoire par compensation : Flaubert, qui est «perdant», non intégré, écrira un ouvrage *(Madame Bovary)* montrant à ses contemporains que leur noire vérité réside dans le crime qu'au fond d'eux-mêmes ils désirent commettre, autrement dit que leur apparente intégration (leur «victoire») ne repose que sur du sable. Il les *désenchantera*, dévoilera le fondement illusoire de leurs espérances, mettra à jour le ressentiment qu'ils portent en eux. Dès lors, ils chuteront : auparavant vainqueurs, assurés de leur bonne conscience, ils sombreront dans l'angoisse, dans le néant. *Mais Flaubert*, lui, «remontera» : *lui* aura trouvé une justification «bétonnée», puisqu'il se sera manifesté en tant que Grand écrivain, irremplaçable, disant enfin une vérité à laquelle tous avaient été sourds. *Lui* se sera sauvé, tandis qu'il aura perdu tous les autres.

Sartre avait mis en œuvre le même processus dans *La Nausée*. Roquentin était au départ perdant, puisqu'il avait perçu l'injustifiabilité de l'existence («de trop pour l'éternité»); et les autres fonctionnaient, agissaient comme si les choses mêmes, le monde, l'essence, *le cosmos*, les appelaient. Cette «mauvaise foi» leur offrait un équilibre, une direction d'existence, au moins superficielle. A la fin du livre, Sartre décrit sa propre supercherie : il se sortira de la crise en écrivant précisément *La Nausée*, en *se représentant* sous les traits de Roquentin, en décrivant à ses lecteurs la noire et inéluctable découverte de l'existence, c'est-à-dire de la solitude et de la contingence. Mais *lui*, Sartre, se sera sauvé du même coup : il aura enfin trouvé sa justification en écrivant ce qui jamais n'avait écrit; il sera devenu irremplaçable en *désenchantant* ses lecteurs, c'est-à-dire en leur montrant la vérité de l'existence (la vanité de l'essence, l'illusion du *cosmos*). Dans *Les mots*, Sartre s'auto-critiquera en témoignant de ce qu'il a dû, pour tuer en lui cette escroquerie, penser contre lui-même et mesurer la vérité d'une pensée à la douleur qu'elle lui occasionnait. Bref, il se sera *désenchanté* lui-même, ayant dévoilé les pièges du «qui perd gagne».

Le «qui perd gagne», c'est la volonté de désenchanter le reste du monde et, pour ainsi dire, de s'installer soi-même dans cet échec généralisé (qui «nous» touche donc également) pour faire de ce dévoilement-de-l'échec une vertu, un salut, un pouvoir. Foucault appellera cela : la «souveraineté sans limite» des «maîtres». Mais nous n'y sommes pas encore. Jusqu'ici, il s'agit d'un phénomène de compensation psychologique qui pourrait après tout paraître banal s'il ne concernait pas des écrivains (Flaubert, Sartre). Or la réflexion sartrienne porte infiniment plus loin. Ce que l'on peut soutenir à titre de point de départ, c'est que Sartre voit dans le «qui perd gagne» non seulement un processus individuel, mais un double phénomène historique (qu'il ne distingue d'ailleurs pas mieux, pas plus rigoureusement, dans sa dualité, que ne le faisait Foucault dans l'*Histoire de la folie*) : d'une part, si *Madame Bovary* peut exercer les effets dévastateurs (désenchanteurs) que Flaubert veut lui voir exercer, c'est parce qu'il (c'est le point de vue de l'«esprit subjectif», de la personnalisation, de ce qui a fait que Flaubert, dans son histoire personnelle, approchée d'un point de vue «existentialiste», est devenu ce qu'il est) rencontre dans le monde, chez ses contemporains (point de vue de l'«esprit objectif», de l'évolution spirituelle collective) une fêlure apparentée; en effet, les événements de 1848 ont, selon Sartre, engendré dans le chef d'une partie de la bourgeoisie une sorte de désespoir radical, qu'elle compense («qui perd gagne») par tout un discours sur l'impossibilité de

l'Homme : si l'Homme est impossible, si toutes ces tentatives (l'action
« mondaine ») sont vaines et inutiles, alors nous sommes, dans notre
désarroi, plus proches de l'Etre que ceux qui, illusoirement, tentent
encore de le rationaliser, c'est-à-dire d'agir, de faire des projets. Position en vérité apparentée à celle des philosophes post-modernistes
voyant dans la folie (retour de la Renaissance foucaldienne) un reflet
plus adéquat du chaos dionysiaque que l'illusoire volonté de maîtrise
et d'articulation rationnelle-pratique. Mais Sartre mêle sans doute
considérations métaphysiques et historiques : en un sens, la crise post-1848 est une crise politique, interprétée dans le cadre du matérialisme
historique, bref c'est le drame d'une classe condamnée, le signe d'une
impossibilité temporaire, particulière. Mais en un second sens, cette
crise est celle *du désenchantement moderne comme tel* : ce que découvre
l'écrivain (Flaubert, Mallarmé), c'est le vide métaphysique, l'échec du
rationalisme, la fin du *cosmos* ; à la place du « plein » recherché vient
le « vide », le « rien » (son échec). Et au lieu d'imaginer qu'une pensée
autre soit possible, que l'échec métaphysique puisse inciter à un bouleversement de la philosophie et de l'écriture, tout un courant de la
pensée contemporaine *s'installe dans cet impossible renversement*.

En d'autres termes, le renversement est ici aussi impossible, aussi
« piégé » que le renversement hobbesien dont nous parlions plus haut.
J'avais dit que le point de vue *want-regarding* ne substituait pas un
critère métaphysique (trans-historique) à un autre, mais abolissait le
critère lui-même. Hobbes pouvait bien s'installer dans ce vide et tenter
de réinstaurer malgré tout un ordre holiste consistant, stable : il ne
s'agissait que d'une illusion, vite dissipée, rapidement dénoncée par
l'obsession même de la souveraineté indivisible. Ce que Hobbes voyait
et ne voyait pas, c'était le drame métaphysico-politique moderne : il
le voyait, puisqu'il se basait sur l'individualisme possessif, se refusant
toute hiérarchisation naturelle (dans l'« état de nature »), qu'elle fût
intra-égoïste (grand égoïsme machiavélo-nietzschéen) ou extra-égoïste
(recours à l'universalisme éthico-juridique) ; il ne le voyait pas parce
qu'il tentait malgré tout, sur ces bases épurées de toute substance (de
toute métaphysique, de toute « onto-théologie »), de bâtir une Totalité.
Il acceptait radicalement la *perte* de la substance (du « droit naturel
classique »), mais prétendait la transmuer en *gain* (réinstitution du
Tout ordonné, « droit naturel moderne »). Sartre insiste beaucoup sur
la nouvelle « vision du monde » atomiste, mécaniste et matérialiste (le
point de départ hobbesien lui-même) ; il en signale les implications
désenchantantes ; il dénonce lui-même (et à propos d'une étape de son
propre itinéraire) les demi-mesures tendant à accepter l'échec généralisé pour les autres sans vraiment l'assumer pour soi-même ; il récuse

l'installation dans l'échec, génératrice d'un nouveau pouvoir, d'une nouvelle maîtrise.

En un sens, Nietzsche ne disait pas autre chose quand il analysait les effets du ressentiment et de l'esprit de vengeance. Le grand-prêtre est celui qui, incapable d'assumer la vie — le «sens de la terre» — dans son caractère tragique et dionysiaque, invente un arrière-monde de stabilité *(un cosmos)*, en lequel il peut vivre, lui l'ascète forcé, et qu'il imposera comme la vérité face à l'apparence du monde sensible. Il culpabilisera ceux qui en sont restés à l'en-deçà et ramènera à lui les «intoxiqués de l'arrière-monde», c'est-à-dire ceux qui *échouaient* dans le monde «terrestre». Qui perd gagne: victoire du ressentiment, nihilisme accompli. Certes, le mot nihilisme a ici au moins une double signification: d'une part, il correspond à cette négation de la vie (à cette préférence pour le néant, non perçu comme tel, de l'arrière-monde illusoire) caractéristique de l'attitude du grand-prêtre. Cette négation consiste à faire passer pour substance et pour *cosmos* ce qui ne constitue qu'une illusion de stabilité, d'*harmonie* et de réconciliation, face à une réalité d'*homo homini lupus*, pour reprendre l'expression hobbesienne, mais en ajoutant immédiatement — nous y viendrons — que la dysharmonie nietzschéenne est d'essence différente, dans la mesure où, chez lui, c'est le *grand* égoïsme qui est seul à la hauteur du drame dionysiaque (le *petit* égoïsme ne peut mener qu'à l'arrière-monde, *et justement, nous venons de voir que Hobbes se réfugiait dans l'arrière-monde — l'artifice — du Léviathan).*

Le nihilisme possède une seconde signification chez Nietzsche, plus banale en apparence, puisqu'elle s'identifie au «tout se vaut»: aucune hiérarchie de valeurs ne tient, bref c'est l'étiage *want-regarding*. Mais ce nivellement, tant décrié par Nietzsche dans sa dénonciation de la modernité, doit être compris comme l'effet du nihilisme au *premier* sens (la création de l'arrière-monde): la naissance de la métaphysique (ou du christianisme, «platonisme pour le peuple») porte en elle-même sa fin ou sa chute, parce qu'elle *inaugure la préférence pour le «rien»*, le refus de la «terre», de l'en-deçà, de la vie, de l'affirmation, de la grandeur et du tragique. Que ce monde ne soit pas: mot d'ordre de l'esprit de vengeance, à l'origine de l'invention métaphysique, de l'inversion des valeurs (le vrai — la terre — n'est qu'apparence; l'illusoire — l'arrière-monde — est Vérité accomplie, idéal transcendant). Mais ce néant n'est à l'origine, pour utiliser la terminologie hegelienne, qu'«en soi»: il s'avance, si l'on peut dire, sous le masque de son contraire (la seule véritable substance, le plein de positivité); à un moment — et c'est la crise moderne — il se dévoile pour ce qu'il est, devient «pour soi». Le nihilisme au premier sens (création de la métaphysique, négation de la «terre») rejoint le nihilisme au second sens (destruction de la métaphysique, négation de l'arrière-monde — *tout se vaut*).

Mais le nihilisme au second sens — plus radical, devenu «pour soi», excluant cette fois *en apparence* tout faux-fuyant, toute remythologisation —, ce nihilisme va *réengendrer son «qui perd gagne» spécifique*. En effet, s'il apparaît désormais impossible de se référer (sauf retour «réenchanteur» tel que celui voulu par Strauss) à la substance, il est toujours possible de transformer le dévoilement du «rien» en vocation nouvelle. On sait en effet que ce dévoilement n'en est pas véritablement un, ou, en d'autres termes, qu'il apparaît nécessairement impur, inachevé : dévoiler le «rien», c'est transformer ce dernier en positivité, en «étant». Il y a donc impossibilité de le dire (de l'objectiver, de l'amener à la lumière de l'intelligibilité), et pourtant nécessité de dire que le plein (la substance) a échoué. Derrida disait, profondément (et, on le sait déjà, perversement) : «la philosophie doit encore errer vers le sens de sa mort». La métaphysique ne peut s'arrêter de parler, et, pas plus que le Kirilov de Dostoïevsky ne réussira son suicide, elle n'arrivera à mettre le point final à son entreprise. Le «rien» ne se dit pas, il règne à l'horizon d'une déconstruction indéfinie, l'Etre ne se dévoile pas, il se dit de biais, se retire en se donnant. Profonde question, mais justement : si la métaphysique est impossible, peut-être faut-il, comme l'a fait Nietzsche, tâcher — certes de la façon la moins «naïve» possible — d'en faire son deuil, c'est-à-dire de réfléchir à l'aventure (à la profonde — et sans doute inévitable — illusion) métaphysique, au lieu de célébrer indéfiniment sa mort, toujours différée dans le geste même de sa célébration.

Or c'est sans doute de cela qu'il s'agit dans le «qui perd gagne» moderne. Foucault a bien montré, dans le chapitre «L'Analytique de la finitude» des *Mots et les choses*, le processus de dé-doublement à l'œuvre dans les grands courants de la pensée contemporaine. Reprenons encore une fois l'exemple privilégié de Hobbes. Traditionnellement, dans le «droit naturel classique», l'individu «égoïste» et la totalité appartiennent à des règnes différents : celle-ci précède celui-là de toute sa suprématie ontologique. L'individu se transcende en direction du Tout par un processus de sublimation, d'«épuration», que l'on peut certes interpréter de diverses manières (mutilation de la grandeur dionysiaque pour Nietzsche; accession à la vertu-génératrice-de-bonheur pour Strauss et Bloom, par exemple), et comprendre de façons différentes suivant les périodes pré-modernes abordées (Grèce classique, christianisme médiéval, etc.). *Chez Hobbes, la transition se fait du même au même, l'immanentisme est radical :* on prend l'individu *tel qu'il est*, « humain trop humain », veule et peureux, seulement préoccupé de sa propre sécurité. Non pas qu'on doive exclure la grandeur ou le sens du sacrifice : mais à considérer les hommes au plus bas de l'échelle, on ne risque pas d'être déçu et d'avoir construit l'édifice sur des bases trop « idéalistes »; prendre l'homme au pire de ce qu'il est, c'est prétendre que la construction est possible même si, comme le disait Flaubert, *le pire (anthropologique) est toujours sûr.* Qui plus est, la grandeur, même « universaliste », risque toujours de virer au fanatisme, et Hobbes, témoin des guerres civiles qui ravagent l'Angleterre, refuse de telles fondations. Il reste donc, comme base de départ, le nivellement *want-regarding* et une rationalité corrélativement strictement instrumentale puisque, comme on vient de le voir, elle n'intervient pas le moins du monde dans l'évaluation ou la critique des fins poursuivies « naturellement ». Mais sur ces bases épurées, Hobbes prétend reconstruire le Tout, sous la forme d'un *cosmos* explicitement *artificiel* : or rien, dans la fondation du Léviathan, ne vient d'« ailleurs » ou de plus haut; aucun appel à l'Etat comme à quelque chose de sacré, valant pour lui-même ou reflétant quelque ordre objectif que ce soit, n'est lancé; l'immanence est radicale, puisque tout se passe comme si l'égoïsme vulgaire se dé-doublait en l'Etat, l'engendrait par lui-même, le mettait au monde sans ingrédient extérieur, *pure parturition de l'ici-bas, auto-déploiement de l'« humain, trop humain ».* Ainsi, l'ordre politique n'a-t-il *d'autre fondement que ce qu'il a pour vocation d'arraisonner :* l'égoïsme se dédouble en instance limitatrice de l'égoïsme, le singulier en général, le sujet en substance. L'homme, déjà chez Hobbes et bien avant Rousseau, n'obéit pour ainsi dire qu'à lui-même. La sécularisation du politique semble radicale. La seule question qui subsiste consiste à se demander *pourquoi il subsiste du politique.* Qu'est-ce qui oblige l'individu à se donner ainsi sa propre loi en l'Autre, à s'y assujettir ? L'égoïsme, l'intérêt, répondra-t-on. Mais c'est parce qu'on aura d'avance taillé celui-ci à la mesure de l'enjeu visé : l'égoïsme hobbesien est « petit » quoique calculateur, pleutre et « sécuritaire » quoique éclairé. Mais si ces conditions qui, n'imposant nulle hiérarchie au sein de l'égoïsme ni hors de lui, ne le mesurant ni à son propre accomplissement (*grand* égoïsme), ni à une valeur supérieure (sacrifice à l'Homme, à l'universalité de la dignité humaine), paraissent axiologiquement « neutres », il n'en reste pas moins qu'on peut soupçonner Hobbes de les avoir élaborées *pour que le contrat puisse se conclure :* en effet, si l'égoïsme était moins éclairé — si l'homme, dans l'état de nature, avait moins le sens de la pré-vision —, la soumission au Léviathan n'apparaîtrait pas dans une telle clarté; et si l'égoïsme était plus «grand», il y a fort a parier, comme nous l'avons vu dans un chapitre précédent, que l'individu «machiavélien» se laisserait plus mobiliser par les conseils du *Prince* que par l'idée du pacte hobbesien. Bref, les contraintes de l'état de nature (ou de ce que Rawls appellera plus tard la «position originelle») semblent faites pour permettre la constitution de l'autorité politique: la circularité semble donc inévitable, puisqu'on présuppose ce qu'on doit démontrer, ou, autrement dit, on place déjà les conditions de la société civile dans l'état de nature. Sans *cet* égoïsme *ad hoc*, cela ne «marcherait» pas. Hobbes ne part donc pas d'un nivellement *want-regarding* par neutralité d'«anthropologue»; il part d'un égoïsme peureux *et* calculateur pour que la conclusion du pacte puisse être anticipée *more geometrico* (tout comme Rawls s'autorise d'ailleurs à manipuler les prémisses de son argumentation pour construire sa *moral geometry*). Le résultat était dans le point de départ. De là à l'idée suivant laquelle il faudrait abandonner l'hypothèse de l'état de nature et *former, conditionner* un individu dont la *seconde* nature serait hobbesienne et garantirait l'institution du Léviathan, il n'y a qu'un pas.

Mais même un tel artifice (non pas l'artifice de l'Etat hobbesien — ce qu'il affirme bien entendu lui-même —, mais l'artifice *dans* le pseudo-état de nature) serait en tant que tel parfaitement vain, dans la mesure où un tel Etat n'aurait, nous l'avons vu, quasi aucune chance de survie : l'égoïsme pleutre et éclairé permettrait de l'instaurer, *jamais de le défendre, c'est-à-dire de lui accorder la durée* (Hobbes n'a aucun argument à opposer au déserteur); ainsi Hobbes n'arriverait-il qu'à la moitié du résultat visé par Machiavel: conquérir le pouvoir (en l'occurrence: s'y soumettre tous égalitairement) *et le conserver*. La circularité, déjà inacceptable pour elle-même puisqu'elle incarnerait une pétition de principe manifeste, apparaîtrait comme inutile: l'homme hobbesien ferait — laisserait — sombrer le Léviathan à l'approche du moindre péril. *Hobbes «inutile et incertain»?*

Certes, en ce point de l'argument, nous n'évoluons pas au-delà de l'idée d'un bon «dressage»: l'état de nature hobbesien est créé, engendré par une «culture» (par la réflexion aboutissant à la nécessité de partir de telle ou telle sorte d'homme pour constituer l'Etat). Hobbes lui-même échoue, parce qu'à supposer qu'il garantisse la naissance du Pouvoir, il en interdit la perpétuation. Toujours est-il qu'on pourrait très légitimement opposer à une éducation — à un «dressage» — une autre éducation, par exemple celle, classique, que prônent Strauss et Bloom; donnez-moi — façonnez-moi — tel type d'hommes, sensibles au dévouement à la chose publique, formés en même temps au raisonnement, à la discussion, à la vigilance vis-à-vis de toute dérive tyrannique possible, et vous aurez élaboré les conditions anthropologiques d'un Etat sans doute plus stable, en même temps que plus juste. La circularité sera toujours présente, puisque vous aurez introduit dans les prémisses ce que vous désiriez atteindre dans les conclusions; votre éducation sera probablement plus efficace que le dressage hobbesien, mais vous n'échapperez pas, ce faisant, à l'implacable question marxienne: *qui éduquera les éducateurs?* En d'autres termes: qui vous «livre» les valeurs au nom desquelles préférer telle éducation à telle autre? Qui vous a éduqué vous-même, sur quoi appuyez-vous les critères ultimes de votre entreprise d'«acculturation» de l'enfant qu'on vous confie, du lecteur qui s'offre à vous? Brièvement dit: même une éducation straussienne n'échappe pas à l'historicisme, c'est-à-dire à l'objection de principe suivant laquelle il ne s'agit que d'une «préférence» opposée à d'autres «préférences». Certes, on pourrait montrer ultimement que Hobbes et Strauss posent la même question et, par une critique interne de cohérence, tenter de dénoncer l'insuffisance de la réponse hobbesienne (Etat incapable de durer, de «persévérer dans l'être», comme disait Spinoza). Il n'empêche qu'on devrait abandonner l'idée majeure du droit naturel classique: celle d'un critère objectif, cosmique et transcendant. Mais pour l'instant, revenons-en à la question générale des doubles.

Kant conçoit l'homme comme législateur et sujet: il pose lui-même sa loi, et c'est dans la soumission même à ce qui «sort» de lui qu'il accède à l'autonomie, à l'indépendance par rapport aux intérêts «pathologiques». Mais, encore une fois, l'immanence est-elle possible? Remarquons tout d'abord que dans ce cas-ci, on ne part pas de l'intérêt éclairé, mais de son «humiliation». On connaît l'exemple donné par Kant dans la *Critique de la raison pratique*[1]: si le Prince me demande de faire un faux témoignage contre un innocent, peut-être le ferais-je effectivement, peut-être m'y refuserai-je: tout dépend de mon courage, de ma vertu. Mais ce qui est sûr, c'est que je *saurai* indubitablement qu'il est mal de le faire, et bien de ne pas le faire. La loi morale aura, au-delà de toute référence à l'intérêt (agir bien peut, en l'occurrence, impliquer pour moi un risque de mort), parlé en moi. Elle incarnera, à titre de «fait», ma liberté, c'est-à-dire une ouverture sur le monde non phénoménal (le monde phénoménal est entièrement déterminé, c'est le règne de l'intérêt, du «pathologique»).

Mais en est-on bien sûr? Outre le fait que Kant dit bien lui-même qu'on n'est jamais sûr qu'un acte moral n'a pas été accompli par intérêt, fût-il subtil et dissimulé, il reste que cette valeur même (ne pas porter de faux témoignage au risque même des mes intérêts vitaux) peut très bien exister en moi à titre de produit d'une éducation chrétienne ou d'un dressage — ce fut le cas de Kant — «piétiste». Bref, il est toujours possible d'interpréter la sainte terreur du faux témoignage et la culpabilité qui, inéluctablement, semble s'y associer, en termes freudiens de surmoi, c'est-à-dire d'«intérêt» : nous serions dressés à ne pas pouvoir faire autrement sans déséquilibre psychique majeur. Ce qui n'est évidemment pas, de ma part, un argument contre la loi morale : qui ne valoriserait le courage et la fidélité aux principes face à un Prince despotique, et cela au détriment des intérêts vitaux ? Qui ne voit que nous avons là le principe même de toute résistance à la tyrannie, bref *de ce qui manque précisément à l'homme hobbesien pour défendre, au péril de sa vie, l'Etat contractualiste ?* Non, l'argument vise la *fondation* du principe moral, autrement dit l'affirmation de Kant selon laquelle la présence en moi d'une telle exigence catégorique indique indubitablement l'existence d'une liberté outre-phénoménale (nouménale). Cette loi peut être *historicistement* présente en moi, c'est-à-dire à titre de produit d'une éducation, bref d'un conditionnement et non d'un effet de la liberté (... «il reconnaît ainsi en lui la liberté... »). Ce qui veut dire que la deuxième *Critique* a sans doute besoin de plus que cet argument pour fonder de façon non historiciste la référence à la loi morale. C'est pourquoi les postulats de la raison pratique apparaissent comme inéliminables : la liberté, Dieu et l'immortalité de l'âme fournissent un fondement «cosmique» nouménal pour la Loi. Il reste que, comme on le sait, il s'agit de postulats, c'est-à-dire d'éléments posés par le sujet à titre de croyance rationnelle : ce dernier s'appuie donc sur ce qu'il pose lui-même ; il engendre la transcendance sur laquelle il doit se reposer. La circularité paraît donc inévitable, et ultimement stérile.

Ainsi ne s'aveuglera-t-on pas à propos des oppositions majeures — et flagrantes — existant entre le hobbesisme et la *morale* kantienne (en ce qui concerne sa *politique* et sa *philosophie du droit*, il est parfois fort proche de Hobbes) : pur intérêt calculateur dans un cas, soumission de l'intérêt au devoir dans l'autre. Légalité ici, moralité là-bas. Dans les deux cas, la circularité règne : ni la moralité immanente ni la politique immanente ne semblent pouvoir échapper au drame des doubles. Le sujet intéressé se dédouble vainement en l'Etat (ou l'Etat se précède vainement en le sujet intéressé) ; et le sujet dés-intéressé se dédouble vainement en Dieu, en la liberté et en l'immortalité de l'âme. L'immanence s'arrache vainement à elle-même, sous sa forme égoïste ou sous sa forme sacrificielle-universaliste. Dans les deux cas, elle retombe sur elle-même dans une circularité inéluctable. Hobbes et Kant, notons-le, dénient la circularité de deux manières différentes. Le premier suppose un homme naturel qui engendre l'Etat, dans une relation non vicieuse de fondateur à fondé, de principe à conséquence; mais on s'aperçoit vite que le supposé fondé transit toujours déjà de part en part le «fondateur», taillé à la mesure du résultat souhaité, façonné par avance par l'exigence de la constitution de l'Etat. Le second suppose une liberté se donnant la loi morale, légiférant et s'assujetissant d'un même mouvement, dominant donc de toute sa transcendance le pathologique intéressé, phénoménal et immanent; mais cette transcendance ne peut plus, après la *Critique de la raison pure*, qu'être postulée, c'est-à-dire posée comme croyance rationnelle par moi qui, jusque-là, ne peux m'assurer que ce n'est pas l'intérêt pathologique (le bon dressage, le surmoi), c'est-à-dire le phénoménal et l'«historique», qui parlent en moi. Je pose un ailleurs à partir de l'ici-bas, et cherche en même temps à m'appuyer sur cette altérité pour garantir et fonder ma liberté.

Foucault a, dans l'«Analytique de la finitude», bien analysé ces dédoublements. Du moins en a-t-il tracé l'épure, sans peut-être tirer toutes les conséquences de son intuition. Le cercle est un «qui perd gagne» (Sartre), un «malgré tout» (Lukács jeune). La substance — l'en-soi — est inconnaissable? Partant de cette absence (pour le savoir), je fais «place à la foi». Mais c'est une croyance «dans les limites de la simple raison», c'est-à-dire un rejeton de la *ration recta*. De la même manière que le Dieu des philosophes devait ultimement apparaître comme un produit de la philosophie, et par conséquent comme incapable de lui fournir un fondement transcendant et holiste, de la même manière le Dieu kantien se trouve pris dans la circularité d'un Créateur posé par la créature. Arrogance de la subjectivité, disait Heidegger. Tentative de sauter par-dessus son ombre.

Encore le kantisme bénéficie-t-il de sa lucidité (la circularité est *quasi* «dite»), et du fait qu'il tente, désespérément sans doute, d'asseoir une morale des droits individuels, de la dignité de la personne. L'en-soi — la substance — existe toujours, mais inconnaissable, et seulement postulable. Autant dire que son existence est posée par le sujet et non découverte, *et que le droit naturel classique est pour le coup décisivement «désenchanté»*. Si l'on analyse la philosophie de l'histoire hegeliano-marxienne, les choses s'aggravent incontestablement.

Toute la critique adressée par Hegel à la métaphysique (y compris au kantisme) consiste à dire que l'absolu n'y est pas accompli en tant qu'absolu : posé dans une séparation d'avec le relatif ou le phénoménal, il se trouve par là même relativisé, puisqu'il s'*oppose* à quelque chose d'autre. Il faut dépasser la transcendance de l'absolu, pour éviter qu'il ne se tienne dans une position extérieure à l'«immanence», et ne confère du même coup à cette dernière une substance qui le relativiserait *ipso facto*. On a glosé à l'infini sur les rapports entre l'hegelianisme et la religion : s'agit-il en l'occurrence d'une immanentisation du transcendant (dans ce cas, l'athéisme et le matérialisme se profilent : ce sera la position de Feuerbach), ou à l'inverse d'une absorption de l'immanence par la transcendance (idéalisme absolu, dissolution du phénomène dans l'auto-présentation de l'absolu, la substance-sujet) ? En fait, il s'agit d'une double et réciproque dissolution : les «déterminités» (les objectivations d'entendement, les «étants») sont dissoutes, ramenées dans le giron de l'absolu par le mouvement de la dialectique ; mais cet absolu lui-même n'est plus «rien» en face du fini, il n'est «que» ce mouvement d'abolition. Pure immanence ou pure transcendance, en tout cas l'un par l'autre, l'un en l'autre «aboli», comme eût dit le très hegelien Mallarmé. C'est la raison pour laquelle des philosophes de la différence comme Gérard Lebrun ont pu s'annexer Hegel sans grande difficulté, de même que des penseurs chrétiens : l'hegelianisme constitue, dans son ambiguïté même, un athéisme absolu ou une théologie radicale.

En vérité, il faut, pour saisir les enjeux de cette pensée, la référer à la crise de la modernité qu'elle épouse pour tenter de la résoudre dans le plus accompli des «qui perd gagne». A partir de Hume — pour prendre un point de repère commode, et par là même évidemment schématique —, la substance entre en crise. Elle est chez lui annulée, ce mouvement d'effacement ouvrant la voie à l'historicisme : plus de critère absolu, le droit naturel classique est bien mort, et avec lui la possibilité de *tout* droit naturel. Chez Kant, l'en-soi est certes conservé, mais il n'est plus connu : seulement pensé, cru, postulé, bref en quelque façon posé par le sujet dans le mouvement même où, tentant, comme on l'a vu à propos de la fondation de la morale, d'échapper à la phénoménalité, il en a *besoin*. C'est cette simultanéité qui marque de circularité la pensée kantienne : voulant m'arracher à l'empirique et au conditionné, j'ai besoin, pour accomplir ce mouvement, d'un point d'appui *extérieur, que je projette pourtant de l'«intérieur» du monde phénoménal, du «fini»*. Hume, tout «libéral» qu'il soit, incarne par excellence la raison du plus fort, puisqu'il ouvre la voie à l'historicisme : la tradition la plus «forte» l'emportera, sans référence à un critère transhistorique de légitimation ; la raison sera devenue instrumentale, puisqu'elle ne pourra plus qu'agencer des moyens au profit de fins pour elle inaccessibles; il n'est pas irrationnel que je préfère la destruction d'une ville entière à une égratignure de mon doigt — autant dire que seule régnera l'*habitude*, bref la force de la convention et du «dressage». Chez Kant, la «raison du plus fort» — l'immanentisme, le déterminisme phénoménal et l'impossibilité corrélative de juger moralement — se trouve prétendument dépassée par une tentative qui, en vérité, consiste en un vain (mais pathétique) dédoublement: le critère transhistorique (celui même que Strauss — on commence à comprendre pourquoi — désespérait de trouver dans le contexte de la pensée moderne) se trouve *fondé par ce qu'il doit lui-même fonder;* c'est du sein de la phénoménalité que le «malgré tout» de la substance devrait se manifester pour l'éclairer et l'«asseoir» en retour. En un sens, la substance n'est «rien» (de connaissable), *et pourtant* cette perte n'élimine nullement la volonté, quasi magique, de la transformer en gain, c'est-à-dire — *et c'est toute la force de la lucidité kantienne* — de penser malgré tout un rapport non phénoménal de la liberté à l'universel et à la «communauté des fins». Le formalisme constitue comme tel le témoignage de la probité kantienne: plus d'appel à un contenu substantiel désormais exclu du champ de la connaissance; mais son échec réside dans sa circularité: la loi morale ne peut indiquer la liberté trans-phénoménale que si je (et ce «je» est encore plongé dans le déterminisme et le conditionné) *la postule*. Certes, cette postulation peut, en tant que telle, exercer une action positive, «civilisatrice»: l'appel à l'universel et à l'absolu de la dignité individuelle pourra constituer la base d'une éducation aux droits de l'homme. Mais, philosophiquement parlant, on n'aura pas sérieusement échappé à l'historicisme.

Chez Hegel, le «qui perd gagne» avance d'un cran: cette fois, le mouvement de désenchantement — d'immanentisation de la substance — se trouve accepté comme tel, dans sa radicalité; Hegel ne confère plus la moindre positivité (d'«entendement») à l'absolu: celui-ci fait corps avec la «chose même», la substance est devenue sujet. Or il faut remarquer que cette position diffère rigoureusement tant de la position classique que de la position kantienne. En effet, le droit naturel classique ne se maintenait que par la *distinction* du sujet humain, fini, conditionné, *historique*, et de la substance; et Kant tente, certes vainement, de distinguer le noumène du phénomène: déjà, le premier «retombe» pour ainsi dire sur le second, il n'est «rien» hors de lui, il ne prend pas consistance, n'acquiert nulle transcendance. Le coup de force hegelien consiste *à assumer cette néantisation de l'absolu — bref sa disparition, sa «perte» — pour en faire sa victoire décisive.* L'absolu n'est rien «hors» du relatif et du fini? C'est précisément sa vertu, sa force et sa vérité : il transit le phénomène, il *est* le phénomène s'absolutisant, se dépassant sans pourtant s'ouvrir à une altérité, une extériorité; l'absolu *est* le devenir ou l'auto-abolition du relatif. Qui perd gagne magistral, dès lors : la néantisation, poussée à bout, de l'absolu constitue son accomplissement. Etre-chez-soi-dans-le-monde, unifié dans la division. Identité de l'identité et de la différence. Le phénomène se dé-double dans un absolu qui n'en est, justement, que la doublure : lui-même retourné en lui-même, néantisé, absolutisé — et non lui-même se transcendant vers un Autre. C'est toujours lui qui « se » retrouve d'un bout à l'autre du processus. Et à l'inverse, l'absolu, qui n'est « rien » de transcendant, se perd et se reprend quand il pose le phénomène, toujours déjà revenu en lui.

On connaît la philosophie hegelienne de l'histoire et le thème de la ruse de la raison. Je voudrais brièvement montrer en quoi cette philosophie s'articule rigoureusement avec le mouvement de dé-doublement décrit plus haut. En première analyse, Hegel respecte l'interdit humien : le philosophe *décrit* l'Histoire, il *découvre* la rose sur la croix du présent. Ce processus de découverte apparaît cependant dans une ambiguïté fondamentale : la croix du présent, c'est en effet la violence vécue, le tragique « shakespearien » d'une histoire qui, pour ses protagonistes directs, piétine, recommence éternellement le même cycle d'oppressions et de despotismes. Description semble-t-il strictement historiciste, puisque la violence est montrée, exhibée dans ses détours, sans qu'on la mesure — comme dans le droit naturel classique — à un critère transcendant (sans « moraliser »). Mais, dans ce mouvement même de description purement immanente et phénoménale, la « rose » de la réconciliation se trouve *découverte* : au bout de l'Histoire philosophiquement comprise se profile le *cosmos* éthique, en tant que conséquence inéluctable de la « croix » (des douleurs) du présent. Le mal est nécessaire, il est dialectiquement — par référence au Tout de l'histoire — justifié. En d'autres termes, le *cosmos* — l'harmonie, la réconciliation — ne joue pas le rôle d'instance critique toujours disponible pour le regard philosophique (ou son approximation « aristocratique » dans la constitution mixte); il est pro-jeté comme une conséquence inéluctable, seulement décrite par la raison. Au lieu que la croix du présent se trouve *critiquée* au nom de la substance contemplée philosophiquement, elle se trouve au contraire totalement *assumée* et *justifiée*, dans la mesure où — ruse de l'Histoire — c'est elle qui mène nécessairement *à l'actualisation de cette même substance*. C'est l'immanence elle-même qui produit, de son propre « fonds », par ses ressources internes, ce que l'on cherchait auparavant dans la substance. L'idéal est dans le réel comme son futur anticipé. L'histoire produit la substance au lieu de se trouver mesurée à elle. On peut s'abandonner à la chose même au lieu de la critiquer : c'est cet abandon même, cette réconciliation avec le devenir, qui constitue le garant le plus sûr de l'accomplissement ; ce que les Anciens — jusqu'à Kant — cherchaient dans l'au-delà, l'ici-bas l'engendrera de lui-même, pour peu que soit connue et respectée la sinueuse logique de la Raison dans l'Histoire. Hegel gagne encore une fois sur tous les tableaux : il assume radicalement la modernité (on ne peut plus mesurer la croix du présent — les positivités historico-culturelles, le règne de la « volonté » — à la substance, au règne de la raison normative), et, ce faisant, retrouve comme par enchantement, *ou plus exactement par réenchantement du monde*, l'idéal classique au bout du chemin. Hegel assume la conception *want-regarding* : ne cherchez pas de puces aux grands hommes (n'adoptez pas cette morale de valets de chambre qui consiste à toujours privilégier les petits côtés de leur action, leur médiocrité, leur « égoïsme », leur *passion*) ; sachez que rien de grand ne se fait sans passion, et que la ruse de la raison utilise cet égoïsme pour accomplir les fins de l'histoire, c'est-à-dire la réconciliation, la substance, l'harmonie. Au bout du chemin, l'*idéal* se trouve réalisé.

On voit que cette philosophie de l'histoire répète rigoureusement le mouvement spéculatif de dé-doublement par « qui perd gagne » décrit plus haut. La substance n'est « rien » d'extérieur au phénomène, à l'histoire, à la passion, à l'« égoïsme », à l'intérêt : contre le moralisme classique et contre le moralisme kantien, Hegel assume l'immanentisation, c'est-à-dire, encore une fois, la modernité ; l'absolu est le simple devenir du « relatif-s'absolutisant ». Le ciel est descendu sur la terre, l'absolu se trouve ici-et-maintenant, avec nous, dans l'histoire. L'historicisme est accepté *a priori*, mais il mène de lui-même, sans nul appui extérieur, au transhistorique, au *cosmos*, à la réconciliation.

Mais il faut aussi présenter cette victoire dans l'échec (la substance retrouvée au travers de sa néantisation) sous son jour le plus sombre. Il faut en décrire rapidement les traits de régression philosophico-politique. J'ai dit plus haut que la circularité kantienne, si elle signait la vanité de son projet de fondation non phénoménale (non historiciste) de la moralité, n'en maintenait pas moins une sorte d'exigence (certes non fondée) d'universel, un « malgré tout » de la dignité humaine. Il n'en est nullement de même pour l'hegelianisme historico-philosophique, qui marque, quant à lui, *la destruction radicale de la pensée politique critique*. Le philosophe sait découvrir la rose sur la croix du présent. Le mal souffert est mesuré, non plus à un *passé dont il faut se ressouvenir* (substance platonicienne à retrouver par-delà la dégradation subie depuis l'Age d'Or), mais à un *futur qu'il faut anticiper*. Nul critère disponible (comme l'était le passé d'un texte brouillé, toujours revivifiable en droit) ne permet de véritablement critiquer ce Mal : c'est au nom d'un accomplissement futur (donc par définition non visible) qu'il se trouve éventuellement justifié. *Or ce futur peut paraître — à un regard lucide, « désenchanté » — aussi fantasmatique que la vieille substance.* En vérité, Hegel réenchante subrepticement le monde, son immanentisation de la substance constitue un tour de passe-passe spéculatif, rien ne peut garantir ce *happy end* de l'historicisme s'abolissant de lui-même dans la Réconciliation finale. Au nom de ce futur aussi *inconstituable* aux yeux d'un post-humien que l'était la vieille substance métaphysique, toutes les justifications du Mal, de la « passion », de l'égoïsme et de ses effets se trouvent par avance fournies. Le cran d'arrêt de la critique a d'entrée de jeu été disqualifié sous les traits du valet de chambre moralisateur, étouffant sous le poids du ressentiment et de la jalousie. On sait ce qu'une telle volatilisation du critère de légitimation du pouvoir pourra avoir comme conséquences : *l'historicisme au pire de lui-même, parce qu'on se sera livré à l'Histoire avec la naïveté de ceux qui ont pu croire que tout ce qui n'avait été, et très précairement, obtenu que par résistance au temps et au « positif », nous serait rendu au centuple si, tout au contraire, nous nous y abandonnions, le justifions sans reste.*

Kant ou l'impuissance tragique du « qui perd gagne » ; Hegel ou les aberrations les plus radicales du « qui perd gagne ». Hegel, c'est la raison du plus fort en sa pointe accomplie : *en apparence*, la légitimation du pouvoir s'opère encore de façon réglée, puisque le Mal et la Force ne sont nullement justifiés pour eux-mêmes, mais parce qu'ils mènent inéluctablement au Bien et au Droit. Cependant ces derniers, incarnations éminentes de la substance, fuient, pour qui voudrait les « contempler », comme un véritable mirage philosophique. La raison qui justifie — acquitte — le Mal présent ne se réfère en vérité qu'à « elle-même », c'est-à-dire aux intérêts du présent. C'est la raison du plus fort : de celui qui a le pouvoir de parler et de poser une référence invérifiable — seulement rhétoriquement persuasive — au futur qui *le* justifie. Encore une fois, le cercle est ici patent : en apparence, le pouvoir s'appuie sur un Autre-que-lui-même, à savoir le futur de réconciliation qu'il prétend décrire, *découvrir*. Mais ce futur, c'est en vérité lui qui le produit : comme c'est un a-venir, il peut le forger à sa guise, ou plutôt se donner celui qui le justifiera aujourd'hui. Le critère se trouve parfaitement volatilisé. Un siècle et demi plus tard, Orwell dira : *vaporisé*. La destruction de toute trace du passé constituera le pendant rigoureux de ce primat hegelien du futur. Plus rien ne limitera le pouvoir. Idéalisme absolu : Orwell est la vérité de Hegel. Qui perd gagne : la disparition du passé de la substance ne m'empêche pas de la projeter dans un futur que je façonne à ma guise. Victoire de la subjectivité par arraisonnement du monde (Heidegger).

IV. RETOUR SUR LE DEBAT FOUCAULT-DERRIDA

Il nous faut maintenant aller plus loin encore dans l'analyse du « qui perd gagne » philosophique, et reprendre pour ce faire quelques traits essentiels du débat Foucault-Derrida. Nous avons vu plus haut que Foucault avait toujours approché la modernité sous un double angle : « métaphysique » (les guillemets sont de rigueur pour un adjectif que Foucault n'accepterait en aucun cas comme représentatif d'une part de son œuvre) et historico-institutionnel. Dans le premier cas, la modernité se trouve interprétée comme le drame de la représentation ou de la raison : l'homme refuserait sa vérité tragique et dionysiaque et se bâtirait, à l'époque moderne, un arrière-monde de sécurité et de stabilité rationaliste. Arrière-monde par définition illusoire, devant par conséquent nécessairement mener à la crise du XIXe siècle, c'est-à-dire à la remontée du langage (compris comme excédant toute idée de représentation, de secondarisation du signifiant par rapport au signifié, de possession du sens — bref comme ouvrant à une « folie » potentielle); retour du tragique dès lors, après la phase intermédiaire, transitoire, de l'« humanisme ». Ce dernier consistait, rappelons-le, en l'installation, pour ainsi dire, « dans » le dé-doublement tel que je l'ai décrit plus haut à propos, en particulier, de Kant et de Hegel : l'homme constituait cet être tout à fait privilégié dont le drame était unique : l'étant non-humain se trouvait entièrement du côté du « représenté », et Dieu était le pur Représentant. L'homme, par contre, était à la fois, dès lors que Dieu était mort, la source de la représentation et l'objet de cette dernière. Constituant et constitué, représentant et représenté, transcendantal et empirique. Cette dualité formait son drame et son « intérêt » propres : incapable de trouver un point d'appui extérieur à la représentation, il se trouvait dans la nécessité, du sein du représenté, de poser (de postuler, comme on voudra) un élément constituant qu'il constituait pourtant lui-même dans ce mouvement. Le problème épistémologique fait strictement pendant au problème moral, comme c'est d'ailleurs le cas chez Hume : l'« habitude » conteste à la fois la notion de causalité et le concept de liberté transphénoménale, puisque l'immanence interdit tout d'abord l'universalité de l'expérience (nous ne possédons jamais qu'un nombre fini d'expériences, et ne pouvons par conséquent jamais dire — ce qui ne serait précisément possible que d'un point de vue de survol «nouménal» — «le soleil est la cause de l'échauffement du corps», mais: dans le nombre nécessairement fini d'expériences que nous avons effectuées, à la présence du soleil s'est toujours associé l'échauffement du corps)[2]; l'immanence exclut ensuite tout aussi radicalement le recours à une liberté non conditionnée (donc non «excusable» — *tu aurais pu faire autrement*).

Cette crise de la modernité, approchée dans un premier temps du point de vue du drame métaphysique de la raison moderne (drame de l'in-fondation), se trouve également interprétée d'un point de vue historico-institutionnel. Dans ce cas, on mettra en avant les liens existant entre la montée du rationalisme et l'avènement de la société industrielle bourgeoise. J'ai tenté dans un chapitre précédent de démêler, au sein de cette problématique historico-institutionnelle, les différents niveaux d'articulation de la raison moderne: d'abord, la revendication «monarchique» (qui deviendra plus tard républicaine et jacobine) d'une centralisation des pouvoirs au profit du roi, bref d'une rationalisation de la société, chacun de ses éléments devant désormais constituer un instrument adéquat de la fin unique, identifiée à la souveraineté, au «bon plaisir» du Prince de droit divin; ensuite la revendication «bourgeoise» d'une centralisation de la société dans des buts d'homogénéité, de prévisibilité, de libre circulation des hommes et des marchandises. On voit bien entendu que cette exigence ne recoupe que de façon contingente et provisoire celle du monarque: à vrai dire, la bourgeoisie n'a pas un intérêt immédiat à la centralisation (qui pourra au contraire, dans un contexte différent, entraver son propre développement); simplement, au XVIIe siècle (français, colbertiste en particulier), la centralisation sert l'homogénéisation, contre, notamment, les particularismes féodaux. Marx montrera bien que le même processus sera à l'œuvre pour l'Allemagne au XIXe siècle: son unification devra servir la bourgeoisie qui, elle-même prisonnière des contradictions inéluctables du mode de production capitaliste, fera un jour place au prolétariat et au socialisme. A un troisième niveau, la centralisation-homogénéisation peut servir le «gouverné» (ou dominé), c'est-à-dire l'individu comme tel: elle aide à l'arracher aux particularismes et aux différences de statut; elle le laisse petit à petit face à face avec un pouvoir qui aura phagocyté, au grand désarroi de Montesquieu, puis de Tocqueville, toutes les autorités intermédiaires.

Elle rend même possible, par une sorte de mouvement de débordement que nous avons souvent vu à l'œuvre dans l'histoire des droits de l'homme, une percée vers l'universel (Locke défend les droits des Anglais, mais argumente en parlant en un sens des hommes en tant que tels; le dix-huitième siècle le débordera — certes de façon encore partielle: d'où les mouvements socialistes au XIXe siècle — en direction des droits de l'individu pur et simple).

Ces trois significations politico-institutionnelles du «rationalisme» apparaissent éminemment labiles dans leurs relations de fusions, d'«alliances» partielles et de conflictualité potentielle. Foucault ne rend certes pas justice à cette complexité, mais il a eu le mérite de poser le problème, même s'il l'a fait de façon unilatérale. En effet, il met l'accent sur le Grand Renfermement (sur l'exclusion de la Déraison par le roi et la bourgeoisie), puis sur les aspects d'exploitation bourgeoise caractérisant la naissance de la psychiatrie; il montre, plus tard, le caractère dominateur de la rationalité «carcérale», au profit d'un tissu de micro-stratégies dans lequel on ne peut même plus reconnaître la domination claire d'une classe. Dans tous ces cas, la rationalité instrumentale apparaît au premier plan, au profit d'intérêts de domination (monarque, bourgeoisie, «système» carcéral). Ce que Foucault passe sous silence, ce sont les effets positifs d'universalisation de ce recours, fût-il au départ «intéressé», à la raison; son approche des Lumières est, au moins dans ces textes, tout à fait unilatérale.

De plus, Derrida a eu raison de questionner la liaison établie, dans l'*Histoire de la folie*, entre le niveau «métaphysique» et le niveau institutionnel: ce n'est déjà pas clair, nous venons de le voir, sur ce dernier plan (unilatéralisation des Lumières); ce l'est encore moins dans l'articulation des deux niveaux: Derrida peut facilement pointer l'insuffisance du côte-à-côte selon lequel se trouvent juxtaposés les *Méditations* de Descartes et le phénomène institutionnel du Grand Renfermement. Il n'empêche que Foucault a eu le mérite de tenter une approche de la raison moderne qui en conjugue les aspects métaphysiques et socio-politiques (les niveaux de philosophie première et de philosophie seconde). Ce n'est le cas, pour des raisons strictement opposées, ni de Marx (qui privilégie l'analyse socio-politique et ramène le point de vue spéculatif à l'«onanisme» de la pensée), ni de Heidegger (qui dissout la problématique de la raison moderne dans le grand drame cosmico-historique de l'oubli de l'Etre — dans la domination de la «subjectivité» et de l'«humanisme»). Il vaut donc la peine — et c'est la raison essentielle pour laquelle j'ai accordé une telle importance à l'approche foucaldienne — de poursuivre, fût-ce de façon distancée et «ombrageuse», une entreprise qui a eu le mérite d'affronter (comme le firent Marx et Freud) la «philosophie seconde» et l'analyse empirico-positive, en même temps qu'elle dévoilait de façon magistrale le drame «métaphysique» de la raison moderne dans l'Analytique de la finitude et la problématique des «doubles» (ou, comme on voudra, du «cercle anthropologique»).

C'est en ce point que, je l'ai dit, Derrida, au lieu de s'en tenir à une critique légitime des insuffisances du projet foucaldien, en phagocyte toute la dimension de philosophie seconde pour ne retenir que le niveau (anti-)métaphysique. Et, réponse du berger à la bergère, c'est peut-être ici que l'analyse des «doubles» dans *Les mots et les choses* s'appliquerait de la façon la plus radicale. Derrida s'en prend à la question du salut : quoi qu'il en ait, Foucault verrait dans la folie comme une «instance» extérieure à la raison, bref une noire possibilité de rédemption, ou en tout cas quelque chose en l'homme qui échapperait à la violence de la raison. Parce qu'en ce qui concerne ce dernier élément, il n'y a nul doute, pour Derrida, que la raison soit, comme je le dis, celle «du plus fort». En effet, l'acte de raison fait par lui-même violence à ce à quoi il se rapporte, il objective, réduit violemment au «signifié» un rapport au monde dans lequel l'infini mouvement de «supplémentarisation» du signifiant n'a pas de borne. Parler, c'est objectiver — c'est, comme le disait Nietzsche, par l'usage même de l'articulation grammaticale, mettre en œuvre le processus théologique de recours à l'arrière-monde. Il n'est nul besoin que cette arrière-monde soit déterminé, comme dans la métaphysique classique (si l'on veut : straussienne), de façon substantielle et transcendante ; le mouvement d'objectivation lui-même, fût-il inauguré avec un parti-pris d'immanence (de positivisme), témoigne inéluctablement de ce que «nous sommes encore chrétiens» (Nietzsche, toujours). L'objectivation s'identifie à la violence par laquelle une illusoire profondeur se trouve expulsée de la surface. C'est la violence de la métaphysique ou, dira Heidegger, de l'«obnubilation ontique», c'est-à-dire de la réduction de l'Etre à l'étant. Mais il doit être entendu pour Derrida — et c'est ici qu'il se distancie de Foucault — qu'une abolition de cette violence objectivante apparaît elle-même comme le fantasme rationaliste — «logocentrique» — par excellence : geste d'objectivation encore, ultime victoire de la maîtrise, coup de dés abolissant le hasard. Il n'y a pas d'altérité de la raison, pas de surface pure avant le tracement rationnel qui l'affecte — l'aliène — d'une profondeur d'arrière-monde. Le seul rapport possible à l'«Autre» (qui n'est donc autre que de façon impure et toujours inchoative), c'est celui de la raison (elle n'a pas de dehors), elle-même nécessairement violatrice. Le viol est premier: il n'y a ni pureté anti-rationnelle, ni pacification possible par la raison «elle-même»[3]. La raison est violence *et* il n'y a que de la raison. La seule possibilité ouverte est dès lors celle de la marge: travailler à la dé-construction des assurances de la raison (de l'onto-théologie), mais tout aussi bien au désenchantement des alternatives édifiantes (sensibilité, romantisme, folie, Dieu, etc.). La critique adressée à Foucault dans *L'écriture et la différence* recoupe exactement le débat avec Lévinas dans le même recueil: et Foucault et Lévinas semblent préserver, au-delà de l'enfermement rationnel (violence de l'objectivation, grand renfermement par le *logos*; arraisonnement par la Totalité), une altérité «pure». Foucault conçoit une folie qui, à la Renaissance, n'aurait «pas encore» été enfermée (au sens métaphysique: objectivée) par la Raison; Lévinas oppose à la Totalité du même l'Infini du Visage, du Tout-Autre.

Remarquons bien l'importance de cette discussion. Foucault, Derrida, Lévinas (et, derrière ces trois penseurs, l'ombre gigantesque et encombrante de Heidegger): chacun d'eux approche la raison moderne comme décisivement «enfermante», génératrice de domination (d'«administration totale», disait Adorno). Cette domination est conçue en termes métaphysiques: la raison viole, phagocyte, arraisonne l'Autre. Cet Autre, c'est pour Foucault la sauvagerie dionysiaque de la folie, sombre liberté piétinée dès les débuts de l'Age Classique; c'est, pour Lévinas, l'intersubjectivité véritable, laquelle n'apparaît possible que si j'aborde l'autre dans une relation de dissymétrie fondamentale, bref comme Tout-Autre, dont le Visage jamais ne pourra être objectivé (ramené à moi, à la subjectivité, à la totalité, au même). Mais, pour Derrida, cet autre n'en est pas un à proprement parler: il est l'autre-de-la-raison, c'est-à-dire elle-même, se précédant toujours déjà dans l'expulsion violente de ce qui auparavant n'«était» pas. C'est la différ*a*nce qui est première: ce mouvement «originaire», cette «archi»-trace qui articule — unit et disjoint — la raison et ce dont elle parle *en le constituant et le manquant nécessairement*. Derrida accomplit le nihilisme de la façon la plus radicale, la plus *conséquente* (sachant sans doute que cette cohérence, c'est encore de la grammaire, donc de l'objectivation, donc de la théologie: lui au moins ne prétend pas viser un au-delà de l'articulation et du «différer»): à l'opposé de Foucault et de Lévinas, il n'exalte pas une altérité, un au-delà de l'enfermement rationnel. Il n'y a que la prison du *logos*. Mais comme ce *logos* est violent et qu'en un sens nous l'avons toujours su, il apparaît possible, non pas de le détruire par un geste de rupture radical (en direction du Tout-Autre ou du dionysiaque), mais de le déconstruire, de travailler dans les marges de la philosophie, de «présenter » son impensé. Travail sans fin : la philosophie doit errer indéfiniment vers le sens de sa mort, annoncent les premières pages de l'article (« Violence et métaphysique ») consacré à Lévinas.

On le voit : Derrida s'en tient rigoureusement à l'aspect « philosophie première » de l'entreprise foucaldienne. Il critique à juste titre l'insuffisance de l'articulation avec le versant socio-institutionnel, mais il s'en tient là. Et c'est ici que l'on pourrait, utilisant la problématique des doubles dans les *Mots et les choses*, rappeler la rétorsion foucaldienne : l'entreprise derridienne s'identifierait à *la souveraineté sans limite des Maîtres*. Qu'est-ce à dire ? Que le constat de décès de la philosophie (sous la forme de la quête métaphysique de la substance) ne puisse être dressé une fois pour toute, que l'on ne puisse purement et simplement « passer à autre chose », les naïvetés de la post-modernité devraient nous en convaincre aisément. Bref, encore une fois, la philosophie devrait — indéfiniment — errer vers le sens de sa mort (toujours différée). Ce qui impliquerait rigoureusement la survie de la caste des métaphysiciens dans le mouvement même où ils annonceraient leur propre disparition. Le Maître, c'était le métaphysicien : dépositaire du *logos*, c'était lui qui — si l'on suit Foucault *et* Derrida — arraisonnait l'altérité sans dévoiler sa propre violence « objectivante », « ontifiante », d'« arrière-monde ». Pour Foucault, Descartes représente l'acmé de la maîtrise : la folie se trouve déniée comme problème philosophique, écartée, fût-ce comme objection à affronter (« Mais quoi, ce sont des fous, et je ne serais pas moins... », etc.). Mais Derrida, après l'avoir critiqué à propos de l'exclusion cartésienne de la folie (tout en avouant — et comment faire autrement en partant d'un Descartes fondamentalement heideggerien ? — qu'ultimement Descartes réaffirme, grâce au recours à Dieu, la maîtrise), le qualifie de « cartésien pour le XXe siècle » : Foucault se serait montré d'autant plus perversement dominateur et « logocentriste » qu'il aurait prétendu « laisser parler » la folie alors que tout, dans ses procédures d'analyse et dans son mode d'approche, signalait la maîtrise rationnelle. Pour Derrida, impossible d'échapper à la « théologie » de la grammaire, et, par conséquent, plus Foucault prétend naïvement, « post-modernistement », la laisser être, plus sa maîtrise s'affirme.

Mais Foucault lui-même impute à Derrida la volonté de perpétuer l'infini pouvoir des Maîtres : le travail de la marge, l'infinie déconstruction, c'est, nous l'avons vu, l'ultime ruse par laquelle le métaphysicien se survit. D'où la situation paradoxale de deux penseurs, dont l'entreprise vise à dénoncer les pouvoirs « violateurs » de la rationalité occidentale, et qui, chacun pour soi, renvoie à l'autre l'image de la Maîtrise paradoxalement reconduite. Mais le paradoxe se dénoue aisément si l'on prend en compte le fait que tous deux ont pour but de dénoncer la violence du *logos*: Foucault prétend «sauter» par-delà le règne de cette violence, et, par ce fait même, usant encore inévitablement des procédures rationnelles, il la reconduit dans un paroxysme d'illusion (le plus proche est le plus lointain, ce qui sauve est ce qui perd — pour inverser la sentence hölderlinienne); et Derrida, attentif à cette escroquerie possible de la post-modernité (de l'*impossible* post-cartésianisme), ne peut que la dénoncer éternellement, dans un travail des marges, dans une errance vers le sens de la mort philosophique, ce qui lui permet de poursuivre le vieil enseignement en s'étant donné, ultimement, la tâche de grand Révélateur du Néant. Comme cette révélation elle-même ne peut s'accomplir (le néant se transformerait en étant), la maîtrise philosophique a dans ce cas pour elle un bel et long avenir. Or, précisément, c'est bien d'un «qui perd gagne» radicalisé qu'il s'agit: comme à la fin de la *Nausée* de Sartre, celui qui a perdu tout rapport à l'essence (à la substance), bref celui sur qui pèse le sentiment d'injustifiabilité totale —, celui-là même se forge une ultime justification en *écrivant* l'errance vers la mort de l'essence. Tant que d'autres y croient encore, sa tâche possède un sens. Mieux: c'est la *seule* tâche qui vaille encore, qui reconduise la vieille ambition de dévoilement, de vérité et de substantialité. Ultime et retorse maîtrise dans l'acte même consistant à priver toute maîtrise d'appui substantiel. *Bien joué.*

Mais alors que Sartre, dans *Les mots*, clôt son processus d'auto-critique (penser contre lui-même, mesurer la vérité d'une pensée à la douleur qu'elle lui cause) et tente une «sortie» hors du règne «cartésien pour le XXe siècle» du Grand Ecrivain (échappée comme telle à tant d'égards illusoire), Derrida, lui, s'installe dans ce *dire* confortable du rien transissant le plein métaphysique (et jusqu'à la naïveté du post-modernisme foucaldien). Son «qui perd gagne» est accompli: d'un échec (la mort de la métaphysique) il fait une *magistrale* victoire (la suprématie du Maître-aux-yeux-dessillés). Ainsi, Foucault et Derrida s'accusent l'un l'autre de perpétuer la *raison du plus fort*: raison violatrice d'une altérité que l'un prétend toucher du doigt rationnel (la perdant du même coup, tel l'Orphée de Blanchot se retournant sur Eurydice deux fois perdue[4]), tandis que l'autre perpétue cette même raison — la «violence métaphysique» — dans le dire de l'impossibilité de sa propre mort.

Qui a raison? Qui a tort? Question en partie oiseuse, si l'on se rappelle que ce débat-ci se situe uniquement au niveau métaphysique (je peux maintenant abandonner les guillemets : chacun a désormais compris en quoi le terme s'applique *à la lettre* à la problématique présente), à l'exclusion du niveau politico-institutionnel. Derrida a tort de concentrer le débat à ce premier niveau : ce faisant, il perpétue nécessairement le vieux langage métaphysique et ses impasses. Le parlant, il lui sera impossible d'en «sortir» : il aura été vrai, en un sens, que la raison n'avait de dehors que *son* dehors. Mais après tout, l'impasse est la même des deux côtés : tous deux présupposent une raison moderne violente et excluante. Mais alors que Foucault relie cette violence *à la fois* à un drame métaphysique spécifiquement moderne *et* à un processus politico-institutionnel (à ce qu'il appellera, dans la deuxième partie de son œuvre, une «généalogie des pouvoirs»), Derrida s'en tient au drame métaphysique *et* élargit le problème *à la possibilité de la raison comme telle*. Ce n'est plus du rationalisme «bourgeois» ou «monarchique» qu'il s'agit; ce n'est même plus de la raison moderne comme refoulement du dialogue «renaissant» avec la folie qu'il est question : c'est de la Raison *comme telle*. Et la mythologisation (ou la mystification, comme on voudra) réside en ceci que cette généralisation du propos permet de faire l'impasse sur toute approche non métaphysique du problème : qu'il soit entendu que ce que Lefort appelle (contre Cassirer) la «petite histoire», c'est-à-dire la fécondité d'analyses de philosophie seconde sur le pouvoir, la sexualité, la psychiatrie, la médecine, la littérature, — que tout cela doit se trouver phagocyté par la Grande métaphysique, reconduit au débat fondateur du *logos* avec lui-même (autrement dit, du métaphysicien post-moderne avec lui-même). Or ce débat se caractérise par un ressassement parfaitement stérile : «qui perd gagne» consistant à dire le rien sans pouvoir le dire, à indéfiniment perpétuer le jeu narcissique de la raison avec *son* autre. *Au fond, Marx n'aura peut-être pas eu entièrement tort de parler de la philosophie comme de l'«onanisme de l'esprit»*[5]. Prosopopée de la métaphysique : je ne perdrai jamais, pour la bonne et unique raison que c'est moi-même qui dois *dire* ma propre perte; je recherchais la substance; la substance n'est plus, mais ce rien qui s'y est substitué dans le mouvement de désenchantement du monde, il me revient encore de le dire; or ce dire est impossible : dire le rien, c'est le transformer en plein, en «étant». Errant donc vers le sens de ma mort, je me perpétue indéfiniment. Cela vaut mieux que les retours fanatiques et fondamentalistes au religieux, c'est-à-dire que le réenchantement *violent*? Sans aucun doute. Mais il y a peut-être mieux à faire que de ressasser un «qui perd gagne», par ailleurs si bien pensé et dénoncé par Sartre. Ultime victoire du vieux renard? Sartre vérité de la post-modernité, des «cartésiens pour le XXe siècle»?

V. SARTRE

Ce n'est certainement pas si simple. Sartre lui-même participe sans doute essentiellement du «qui perd gagne», à un niveau peut-être insoupçonné. Soit tout d'abord la première période, dite existentialiste. Le projet de *L'être et le néant*, c'est celui d'une «ontologie phénoménologique». L'appartenance au courant phénoménologique constitue un premier ancrage du sartrisme dans la problématique du «qui perd gagne» métaphysique. En effet, qu'est-ce, en son essence, que le projet phénoménologique? C'est celui d'un retour aux choses mêmes, c'est-à-dire à ce qui apparaît, au phénomène. Or il résulte bien vite d'une telle approche que le phénomène nécessite de toute évidence une *constitution*: qu'est-ce qui fait que le monde se phénoménalise, m'apparaît, prend consistance devant moi? En particulier: quel est le statut des relations logico-mathématiques? L'adversaire essentiel de la phénoménologie, c'est le psychologisme: si les phénomènes de conscience ne peuvent se rapporter à une «thèse du monde», si la conscience ne peut sortir d'elle-même en direction de ce qui est, comme le dira Heidegger, «digne d'être pensé», le solipsisme sera inévitable. A la fin du XVIIIe siècle déjà, Condillac et Hume avaient effacé la distinction rectrice entre psychologie et épistémologie, c'est-à-dire la possibilité de poser une objectivité. La solution kantienne est celle du transcendantal: la subjectivité empirique («psychologique») se *redouble* en une subjectivité transcendantale, constituante de l'objectivité de l'objet. «Les conditions de la *possibilité de l'expérience* en général sont aussi des conditions de la *possibilité des objets de l'expérience...*»[6]. Mais en même temps, comme l'accès à l'outre-phénoménal nous est barré, du moins dans le champ de la connaissance, cette subjectivité n'est *rien de substantiellement connaissable*. Elle constitue un «rien» qui ouvre à la phénoménalité et à la chuséité de la chose, mais qui ne constitue, en lui-même, nullement une substance. La pensée kantienne est essentiellement circulaire, puisqu'elle pose que *pour qu'il y ait universalité et nécessité* dans la connaissance (ce qu'a récusé Hume), *il faut* que l'objet de la connaissance contienne un élément non empirique (l'empirique ne livre que du particulier et du contingent). Pour que l'on puisse parler, en particulier, de causalité, *il faut* que l'universel et le nécessaire soient introduits par une subjectivité dont, par ailleurs, le rejet de la «psychologie rationnelle» dans la «Dialectique transcendantale» nous interdit de la connaître, d'en faire une substance au sens cartésien du terme. Kant, quoi qu'il veuille, inaugure la post-modernité (le post-cartésianisme), puisque le sujet moderne *commence à se vider de tout contenu*. Progressivement, il n'apparaît plus que comme une pure activité de dévoilement des choses, de production de sens. La *Transcendance de l'ego*[7] vise à accomplir ce mouvement, à achever le projet phénoménologique en l'ancrant dans une subjectivité qui soit pur néant constituant. Certes, une autre possibilité était ouverte, et elle sera frayée par Heidegger (de façon plus radicale après la *Kehre*: cette fois, le malentendu de l'interprétation sartrienne, encore possible avec *Sein und Zeit*, sera décisivement exclu); il s'agit de référer le pouvoir constituant, non pas à la conscience ou au sujet, mais soit à la «culture» (projet herméneutique et romantique), soit à l'Etre lui-même dans son histoire «destinale».

Je prétends que dans les deux cas, sartrien ou heideggerien, le ressassement du «qui perd gagne» métaphysique est inéluctable. On peut dire de Heidegger ce que nous disions plus haut de Derrida: avant ce dernier, il pose le problème en termes d'un grand drame historico-cosmique, d'un débat de la *ratio* avec ce qu'elle voile décisivement (l'Etre). La crise de la métaphysique, c'est précisément la crise de la substance, de l'obnubilation ontique, de la quête de l'«étant suprême». Mais cette crise, qui fait d'un plein un vide («Le néant est le voile de l'Etre»), se trouve transformée en ressource nouvelle, en victoire du *Denken* sur la *theoria*, de l'écoute poétique sur l'arraisonnement technicien. Cette pensée et cette écoute ne «portent» — si l'on peut dire — que sur l'impossibilité de dire le rien: elles débouchent soit sur un nihilisme accompli et infiniment ressassant au sens de Derrida, soit sur l'«attente d'un Dieu». Quant à Sartre, il place le néant constitutif dans la conscience, mais encore une fois: ce «rien» constituant, cette liberté, ne sont assumés que dans un retournement éminemment paradoxal, puisque c'est du «vidage» de la conscience que surgit sa ressource suprême. La conscience n'est «rien»? Ce n'est pas une substance? Il n'y a pas de «contenus de conscience»? Qu'à cela ne tienne: c'est dans ce mouvement d'épuration que se trouve découverte la fine pointe de la liberté, radical mouvement de néantisation, pure intentionalité. Il est clair que cette liberté ne constitue que l'envers du plein métaphysique: elle n'a pas de sens sans ce dernier. Le renversement est strictement celui d'un «qui perd gagne». Autrement dit, Sartre a sans doute insuffisamment «pensé contre lui-même»: une fois abandonnée l'illusion du Grand Ecrivain (de la «souveraineté sans limite» des «Maîtres» — échappée derridienne avant la lettre), il reste l'illusion de la liberté-néantisante, ou, plus précisément, la croyance en la construction d'une morale sur ces bases que la métaphysique a désertées. Je ne dis certes pas que toute morale doive reposer sur une métaphysique substantialiste: c'est la thèse de

Strauss, et le présent ouvrage vise justement à tenter de commencer à penser l'éthique et la politique sans retour réenchanteur au *cosmos* ou à l'«étant suprême». Mais cela ne veut pas dire que la continuation de la métaphysique par d'autres moyens, que la transformation de la quête du plein en quête (infinie) du vide, puisse permettre de construire une morale. A vrai dire, *L'être et le néant* ne quête pas le vide: il s'y installe. La mort de l'essence avait fait de Roquentin un pantin déboussolé hanté par son statut d'être «de trop pour l'éternité»? Qu'importe: cet être-de-trop, ce poids du monde porté sur mes propres épaules (alors qu'auparavant le *cosmos* m'attendait, m'ayant toujours déjà réservé un lieu d'accomplissement), ce sera ma nouvelle ressource. Du «rien» de l'essence, je ne reviendrai pas; simplement, *je me l'approprierai*. La liberté est sans preuves: elle s'éprouve en permanence. Et si ce sentiment constituait une simple illusion? Jamais, à ma connaissance, Sartre n'aborde l'objection empiriste ou psychologiste (ou positiviste, historiciste, comme on voudra). Jamais il ne se met à vaciller en se demandant si ce «rien» de la subjectivité transcendantale, qui *re-double* la subjectivité empirique et conditionnée, est attestable autrement que sous la forme d'une espèce de *pari* pascalien, bref ne présuppose pas, comme Kant avait eu la probité de l'assumer, la postulation d'un Dieu. Sinon, comment accorder crédit à cette transphénoménalité sans nouménal (fût-ce, encore une fois, sur le mode de la croyance rationnelle)? On a beaucoup parlé d'une sécuralisation sartrienne de Descartes: je chercherais plutôt, pour ma part, dans la direction d'une (impossible) sécularisation *de Kant*. Si l'homme est une passion inutile, c'est peut-être, d'abord et avant tout (avant, en particulier, le fantasme de l'en-soi-pour-soi), parce que la liberté post-métaphysique est, comme le disait Pascal de l'entreprise cartésienne — ou, comme je l'ai dit plus haut, de celle de Hobbes —, «inutile et incertaine»[8].

VI. DROITS DE L'HOMME ET MACHIAVELISME

Faisons le point. Le désenchantement du monde, c'est la perte de la référence à une totalité donatrice de sens, autrement dit à un univers téléologique qui s'était survécu bien au-delà de la révolution galiléenne. La philosophie politique, en particulier, a vécu un certain temps dans l'illusion du simple *renversement*: au critère holiste classique se substituait le critère individualiste, à l'Ordre comme valeur absolue succédait la Personne comme dignité inaliénable. Toute la philosophie des droits de l'homme repose sur une telle équivoque, ou, si l'on veut, sur la conscience *retardée* de ce que l'inversion n'en était pas, à strictement parler, une. Il faut en effet superposer à l'image du renversement (laquelle maintient l'idée d'un critère transhistorique, transpositif, transphénoménal) celle du désenchantement des fins (de la crise de la téléologie) : ici, c'est la catégoricité de l'impératif qui se trouve mise radicalement en cause, dans l'exacte mesure où le « point de vue de survol » (Merleau-Ponty) se trouve désormais exclu. Strauss dira : le droit naturel moderne n'est pas une forme parmi d'autres de droit naturel (thème du renversement), mais sa vérité est l'historicisme.

Acceptons par provision cette analyse. Elle nous permet de récuser tout d'abord le retour au droit naturel classique, équivalent à un réenchantement « forcé » du monde (encore une fois, il ne s'agit nullement de récuser la référence à l'*éducation* classique : c'est l'idée qu'une telle éducation soit modelée sur un cosmos transhistorique qui est en cause ; à titre de « préférence » historiciste, elle peut garder toute sa pertinence) ; cette analyse nous aide ensuite à commencer à penser les impasses de la modernité philosophique post-kantienne : la fuite en avant n'apparaît nullement plus praticable que le retour nostalgique au passé holiste ; chaque fois en effet — et dans des contextes très différents —, nous avons vu que le parti-pris de l'immanence (l'assomption de la modernité désenchantée, c'est-à-dire dé-substantialisée) s'accompagnait d'une postulation impossible de transcendance : l'immanence ne s'appuyait plus, ne se modelait plus sur l'*idéal* en lequel eût dû consister cette dernière, mais était supposée *l'engendrer elle-même*. En d'autres termes, le « qui perd gagne » s'identifie au « culbutage » des deux perspectives, celles du renversement et celle du désenchantement : alors en effet que l'humanisme naïvement précritique pense pouvoir continuer à parler en termes d'absolu, de transcendance des Droits de la Personne, sans recours à la religion, l'humanisme kantien et post-kantien accepte le point de vue du désenchantement (il ne conserve pas naïvement une transcendance dont il sait qu'elle n'est plus accessible, plus connaissable — de façon plus précise, elle ne l'a jamais été : elle avait *toujours déjà été « crue »*) ; mais cette acceptation, aussi radicale qu'elle apparaisse au premier regard, se redouble d'une réimportation subreptice du modèle du renversement : s'il n'y a plus de transcendance comme dans l'humanisme précritique, il existe désormais un en-soi posé par, « expulsé » à partir de l'immanence. La circularité est évidente : on cherche à s'appuyer sur ce qu'on a posé soi-même, on sort de soi sans se « quitter », on pro-jette l'Autre du sein du Même. Et comme cette pro-jection est par définition impraticable, c'est la douleur de la circularité qui devient la gloire ultime, la «souveraineté sans limite» des maîtres de métaphysique.

Alors, est-on décisivement au rouet? A refuser le droit naturel classique (et son rejeton naïf, le droit naturel moderne humaniste précritique) ainsi que le «qui perd gagne» criticiste et post-criticiste, se retrouve-t-on livré à l'historicisme, c'est-à-dire à la raison du plus fort? Rappelons tout d'abord le lien entre ces deux derniers concepts. L'historicisme, c'est la conception suivant laquelle il est impossible de juger les phénomènes historiques d'un point de vue de survol transhistorique. Si cette impossibilité est avérée, il en résulte rigoureusement que le point de vue historique et situé qui l'emportera sera ultimement basé sur une *tradition*, c'est-à-dire, comme l'avait vu Hume, sur des présupposés *en dernière instance non rationalisables* (non objectivables, non référables à une transcendance «cosmique»). Dès lors, quelle que soit la latitude donnée à l'exercice de la raison et à la discussion argumentée dans une société, les prémisses fondamentales devront être, à un certain niveau, acceptées comme un produit de la *volonté*, et non comme une découverte de la *raison*. Le décisionnisme aura été indépassable. Et la conséquence habituellement tirée d'un tel état de choses sera immédiatement proclamée: le *relativisme*. Ultimement en effet, un mode de vie s'opposera à un autre, sans que le tribunal de la raison puisse venir les hiérarchiser objectivement en termes de «bonne vie». Les mutilations sexuelles des femmes africaines (excision, infibulation) ne pourront plus se trouver dénoncées au nom d'un droit fondamental de la Personne (en l'occurrence le droit, pour la femme, à la jouissance sexuelle, à l'épanouissement corporel, etc.), puisqu'on les référera à un code culturel, que l'ethnocentrisme occidental critiquerait au nom d'un *autre* code (individualiste), lui-même également «historique», mais se masquant sous le voile de l'Objectivité (de l'Humanisme, du droit naturel moderne). Et puis il y a, au cœur de cet argument, l'horreur d'Auschwitz: l'idée que, dans une perspective historiciste, «cela» aussi — l'absolu du Mal, les «crimes contre l'humanité» — ne relèverait que d'une (le mot est affreux) «préférence» que, certes, nous combattrions radicalement, mais sans pouvoir référer ce combat fondamental à un critère absolu et transhistorique.

Ce relativisme, c'est, en un premier sens, la «raison du plus fort», parce que le fondement des traditions repose sur une acceptation première et la plupart du temps implicite — sur une décision, un «choix culturel», un conditionnement historique, etc. —, et que la force de cette acceptation dépend d'une persuasion *par définition non rationnelle* : dès lors, la tradition la plus puissante l'emportera, les raisons invoquées à son profit la présupposant toujours déjà. Au fondement des traditions, il y aurait la force de ce qui se maintient *sans devoir argumenter*. Cette *force* soutiendrait des *fins* au nom desquelles seraient agencés des moyens adéquats. Les instruments seraient discutés, les fins seraient hors discussion.

Mais la situation moderne est en un sens pire que ce qui peut sembler résulter du relativisme historiciste. En effet, si le désenchantement sape les fins, il en viendra également à miner les « traditions » ; dès lors, la subjectivité subsistant seule, cette dernière se trouverait, face à l'autre subjectivité, dans une relation d'égalité fondamentale *(tous les buts se valent)* que viendrait ensuite complètement briser la qualité des moyens *(les instruments sont inégaux en fonction du critère d'efficacité)*. En ce sens, ce seraient les instruments (la raison moderne) qui « feraient la différence » : *la force du sujet dépendrait de la qualité de ses moyens*. Et dès lors, Auschwitz apparaîtrait comme la victoire ultime de la rationalité instrumentale : les fins les plus abjectes auraient triomphé grâce à un projet « scientifique » de destruction totale. Comment, de ce fait, encore penser après Auschwitz, disait Adorno ? Comment continuer à user d'instruments dont on sait qu'ils ne feront qu'accroître le désenchantement, et par conséquent renforcer l'égalisation des fins (la hiérarchie objective de l'*idéal* sombrant définitivement), c'est-à-dire le primat de l'instrument ? Dans ce cadre, la « raison du plus fort » ne signifierait plus seulement le primat relativiste et historiciste de traditions ne reposant ultimement, comme l'avait vu Hume, que sur la force de l'*habitude* (d'un bon dressage, d'une croyance, du primat de la conscience *préphilosophique*). Ce relativisme des cultures ne constituerait lui-même qu'une étape du désenchantement : bientôt, les traditions relatives — la multiplicité historiciste des holismes — sombreraient elles-mêmes, prises dans le mouvement de désenchantement qui, en un sens, les avait pourtant d'abord « libérées », par rapport à l'illusion de l'universel objectif, de la transcendance, de la transhistoricité. Le romantisme politique au sens large du terme ne constituerait qu'un moment logique du processus de désenchantement : il serait bien vite dépassé, débordé par le primat de la subjectivité comme telle.

Et dès lors, tout se renverserait. Le XVIIIe siècle avait pensé un humanisme universaliste sans voir que ses fondements allaient se trouver ébranlés par le mouvement même des Lumières. La subjectivité du commandement éthico-juridique (respect, partout et toujours, comme un devoir absolu, des droits de la personne), privée de son assise holiste, de son enracinement transcendant, laisserait la place, avec Hume, Burke, puis le romantisme, au primat des «habitudes collectives», des cultures, des traditions. Mais bientôt ces dernières — les nationalismes en particulier — feraient place à la domination de la subjectivité instrumentalisante. *D'un individu à l'autre, via le holisme pluraliste du romantisme.* Mais ce n'est *pas du même* individu qu'il s'agit au début du chemin et au terme du parcours: l'individu dix-huitiémiste est encore lié au commandement universaliste des droits de l'homme; celui de l'époque contemporaine est, semble-t-il, devenu strictement hobbesien, c'est-à-dire «possesseur», uniquement mû par la *selfishness*, se frayant son chemin sur les ruines du holisme finissant. En quoi, à nouveau, la lucidité hobbesienne aura été magistrale et prémonitoire.

Certes. Mais les conséquences en sont-elles décisivement si désastreuses? Devons-nous nous rendre à l'évidence, et envisager la catastrophe inéluctable telle qu'elle apparaît à un regard tellement chargé de métaphysique qu'il ne voit hors de cette dernière nul salut? Si nous ne sommes pas religieux (monothéistes, juifs ou chrétiens), comment évaluer les conséquences de ce qui semble constituer le destin de la *ratio* moderne? On dit: seule la subjectivité refermée sur soi subsiste, c'est l'immanence radicale des *rapports de force* qui règne, rapports eux-mêmes liés à la qualité de l'instrumentalisation. On ajoute: cet ultra-relativisme (au-delà de la pluralité des cultures, la poussière atomistique des individualités et de leur «arbitraire» — *Willkür*) mène inéluctablement à la domination radicale, à l'absence d'intersubjectivité, à l'«administration totale». Or il y a, dans de telles inférences, des difficultés essentielles.

Fondamentalement, il y a égoïsme et égoïsme («grand» et «petit»). Autrement dit, il est inacceptable de mettre sur le même pied deux «anthropologies» qui apparaissent certes comme rendues possibles par le déclin du holisme (et l'ayant elles-mêmes précipité), mais dont l'identité négative (individualisme *versus* holisme) n'implique nullement un apparentement positif. L'homme de Hobbes est «narcissiquement» replié sur soi, sur sa propre conservation. L'homme *virtueux* machiavélien est ouvert au risque, à l'intelligence des situations, aux ruses de la domination. Alors que le sens de la chose publique manque totalement à l'homme hobbesien, l'homme machiavélien le possède au plus haut point: pour lui, c'est la ruine du christianisme qui permet, enfin, de retrouver un sens «païen» de la chose politique, une valorisation de la domination modaine. Certes, cette crise de la transcendance, qui fait réémerger par contrecoup la valeur du politique comme tel (activité mondaine qui n'est désormais plus mesurée à la contemplation de l'au-delà, de l'arrière-monde ontologiquement supérieur), prive du même coup ce dernier de toute référence morale : l'humanisme précritique ne veut pas le voir, et l'humanisme critique ne le voit que trop sans le voir (il accepte l'immanence sans l'accepter, puisqu'elle doit engendrer elle-même la transcendance). Mais ce qui émerge dans la modernité selon Machiavel, c'est l'individualité « prométhéenne », ce que Nietzsche appellera le « grand égoïsme ». Cette individualité, qui ne se laisse pas plier par la peur de la mort, apparaît comme essentiellement *résistante au despotisme* : on ne relira jamais assez le *Principe* et les *Discorsi*, textes dans lesquels est rigoureusement montré que la stabilité et la « durabilité » de la domination supposent le respect « républicain » du peuple, la liberté de ce dernier. Chez Machiavel, peuple et gouvernant se trouvent dans une relation en miroir *qui a ceci d'exceptionnel pour la modernité qu'elle échappe à la circularité* : de part et d'autre, c'est le même individu, animé par le « grand égoïsme », qui agit : s'il est gouverné, il réclamera pour lui des droits fondamentaux, il n'acceptera pas qu'on lui prenne « femmes et propriétés », son sens de la dignité le poussera à résister, au risque de sa vie, à une tyrannie qui l'humilierait ; s'il est gouvernant, il *conférera* des droits au peuple parce que, comprenant la nature profonde de l'individualité prométhéenne ou « renaissante », il saura que la stabilité de son pouvoir passe par la justice, c'est-à-dire par le respect des individus gouvernés. Vieille leçon aristotélicienne : gouvernants et gouvernés sont essentiellement égaux, leur relation est *sui generis* et se distingue catégoriquement du rapport je-il, homme-objet. La « *virtù* des gouvernés » fait rigoureusement pendant à celle des gouvernants : si la première vient à manquer, les dominants ne verront plus le respect des droits du peuple comme la voie obligée de leur pouvoir (c'est sans doute cette perspective qui domine le *Prince*) ; si c'est le cas de la seconde, les gouvernés se révolteront et le pouvoir perdra toute stabilité. Or dans le cas de Hobbes, le « petit égoïsme » implique la soumission indifférenciée à un pouvoir à la fois despotique et non « défendu » : au manque de vertus publiques et de droits véritables chez lui font pendant le sens de la chose politique et les droits du peuple chez Machiavel. Deux possibilités différentes, dont chacune possède des difficultés propres ; mais également deux *destins de l'immanence* : d'une part une subjectivité qui entend produire l'Etat protecteur sans recours à des valeurs supérieures holistes, d'autre part une subjectivité qui, dominante, sait qu'elle doit tenir compte, face à elle, d'une résistance potentielle, et qui, dominée, ne se soumet qu'à une autorité la reconnaissant en retour dans sa dignité fondamentale. On dira que ces deux perspectives sont catastrophiques en ce qui concerne la catégoricité de l'impératif des droits de l'homme; que l'une affaiblit l'Etat de droit jusqu'à autoriser la désertion, tandis que l'autre ne garantit les droits du peuple qu'à la *double* condition que celui-ci se défende et que les dominants comprennent et assument le sens de cette défense.

Certes, le point de vue machiavélien précarise les droits de l'homme : ils relèvent de l'impératif *hypothétique* (*si* la perpétuation de ta domination l'exige, respecte l'individu gouverné), et non de l'impératif *catégorique* (respecte l'individu gouverné, un point c'est tout). Mais une fondation précaire et toujours à reprendre ne vaut-elle pas mieux qu'une fondation « bétonnée », mais illusoire ? Ou, plus précisément, l'intelligence machiavélienne des rapports de forces ne formerait-elle pas un élément essentiel, moderne par excellence, de la constitution des libertés ? N'oublions pas la persistance de l'autre dimension, « lockéenne », à savoir l'individualisme universaliste : la catégoricité subsiste encore, non parce qu'elle serait philosophiquement justifiée par la métaphysique kantienne et post-kantienne, mais parce qu'elle résulte d'un reste de croyance holiste, que l'avancée de l'instrumentalisation n'a pas encore tout à fait (pour combien de temps ?) désenchanté. Nous voici donc dans la nécessité d'assumer, si l'on peut dire, l'héritage post-métaphysique. Entre l'égoïsme hobbesien (« sécuritaire »), l'égoïsme nietzschéo-machiavélien (prométhéen, fourrier de la « grande politique ») et l'universalisme humaniste se nouent des relations complexes, dont la désintrication commande les enjeux de la philosophie politique contemporaine. Les deux premiers sont nés du désenchantement comme deux possibilités engendrées par l'ouverture d'une alternative fondamentale; le troisième semble relever d'une histoire, d'une éducation dont les bases apparaissent désormais éminemment fragiles. Au lieu de s'en plaindre et de chercher, à travers l'épuisement infiniment ressassé de la métaphysique post-kantienne, un fondement qui se dérobe comme l'horizon — et dont la dérobade se transforme magiquement en vertu souveraine —, il faudrait reprendre pas à pas l'étude de cette configuration. Elle a été annoncée (et unilatéralisée) à la fois par Strauss, par Foucault et par la première Ecole de Francfort « finissante ». Et l'humanisme des « doubles » l'a récupérée pour la faire travailler à la grande entreprise, désespérément nihiliste, du cercle anthropologique. La « philosophie seconde », absorbée au sein d'une philosophie première qui ne se vantait de lui fournir une assise intellectuelle que pour aussitôt la lui dérober, possède peut-être, si elle assume son veuvage sans verser dans le positivisme pragmatique, un avenir, sinon «radieux», du moins intellectuellement passionnant. Fine pointe de la pensée, raison du plus fort et pourtant du plus faible, «nous l'allons montrer tout à l'heure».

NOTES

[1] Cf. Kant, *Critique de la raison pratique*, tr. fr., Paris, PUF, 1966, p. 30: «Mais demandez-lui si, dans le cas où son prince lui ordonnerait, en le menaçant d'une mort immédiate, de porter un faux témoignage contre un honnête homme qu'il voudrait perdre sous un prétexte plausible, il tiendrait comme possible de vaincre son amour pour la vie, si grand qu'il puisse être. Il n'osera peut-être assurer qu'il le ferait, mais il accordera sans hésiter que cela lui est possible. Il juge donc qu'il peut faire une chose, parce qu'il a conscience qu'il doit *(soll)* la faire et il reconnaît ainsi en lui la liberté qui, sans la loi morale, lui serait restée inconnue.»

[2] Cf. Kant, *Prolégomènes à toute métaphysique future qui pourra se présenter comme science*, tr. fr., Paris, Vrin, 1965, p. 85.

[3] Cf. le thème de l'*hymen* dans «La double séance», in J. Derrida, *La dissémination*, Paris, Le Seuil, 1972, pp. 199-321.

[4] Cf. M. Blanchot, *L'espace littéraire*, Paris, Gallimard, 1955 (coll. «Idées»), pp. 227-234.

[5] Façon pour moi de m'auto-critiquer au moins partiellement: j'avais soutenu le contraire dans *L'ontologie de Marx, op. cit.*

[6] Cf. Kant, *Critique de la raison pure*, tr. fr., Paris, PUF, 1968, p. 162 («Du principe suprême de tous les jugements synthétiques»).

[7] Cf. J.-P. Sartre, *La transcendance de l'ego* [1936], Paris, Vrin, 1966, *passim*.

[8] Et que dire de la seconde période, de la *Critique de la raison dialectique*? Il s'agit ici, à n'en pas douter, de la tentative la plus visible d'une reconstruction du *cosmos* classique sur des bases spécifiquement modernes, c'est-à-dire *qui l'excluent radicalement*. La *praxis* individuelle, c'est la même chose et en même temps beaucoup plus que la liberté phénoménologique de *L'être et le néant*. Dans la *Critique*, Sartre outrepasse les limites du projet phénoménologique: il veut poser les bases de ce qui, qu'il le veuille ou non, ne peut apparaître que comme une métaphysique de la *praxis*. Or, partir de cette liberté confrontée à la rareté, et dès lors plongée dans la violence de l'être-pour-autrui, c'est accepter le point de départ — moderne — hobbesien, mais en voulant, à nouveau, reconstruire «malgré tout» un cosmos. En l'occurrence, il s'agit d'une Histoire, c'est-à-dire de l'avènement progressif d'une réciprocité, rendue possible par l'abolition de la rareté. L'échec — le caractère inachevé — de la *Critique* n'est nullement fortuit. Sartre accepte la perte de la référence holiste (il reste fidèle à l'individualisme existentialiste), mais il prétend malgré tout «gagner»: comme Hegel, son assomption du désenchantement du monde n'est radicale que parce qu'il prétend *le dépasser en s'y livrant sans réserve*. Qui perd gagne.

Table des matières

INTRODUCTION	7
CHAPITRE I: LES IMPASSES DU DROIT NATUREL MODERNE	13
I. Le point de vue de la philosophie classique	13
II. L'«art of writing»	14
III. Philosophie politique, raison et droit naturel chez les Grecs	15
IV. Le renversement moderne: Hobbes	18
A. Hobbes machiavélien?	18
B. Hobbes, ses prémisses et la philosophie classique	19
V. Le renversement moderne: Machiavel	23
A. Destin machiavélien du contractualisme moderne	23
1. Jusnaturalismes ancien et moderne *versus* Machiavel	23
2. Récusation de cette partition	24
a) Une réalité et une prétention	24
b) Une erreur de calcul?	25
c) Machiavel constituerait la vérité de Hobbes	25
d) Machiavel, la fortune, l'a-cosmisme, l'aternative fondamentale	28
B. Machiavélisme «critique»?	30
C. L'essence du machiavélisme — la *virtù* —, et comment Machiavel était moins satanique que l'on ne l'a cru	33
1. Grand et petit égoïsmes: celui-ci comme forme décadente de celui-là; trois anthropologies	34
2. Nietzsche et Machiavel	34
3. Hobbes, Spinoza et la libre pensée	35
4. De Hobbes à Machiavel: une dialectique de la raison inversée	36
5. Fondations morale et machiavélienne des droits de l'homme: forces et faiblesses respectives	37
D. Importance de la *virtù* des *gouvernés*	38

       VI. Locke 40
           1. Introduction 40
           2. Développement 40
      VII. Perspectives provisoires 43
           A. Hobbes, Locke, Machiavel: réductions et «Critique» de l'individualisme 43
           B. Ambiguïté de la liberté moderne 46
           C. Existentialisme et hédonisme contractualiste moderne 48
           D. Résumé de l'analyse 49
           E. L'intérêt, l'excellence, les principes universels, la *virtù*: quatre références différentes du pouvoir 50
              a) A l'universel du *cosmos* 51
              b) Au pouvoir lui-même chez Machiavel 52
              c) Aux individus «possessifs» chez Hobbes et dans le contractualisme moderne (Locke, Montesquieu, Machiavel) 52
              d) A l'individu comme absolu éthique 53
           F. Education et «dés-éducation» 53

CHAPITRE II: RAISON ET REPRESSION 65

        I. L'optimisme révolutionnaire: triomphe de la raison pratique-émancipatrice en 89 65
       II. Mise en cause de cet optimisme, triomphaliste ou tempéré 66
           A. Pourquoi s'embarrasser de principes universels? 66
           B. Foucault classique ou d'avant-garde? 67
      III. Histoire de la folie à l'âge classique 68
           A. La folie à la Renaissance 68
           B. La folie à l'âge classique: le grand renfermement 69
           C. La folie à l'âge humaniste 71
       IV. Les Mots et les Choses 73
           A. Parallèle problématique entre «Histoire de la folie» et «Les mots et les choses» 73
           B. La représentation et sa crise 74
           C. Lien de cette crise avec la réforme de Tuke et Pinel (dans son sens «métaphysique») 77
        V. Surveiller et punir, ou la troisième triade 78
           A. La pénalité comme sanctionnant l'atteinte à la majesté de droit divin du roi (à sa souveraineté) 81
           B. La pénalité du contractualisme 82
           C. La «pénalité» du carcéral 83
              1. La prison critiquée mais conservée 83
              2. L'«hypothèse répressive» 83
       VI. Développement d'une «dialectique de la raison» 88
           A. Un discours «sur» les marges 88
           B. Heidegger et/ou Marx? 89
      VII. Foucault et Derrida: destin de la «ratio» 93
           A. Problèmes de la raison: néo-scolastique derridienne 93
           B. La raison tue les buts 95
           C. Le «jeune Foucault»: la raison mutilatrice 95
           D. Où le néo-humanisme rationaliste et Derrida se rencontrent dans la critique de la «naïveté» foucaldienne 96

	E. Foucault, Derrida, Heidegger: à humaniste, humaniste et demi ...	97
	F. Abolition de la raison? Dialogue raison/folie? Critique de la raison «bourgeoise»?	98
	G. Derrida et l'abolition (fût-elle conçue comme tâche inépuisable) de la raison: «encore un effort» sur une voie sans issue	99
	H. Les trois moments de l'histoire occidentale selon Heidegger	100
	a) Les présocratiques ou les tragiques	100
	b) L'«errance»: répétition par maîtrise objectivante; pauvre dépouille .	101
	c) Le déclin de l'Occident et la «nouvelle aurore»: pour une répétition «artiste»..................................	102
	I. Au vif du débat	102
VIII.	Note sur la *« Dialektik der Aufklärung »*	111

CHAPITRE III: QUI PERD GAGNE   127

I.	Raison instrumentale et destruction des fins	127
II.	Inversion et désenchantement	136
III.	Drame des doubles et «qui perd gagne»	140
IV.	Retour sur le débat Foucault-Derrida	157
V.	Sartre	165
VI.	Droits de l'homme et machiavélisme	167

Ouvrages déjà parus dans la même collection :

ANSCOMBRE/DUCROT : L'argumentation dans la langue.
MAINGUENEAU : Genèses du discours.
CASEBEER : Hermann Hesse.
DOMINICY : La naissance de la grammaire moderne.
BORILLO : Informatique pour les Sciences de l'homme.
ISER : L'acte de lecture.
HEYNDELS : La pensée fragmentée.
SHERIDAN : Discours, sexualité et pouvoir (Michel Foucault).
MEYER : De la problématologie.
PARRET : Les passions.
VERNANT : Introduction à la philosophie de la logique.
COMMETTI : Musil.
MARTIN : Langage et croyance.
KREMER/MARIETTI : Les racines philosophiques de la science moderne.
GELVEN : Etre et temps de Heidegger.
LAUDAN : Dynamique de la science.
LATRAVERSE : La pragmatique.
HAARSCHER : La raison du plus fort.
STUART MILL : Système de logique.

A paraître :

VANDERVECKEN : Les actes du discours.
LARUELLE : Théorie de la décision philosophique.
JACOB : Anthropologie du langage.
MEYER/PLANTIN : Argumentation et signification.
ROSEN : Philosophie et crise des valeurs contemporaines.